인문치료총서 11

인문치료 사례 연구

강원대학교 인문과학연구소 (엮음)
김익진, 유강하, 유건상, 윤일수, 이민용,
이영의, 정성미, 최병욱 (지음)

강원대학교 출판부

책머리에

'인문치료'라는 이름이 등장한 지 6년의 시간이 지났다. 그동안 인문치료의 개념과 정의, 대상들에 대한 심도 있는 연구들이 이루어졌고, 인문치료의 기반이 되는 이론들에 대한 연구도 축적되었다. 현재 인문치료 연구는 새로운 학문을 정립하기에는 아직 짧은 기간이지만 인문학의 치료적 효능에 대한 근거를 대기에는 충분할 만한 성과를 거두고 있다. 강원대학교 인문과학연구소 인문한국(HK) 인문치료사업단은 인문치료의 이론 정립과 더불어 다양한 분야에서 인문치료 활동을 실시하였다. 자활사업 참여자, 재활 환자, 재소자 및 출소자, 농산어촌 청소년, 이주결혼여성, 북한이탈주민, 미혼모, 군부대 부적응자 등 주로 우리 사회의 소외계층을 대상으로 인문치료를 실천하고 있다.

인문치료 현장에서의 인문학은 인문학자들의 전유물도 아니며 소외계층들을 위한 '치료'의 수단도 아니다. 인문학을 통해 인간적인 삶, 행복한 삶을 위해 '나'를 어떻게 이해하고, 그리고 나와 가족, 나아가 사회 속에서 어떻게 살아갈 지에 대해 스스로 성찰하고 표현하는 시간을 갖는, 그야말로 인문학의 본질에 다가가는 시간을 인문학자들과 참여자들이 함께 공유한다. 이렇게 '인문치료'는 인문학의 본질에 다가가면서 자신의 존재와 관계를 파악하고 효율적으로 표현하는 소통의 모델을 지향하고 있다.

『인문치료 사례 연구』는 인문치료의 이론을 현장에서 활용한 실천 사례를 바탕으로 저술한 것이다. 이 책은 자활참여자들의 자활의지를 고취시키고 그들의 자존감을 회복시키기 위한 인문치료 방법, 그리고 교육현장에서 인문치료가 청소년들의 관계성 향상과 자존감 상승에 어떻게 도움을 주는가에 대한 내용을 담고 있다. 또한 재활병원에서 재활에 어려움을 겪고 있는 후기고령 재활환자의 자기표현과 소통 증진을 위한 인문치료, 군대라는 이질적인 사회에서 적응을 하지 못하는 부적응 관심병사에 대한 개인 상담, 그리고 이혼에 대한 편견을 경감시키기 위한 일환으로 진행된 소시오드라마에 대한 내용을 다루고 있다.

아울러 이 책은 재소자들이 안고 있는 심리적 문제를 치유하기 위한 스토리텔링 인문치료의 사례를 다루고 있으며, 여성결혼이민자가 이민과 결혼으로 인한 문화적 갈등과 정신적 스트레스를 극복하기 위한 치유의 글쓰기 사례를 담고 있다. 또한 어린 나이에 출산과 양육으로 경제적 어려움과 정신적 스트레스를 겪고 있는 양육 미혼모를 대상으로 그들의 삶의 긍정성 향상을 위한 인문치료의 내용을 다루고 있다.

『인문치료 사례 연구』는 이러한 우리사회에서의 다양한 소외계층들을 대상으로 글쓰기, 상담, 시와 미술, 소시오드라마, 스토리텔링 등 문학·역사·철학·예술·언어 등 통합적인 인문학적 기법을 활용한 인문치료 사례의 모음집이다. 이 책의 출판으로 인해 개인적·사회적인 문제로 고통을 받고 있는 소외계층들을 위한 구체적인 인문학의 실천적 접근에 다가갈 수 있기를 바라며, 이러한 인문치료 활동을 통하여 인문학의 사회적 실천의 저변이 넓혀지길 기대해 본다.

인문학이 그 자체로서 치료적 능력을 가지고 있는가에 대한 해답은 인류의 오랜 역사가 제시해 주고 있으며, 오늘날에도 여전히 인문학적 가치는 마음의 고통과 문제들을 치료하는 데 중요한 역할을 하고 있다. 정신적 건강과 삶의 행복을 찾게 해주는 인문학, 우울과 권태를 이겨낼 수 있도록 도와주는 인문학, 사회적 소외를 극복할 수 있도록 소통의 맥이 되어주는 치료의 인문학이 계속 실천되고 연구되는 데에 이 책이 다소나마 보탬이 될 수 있기를 바란다.

2013년 5월

저자를 대표하여

최병욱

| 차 례 |

I
자아존중감 향상과 인문치료

자활사업 참여자들의 인문치료

청소년의 자아존중감 향상과 또래관계 증진을 위한 인문치료

자활사업 참여자들의 인문치료

김 익 진

1. 들어가는 말

우리는 2012년 1월부터 강원권에 위치하고 있는 지역자활센터의 자활참여자들에 대한 인문치료 프로그램들을 진행한 바 있다. 자활사업에 참여하고 있는 사람들을 만나는 과정에서 알게 된 것은 이들의 인문학에 관한 호기심이 상상 이상으로 크다는 사실이었다. 지역자활센터의 자활참여자들은 매우 다양하게 구성되어 있다. 20대부터 60대까지 무학에서 대학졸업자들까지 섞여있는 참여자들을 한 자리에 모아놓고 진행될 수밖에 없는 인문치료 현장에서 가장 중요했던 것은 이들의 자활의지를 가로막는 공통적인 문제를 찾는 일이었다. 공통적인 문제는 여러 가지였지만 그중에서도 가장 눈에 띄는 것은 이들에게 자존감이 두드러지게 결여되어 있다는 사실이었다. 그러나 이러한 결론은 어디까지나 개인적인 면담이나 케이스 스터디를 통해 얻어낸 것이었기 때문에 좀 더 확신을 줄 수 있는 근거자료가 필요했다. 우리는 이를 위해 설문조사를 통한 객관적인 데이터를 확보하기로 결정하였고 자활참여자

500여명을 대상으로 2개월에 걸쳐 자아정체성 정도를 측정하는 설문조사를 진행했다. 더불어 자활참여자들의 마음치유를 위해 과연 인문학적 방법이 유효할 것인가를 예측하기 위해 인문학적 접근의 가능성 정도를 파악하기 위한 설문도 첨가하였다. 이러한 설문조사 결과, 이들의 자존감은 예상대로 낮았으나 인문학의 활용에 대한 가능성은 기대보다 높게 나타났다. 우리는 이 지면을 통해 자활사업에 대한 전반적 이해와 우리가 한 설문조사 결과를 바탕으로 자활사업 참여자들에게 자존감을 회복시키기 위해 인문치료가 할 수 있는 역할을 제시해보려 한다.

2. 21세기 생산적 복지와 인문학 개입의 필요성

생산적 복지라는 적극적 복지 개념이 도입된 것은 '국민의 정부' 시절이었다. 영어로는 workfare, welfare to work라고 표기되는 생산적 복지는 1970년대 IMF의 재정지원을 받아야했던 영국에서 전통적인 사회복지체제의 한계를 경험하면서 생겨난 말로 소외계층이 자활사업에 참여하는 것을 조건으로 복지지원을 하는 것을 의미한다. 보다 넓은 의미에서는 정부가 소외계층이 자활할 수 있도록 토대를 마련해 주기 위한 적극적인 복지 정책을 일컫기도 한다. 소외계층의 근로의욕을 고취시키고 도덕적 해이를 방지하며 생산적 소득의 재분배효과를 노리기 위한 이 정책은 소외계층에게도 경쟁력을 요구하는 것으로 복지보다는 경제적 효율성을 중시한다는 비판을 받기도 하지만 1999년 대통령의 신년사에서 "고통도 같이 나누고 성공도 같이 나누면서 나름대로 사회발전에 최선을 다할 수 있는 생산적 복지제도가 필요하다"라는 주장이 나오면서 복지의 새로운 의미와 추진방향이 제시된 바 있다. 그리고 그해 8·15 광복절 경축사에서 대통령은 "중산층 육성과 서민생활 향상을 목표로, 인간개발 중심의 생산적 복지정책을 적극 펴나가겠다"고 다짐함으로써, '생산적 복지'를 '민주주의와 시장경제의 병행발전'과 함께 새로운 국정이념이자 새천년을 준비하기 위한 시대적 과제로 설정했다. 이는 IMF로 촉발된 경제위기 극복과정에서 나타난 중산층 약화와 서민생활의 불안정을 개선하기 위하여 적극적인 경제·사회정책을 실시하겠다는 의지의 표현이었으며 보다 긴 맥락에서 보면 1960년대 이후 근대화 과정에서 상대적으로 경시되어 왔던 국민의 기본권과 삶의 질 향상을 국가목표의 한 축으로 설정한 복지에 대한 새로운 차원의 인식이었다고 볼 수 있다.

사실 기초적 형태의 자활사업은 이러한 생산적 복지의 개념이 나오기 전부터 존재하고 있었다. 하지만 그것은 저소득층 밀집지역을 중심으로 근로빈곤층의 경제적 자립을 촉진하기 위한 준(準)자발적 사업들이거나 빈민운동단체와 시민단체들이 생산자협동조합의 이념에 근거하여 지역사회의 빈곤층이 자발적으로 참여하는 일자리 사업이었다. 비영리민간단체 주도의 이러한 사업들은 실무자의 헌신성과 참여자의 자발성이 결합되는 장점에도 불구하고 자원 동원이나 지속적인 수익 창출이 어려웠다.

이를 보완하기 위해 등장한 개념이 생산적 복지였다. 생산적 복지란 전 생애에 걸쳐 겪을 수 있는 사회적 위험으로부터 국민 모두를 보호하고 인간다운 삶을 보장하는 복지체제를 말한다. 이를 위해 국가는 스스로 생활을 해결해 나가기 힘든 국민들의 기초생활과 인간으로서의 기본적 권리를 우선적으로 보장한다는 원칙에서 출발한다. 다음 단계는 일할 수 있는 기회와 역할에 따른 보상을 공정하게 분배함으로써 시장경제의 발전과 더불어 국민의 삶의 질이 향상될 수 있도록 하는 것이다. 결국 시장경제의 무한경쟁체제 하에서는 일할 수 있는 기회를 찾기 어려운 국민들에게 사회적 연대를 통해 일자리를 창출함으로써 자활의 기회를 마련해 주는 것이다.

그러나 기회의 제공이 경제적 지원 차원에서만 이루어지자 예상치 못했던 부작용들이 생겨나게 된다. 기초보장제도에 집중된 복지자원이 오히려 자활사업 참여자의 복지의존성을 심화시키게 되었던 것이다. 기초보장제도 수급자격을 유지하는 것이 경제적으로 이득이 되는 상황에서 수급자들은 취업을 기피하거나, 취업하더라도 소득을 하향신고하기 쉬운 일자리를 선택하는 경향이 나타났다.

생산적 복지 정책이 실행된 지 10여 년이 지난 후 정책 시행과정에서 제기된 문제점을 파악한 노대명은 자활사업이 처한 문제점을 해결하려면 ①근로능력자 판정체계의 강화하고 ②부정수급을 막고 신고소득을 현실화하는 행정조치를 마련하며 ③근로능력자에 대한 전문화된 사례관리체계(Gateway)를 구축해야한다고 제안하고 있다. 그러나 이러한 제도적 관리장치가 아무리 완벽하게 마련된다고 해도 자활참여자들의 무기력이나 도덕적 해이를 근본적으로 막아낼 수는 없을 것이다. 이러한 경향은 일을 하는 궁극적인 기쁨이 단순한 경제적 문제의 해결에만 있는 것이 아니라 자아의 실현과 사회구성원으로서의 역할분담 등 행복을 위한 입체적 조건을 만족시키는 데 있다는 사실을 인지하지 못하고 있기 때문에 생기는 일이다. 따라서 자신이 하는 일에 대한 자부심이 얼마나 자랑스러운 것이며 자신이 하는 일이 얼마나 중요한 것인가? 사회에 대한 개인의 책무란 어떤 것인가? 일을 하는 궁극적인 목적인 행복한 삶은 구체적으로 어떤 것인가? 등에 대한 숙고와 인식이 없이는 이러한 경향이 쉽게 사라지지는 않을 것이다.

이러한 문제에 공감대가 형성되면서 자활프로그램 참여자들이 복지사업에 참여하는 것이 복지제도에 대한 의존성을 높이는 계기가 되는 부작용을 줄이고 보다 적극적인 자활의 의지를 북돋기 위해 마음의 양식을 채워주는 인문학 교육이 필요하다는 인식이 형성되기 시작했다. 생산적 복지가 실행되고도 또 7-8 년이 지나서야 이러한 의식은 실행에 옮겨지게 된다. 2008년 서울시에서는 자활교육에 인문학과정을 편입시켜 진행하였고 그 결과는 매우 긍정적이었다. 2012년도 서울시, '희망의 인문학 과정' 사업운영 계획은 1000명(일반반 850명, 심화반 150명)을 모집했는데 이 과정은 취약계층의 정신적인 빈곤을 치유하고 자존감을 회복하는데 도움을 주고자 지방자치단체로는 처음으로 서울시가 도입했으며 이 사업은 5년째 접어들고 있다. 그동안 5080명이 인문학과정에 참여하여 3836명이 수료하는 성과를 거두었다. 서울시가 08-10년 수료자

2934명에 대한 변화사례를 조사한 결과 33.5%인 982명이 다양한 분야에서 새로운 삶의 희망과 꿈이 생긴 것으로 조사되었다.

삶의 가치와 행복의 기준은 시대와 지역에 따라 차이를 보일 수 있지만 건강은 인간이 행복한 삶을 살기위해 우선적으로 갖추어져야 할 조건이다. 물론 이때 건강은 육체적으로 무병한 상태만을 이야기하는 것은 아니다. 세계보건기구는 건강이 단지 "질병이 없거나 허약하지 않은 상태가 아니라 육체적, 정신적, 사회적으로 완벽하게 안녕한 상태"임을 천명한 바 있다. 세계보건기구의 건강에 대한 정의는 사실 행복에 대한 정의와 그 맥을 같이 한다. 생산적 복지가 추구하고 있는 최종의 목표 역시 세계보건기구가 추구하는 적극적인 건강의 개념과 일맥상통하며 이러한 개념들의 궁극적인 실현을 위해서는 인문학적 개입이 필수적이다.

강원대학교 인문과학연구소에서 수행하고 있는 인문치료연구는 인문학의 치료적 기능을 규합 정리하고 기존의 심리치료나 예술치료 등의 장점을 융합하여 인간의 마음의 병을 다스릴 수 있는 가장 효율적인 치료방법론을 모색하는 연구다. "인문치료란 인문학적 정신과 방법으로 마음의 건강과 행복한 삶을 위해 인문학 각 분야 및 연계 학문들의 치료적 내용과 기능을 학제적으로 새롭게 통합하여 사람들의 정신적·정서적·신체적 문제들을 예방하고 치유하는 이론적·실천적 활동이다." 그래서 인문치료는 예방적, 발달적 단계에서의 개입을 포함한다. 결국 인문치료는 특정 집단 혹은 사회전반을 대상으로 하는 치료가 될 수도 있다.

인문치료를 위해 활용되는 인문학적 도구는 고통에 노출되어 있거나 노출될 가능성이 있는 개인과 집단으로 하여금 '생각하게 하고' 또 '그 생각을 표출하게 하며' 필요에 따라서는 '생각의 전환을 유도하기' 위해 동원될 수 있는 제반 기법의 총체로, 전통 인문학에서 활용해 온 읽기·쓰기·말하기와 음악·영화·연극·미술 등 표현예술적 기법들을 유기적으로 결합시킨 통합적 커뮤니케이션 체계다.

우리가 식물이나 동물의 서식 환경을 알지 못하면 그것들에 대해 아무것도 알지 못하는 것과 마찬가지로 사람도 환경과의 관계에서 바라보아야만 그 사람에 대한 완전한 상(償)을 얻을 수 있다. 철학적 사고, 역사적 인식, 문학적 상상력과 환유의 활용 등을 통한 인문치료는 심리뿐만이 아닌 사람을 그가 처한 환경과 더불어 총체적으로 이해하려는 노력이 바탕에 깔려있다.

3. 자아정체성의 중요성

자활참여자들의 자활의지를 고양시키기 위해서는 다양한 각도의 노력이 필요하겠지만 그 중에서도 가장 우선시 되어야할 것은 더 이상 과거에 연연하지 않고 자기 자신의 상황에 대해 정확히 파악하고 이를 바탕으로 자신에게 주어진 가능성을 어떻게 활용할 것인가에 대한 비전을 갖추는 일이다. 자활참여자들은 대부분의 경우 소위 실패한 경험을 지니고 있다. 그들의 과거 경험은 앞날을 설계하는데 도움이 될 수도 있지만 사실상 잊고 넘어가야할 아픈 기억인 경우가 많다. 아무리 노력해도 과거의 상태로 돌아갈 수 없는 경우가 대부분이기 때문이다. 그래서 그들에게 정신역동적인 심리치료는 크게 도움이 되지 못한다. 정신역동치료의 경우 "병리현상의 원인이 무엇일까?", "왜 그렇게 되었을까?"와 같은 인과적인 설명을 강조한다. 그러나 인과율을 따져 과거의 어떤 사실들을 끄집어내어 표현하게 함으로써 카타르시스를 경험하게 하는 일은 이들에게는 결국 순간적인 위안 이상의 것이 되지 못한다. 이들에게 필요한 것은 인지와 행동의 차원에서 스스로를 바꾸는 의식의 전환과 또 현재를 받아들이고 그 현재를 바탕으로 가능한 미래를 설계하는 일이다. 이를 위해 가장 필요한 것은 현재의 자기에 대한 신뢰와 자부심을 갖는 일이다. 행복한 삶을 영위하는 데 필수적인 자아개념 확립은 자활참여자들에게는 무엇보다도 필요한 것이다.

자아개념은 자기가 어떤 일을 할 것인가 그리고 또 선택한 일을 얼마나 잘 수행할 수 있는가에 지대한 영향을 미친다. 나 자신의 능력과 의지에 대한 확신이 있어야 남에게 자신의 능력을 보여줄 수 있다. 자신감이 없는 사람은 직장 내에서도 타인의 신뢰를 받기 어렵다. 긍정적 자아개념을 지닌 사람들은 그렇지 않은 사람들에 비해 직장 내에서도 능동적이며 창의적이고 또 개방적이다. 이와는 반대로 부정적 자아개념을 가진 사람들은 조직 내에서 여러 가지 문제를 일으킬 수 있다. 왜냐하면 그들은 업무를 솔선해서 주도적으로 수행하지 않으며 새로운 과제를 맞지 않으려고 하기 때문이다. 자기 부정적인 사람은 일반적으로 인간의 본성에 대해서 비관적인 견해를 가지고 있다. 이러한 비관적 견해는 사람의 행동에 영향을 미친다. 이들은 자신들의 잠재적 능력을 믿지 않으며 낮고 부정적인 기대감으로 인해 부정적 행동을 하게 되고 결국 그들의 부정적 기대감이 현실화되는 악순환을 겪는다. 현실치료의 창시자로 간주되는 윌리엄 글라세(W. Glasser)는 이것을 실패증후군이라고 명했다. 실패증후군의 가장 특징적인 증상은 현실에 대한 불만족이다. 글라세는 사랑하고 사랑받으려는 욕구를 인간의 가장 기본적인 욕구라고 주장한다. 그리고 이 욕구를 충족시키기 위해서 가장 우선적으로 추구해야 할 일은 내담자가 스스로가 유익한 사람이라는 생각이 들도록 하는 것이다. 이는 결국 현재 상담학 분야에서 자주 사용하는 자기존중감이나 자기효능감 증진에 다른 말이 아니다. 글라세는 현실치료에서 치료자의 역할은 내담자가 현실을 직시하도록 이끌고 자신이 처한 환경 내에서 실현가능한 목표를 설정하여 그 목표를 향해갈 수 있도록 돕는 것이라고 말한다. 글라세도 정신분석에서 핵심적 치료원리로 삼고 있는 과거의 정서적 정체나 억압 등의 중요성을 부정하지는 않는다. 왜냐하면 과거를 되새겨보는 것은 내담자의 심리상태를 파악하기 위해 유익하기 때문이다. 하지만 그것이 치료의 기제가 되지는 못한다. 무의식적 차원에서 벌어진 과거의 사건들을 의식의 표면으로 이끌어내는 일이 현재와 미래의 비전을 제시하는 데 도움이 되지 못한다면 그것은 내담자의 삶에 유익하지 못하다는 것이다.

글라세의 현실치료 개념은 자활참여자들에게 적용될 때 매우 효과적일 수 있다. 자활사업에 참여하고 있는 사람들은 어떤 형태로든 이 실패증후군을 한번쯤은 겪어보았거나 혹은 현재 겪고 있는 사람들이다. 그들이 겪는 고통은 정신분석적 무의식의 차원에서 생겨나는 것이 아니다. 그리고 그들이 지닌 문제도 지극히 현실적인 것이다. 이들의 겪고 있는 실패증후군을 인지적 그리고 행동적 차원에서 벗어날 수 있도록 하는 작업을 통해 이들의 자아개념을 긍정적으로 변환시키는 것이 인문치료의 첫 목표가 되어야 하는 이유가 여기에 있다. 이들의 잠재의식이 성공을 이끌 수 있는 긍정적 사고로 충만하게 할 수 있다면 여러 가지 불리한 조건에도 불구하고 이들은 현실의 많은 장애물을 극복해 낼 수 있을 것이다. 내가 내 자신에 대해서 무엇을 믿고 있느냐가 가장 핵심적인 통제요인이 되기 때문이다. 긍정적인 자아를 지닌 이들에게 자기 자신에 대한 생각은 때때로 미래에 대한 긍정적 기대로 표현되기도 한다. 새로운 기술을 배울 수 있다고 기대하면 그대로 이루어질 것이지만, 배우지 못할 것으로 기대하면 그 기대가 현실로 나타날 것이다. 이러한 자기 기대의 신비스러운 효력을 로젠탈은 그리스 신화 속의 인물 중 하나인 조각가 피그말리온의 이름을 따 '피그말리온 효과(Pygmalion effect)'라고 명명했다. 1968년 하버드대학교 사회심리학과 교수인 로버트 로젠탈(Robert Rosenthal)과 초등학교 교장 레노어 제이콥슨(Lenore Jacobson)은 미국 샌프란시스코의 한 초등학교에서 전교생을 대상으로 지능검사를 한 후 지능검사의 결과와는 무관하게 한 반에서 20% 정도의 학생을 무작위로 추출하였다. 교사들에게는 이 무작위로 추출된 학생들이 '지적 능력이나 학업성취의 향상 가능성이 높은 학생들'이라고 알려 이들의 지능이 높은 것으로 믿게 하였다. 8개월 후 동일한 지능검사를 다시 실시했다. 결과는 놀라웠다. 추출된 학생들은 다른 학생들보다 높은 점수를 받았다. 지능검사에서 뿐만 아니라 학교 성적도 일반학생들에 비해 크게 향상되었다. 로젠탈은 추출된 학생들에 대한 교사의 기대와 격려가 가장 영향력을 끼친 중요한 요인이라고 분석했다. 학생의 학업 능력과 성적향상에 영향을 미치는 가장 큰 요인은 학생 개인의 능력보다도 학생에 대한 교사의 기대와 관심이라는 것이 증명된 것이었다.

이러한 결과는 학교 교실에서만 유효한 것이 아니다. 일반 기업에서 사원에 대한 관리자의 기대와 관심은 결국 생산성 향상으로 이어질 수 있는 것이다. 자활사업에 있어서 피그말리온 효과는 더 극명하게 드러날 수 있다. 사업의 실패와 가정불화 등으로 인해 고통을 겪은 자활참여자들은 대부분 자신감을 심각할 정도로 상실했거나 혹은 반대로 과장된 자기과시에 빠져있기도 한다. 이들을 상담하고 마음의 상처를 치유하여 자활의지를 북돋기 위해서는 이들에게는 상실된 자존감을 되살려주는 등 건강한 자아개념을 확립시켜주는 일이 가장 우선되어야 하는 작업이다. 그리고 그 자아개념 확립을 위한 첫 단계는 자기정체성의 확립이다. 자기정체성이 확립되어야 자기 존중감 증진이나 자기 효능감 확보 등이 이루어질 수 있기 때문이다.

그래서 우리는 강원지역 자활참여자들을 대상으로 자아개념 중에는 가장 기초적인 자아개념인 자아 정체성에 대한 설문조사를 시도했다. 이 작업은 향후 진행될 자활사업에서의 인문치료 프로그램들을 효율적으로 진행시키기 위한 사전작업의 일환이다. 설문조사 결과, 자활참여자들의 자기정체성에 대한 확신이 대체로 낮은 편인 것으로 드러났다. 또한 자아 정체성과 더불어 실시한 인문학적 개입의 필요성에 대한 욕구에 대한 조사를 해본 결과 이들의 욕구는 기대 이상으로 컸다.

4. 자아정체성 측정 및 분석결과

4-1. 사용척도와 문항

사용된 척도는 최정훈(외)이 개발한 자아정체성 척도다. 척도의 출처는 서울구립 반포종합사회복지관과 서울대학교 실천사회복지연구회가 발간한『실천가와 연구자를 위한 사회복지척도집 제2판』(나눔의 집, 2003)이다. 청소년을 대상으로 개발된 척도지만 자아개념의 혼란을 겪고 있는 자활참여자들 역시 청소년들과 마찬가지로 발달적 차원의 접근이 가능하다는 판단 하에 이 척도를 사용하게 되었다. 에릭슨이 언급한 자아정체성의 7개 측면에 대한 정의와 마르시아의 이론을 기본틀로 1986년 제작된 이 척도는 조학래의 연구를 통해 수정되어 최종 27문항으로 구성되었다. 문항들은 5점 리커드 척도의 형태로 1점 '전혀 그렇지 않다'에서 5점 '매우 그렇다'로 자기보고식 평정을 하도록 되어있다. 부정적 진술의 응답은 긍정적 진술의 응답과 반대로 작성된다. 자아정체성의 점수는 최저 27점에서 최고 135점까지이며 총점이 높을수록 자아정체성의 발달수준이 높음을 의미한다. 각 하위차원의 문항번호 및 문항의 내용은 아래와 같다.

〈표 1〉 세부항목(*표는 역채점 문항)

독특성	5 문항	1, 4, 20, 24, 27
미래계획	4 문항	2, 8, 13, 25
사회성	4 문항	5, 11, 16, 18
자기수용	4 문항	10, 17, 23, 26
자율성	4 문항	3, 6, 15, 21
적응력	3 문항	9, 14, 19
가치	3 문항	7, 12, 22

〈표 2〉 자아정체성 설문

문항번호	질 문
1	나에게는 나를 특징지어주는 독특한 면이 있다.
2	나는 무슨 일을 하며 살아갈지 아직 결정하지 못했다. *
3	경험하지 않았던 일이 닥쳐도 나는 두렵지 않다.
4	나는 남들로부터 개성이 없다는 이야기를 듣는다. *
5	나에게는 진정한 친구들이 있다.
6	일관된 목표를 세우고 실행하는 면이 나에게는 부족하다. *
7	갑작스럽고 커다란 사회의 변화를 나름대로 해석할 수 있다.
8	나의 미래상은 때에 따라 바뀐다. *
9	나는 어떤 면에서는 다른 사람보다 능력이 있다.
10	나는 어떤 행동을 하고 나서 내가 한 일에 대해 후회할 때가 많다. *
11	나는 친하지 않은 사람들과 있게 되면 거북하다. *
12	나는 외부적인 변화에 대해 흔들리지 않는다.
13	나는 장래에 어떤 일을 하면서 살아갈지 구체적으로 생각해 보았다.
14	내가 앞으로 무슨 직업을 갖게 되건 관심이 없다. *
15	나 스스로 어떤 결정을 내리는 것이 어렵다. *
16	어떤 모임에 처음 나가서 나 자신을 소개하는 데 주저하지 않는다.
17	내가 다른 환경에서 성장했다면 하는 생각이 든다. *
18	나는 사람을 사귀는 데 까다롭다. *
19	다른 사람이 할 수 있는 일은 나도 할 수 있다.
20	내게는 남다른 경험이 없다. *

21	나는 어떤 일을 하고 싶어도 선뜻 실행하지 못한다. *
22	나는 생활 속에서 겪는 사건들을 판단하는 일관된 기준을 가지고 있다.
23	나는 인생을 어떻게 살아갈지 걱정이 많다. *
24	다른 사람들이 내게 관심을 가져준다.
25	나에게는 평생을 바쳐 하고 싶은 일이 있다.
26	내가 보잘것없는 존재같이 느껴진다. *
27	나에게는 나 나름대로의 매력이 있다.

우리는 여기에 임의로 이들에게 인문학적 접근의 가능성을 측정하기 위한 다음 3개의 문항을 첨가하였다. 이 문항에 대한 답변방식 역시 5점 리커드 척도를 활용하였다.

〈표 3〉 인문학 접근 가능성 설문

28	나는 책을 읽거나 글을 쓰면서 마음이 편안해 진 적이 있다.
29	나는 나 자신과 내 주변에 대한 사색을 통해 우울했던 심정을 떨쳐 버린 적이 있다
30	나와 내 생활을 이해하기 위해 다른 사람들의 의견을 듣는 것이 유익하다고 생각한다.

4-2. 기초 빈도분석 및 신뢰도

분석을 시작하기에 앞서 표본의 특성을 파악하기 위해 빈도분석을 실시하였다. 분석에 사용된 표본의 특성은 아래의 표와 같다.

〈표 4〉 빈도분석

		결측제거이전		결측제거이후	
		빈도(N)	퍼센트(%)	빈도(N)	퍼센트(%)
지역	춘천	44	10.0	34	10.5
	홍천	23	5.2	20	6.2
	인제	28	6.4	24	7.4

지역	정선	48	10.9	41	12.6
	태백	50	11.4		
	삼척	41	9.3	38	11.7
	양양	37	8.4	25	7.7
	고성	26	5.9	23	7.1
	동해	41	9.3	37	11.4
	속초	35	8.0	30	9.2
	평창	17	3.9	11	3.4
	강릉	50	11.4	42	12.9
성별	남자	115	26.1	94	28.9
	여자	265	60.2	231	71.1
	결측 (무응답)	60	13.6		
유형	인큐베이팅 사업단	69	15.7	65	20.0
	사회적일자리형 사업단	214	48.6	207	63.7
	시장진입형 사업단	54	12.3	53	16.3
	결측 (무응답)	103	23.4		
총 합계		440	100.0	325	100.0

충분한 시간을 가지고 설문에 응답한 참여자들에게 설명을 해주었지만 강원도 전 권역에 걸쳐 설문이 진행되다보니 때에 따라서는 설문방식에 대한 이해가 부족하여 설문지를 다 채우지 못하거나 혹은 나이나 성별을 기재하지 않는 등 오류가 적지 않았다. 성별에서 60개의 결측(무응답)이 있었고 유형에서 103개의 결측(무응답)이 있었으며, 태백의 경우 성별, 나이 등 표본의 특성을 묻는 질문에 대한 답변이 빠져 분석에서 제외하였다. 또한, 문항에 대해 응답하지 않은 설문지를 모두 제외하여, 총 440명에서 무응답 등 결측치를 제외한 후, 실제로 분석에 사용된 표본은 325명이었다. 지역의 경우 춘천, 홍천, 인제, 정선, 삼척, 양양, 고성, 동해, 속초, 평창, 강릉이 분석에 포함되었다. 조사대상의 균형을 맞추려 하였으나 성별의 경우 자활사업단의 특성상 남자가 94명(28.9%), 여자

가 231명(63.7%)으로 남자보다 여자가 더 많았다. 또한, 유형의 경우 인큐베이팅 사업단이 65명(20.0%), 사회적일자리형 사업단이 207명(63.7%), 시장진입형 사업단이 53명(16.3%)로 사회적일자리형 사업단이 가장 많았다.

또한 신뢰도[1)]를 높이기 위해 조사대상을 다양화하였다. 지역적으로는 우선 도시와 농어촌 거주자 비율을 배분하였고 (56 : 44) 영동과 영서지역을(60 : 40) 구별하였으며 자활사업에 참여한 기간에 따라 6개월 미만에서 36개월 이상까지 4단계로 나누어 고르게 분포될 수 있도록 조사 대상을 설정하였다. 나이도 고려하여 30세 미만, 30대, 40대, 50대, 60세 이상의 그룹으로 나누어 조사를 했다.

4-3. 문항의 구성 및 평균비교

성별, 그리고 시, 군에 따라 자아정체성의 세부문항에 대해 차이가 있는지 알아보기 위해 독립표본 t-test를 실시하였다. 성별의 경우 유의수준 5%내에서 가치의 유의확률이 0.036으로 0.05보다 작게 나타났다. 따라서 성별에 따라 가치의 점수에 차이가 없다는 귀무가설을 기각하여, 성별에 따라 가치의 점수에 차이가 있다고 할 수 있다. 성별에 따른 가치의 점수를 보면 남자가 3.37점, 여자가

1) 원척도는 자아정체성을 측정하기 위한 자아정체성 척도이며, 1~5점인 리커트 척도이다. 이에 대해 신뢰도를 알아보기 위해 신뢰도분석을 실시하였다. 신뢰도 분석의 경우 Cronbach' α 계수값이 0.6 이상이면 일반적으로 그 문항이 신뢰도가 있다고 평가한다. 1~27번 문항, 1~30번 문항 전체를 대상으로 신뢰도를 분석한 결과, 각각 0.845, 0.850으로 나타났다.

3.21점으로 남자가 더 높게 나타났다. 그 외 다른 부분에서는 성별에 따라 점수에 차이가 없었다. 시, 군의 경우 유의수준 5%내에서 독특성의 유의확률이 0.003, 사회성의 유의확률이 0.012, 가치의 유의확률이 0.014, 기타의 유의확률이 0.003으로 0.05보다 작게 나타났다. 따라서 시, 군에 따라 독특성, 사회성, 가치, 기타의 점수에 차이가 없다는 귀무가설을 기각하여, 시, 군에 따라 독특성, 사회성, 가치, 기타의 점수에 차이가 있다고 할 수 있다. 독특성의 경우 시지역에 사는 사람은 3.36점, 군지역에 사는 사람은 3.19점으로 시지역에 사는 사람이 더 높게 나타났다. 사회성의 경우 시지역에 사는 사람이 3.29점, 군지역에 사는 사람이 3.12점으로 시지역에 사는 사람이 더 높게 나타났다. 가치의 경우 시지역에 사는 사람이 3.33점, 군지역에 사는 사람이 3.17점으로 시지역에 사는 사람이 더 높게 나타났다. 인문지수의 경우 시지역에 사는 사람이 3.71점, 군지역에 사는 사람이 3.51점으로 시지역에 사는 사람이 더 높게 나타났다. 그 외의 미래계획, 자기수용, 자율성, 적응력에 대해서는 시, 군지역에 따라 큰 차이가 없었다. 한편 강원도를 권역별로 나눈 지역에 따른 평균분포는 차이가 없었다.

아래에서 보듯이 자아정체성 중에서도 특히 자기수용 부분이 눈에 띄게 낮다. 사용된 척도가 청소년들의 자아정체성을 측정하기 위해 개발되었기 때문에 이 척도가 사용되어 진행된 연구의 대상들은 주로 청소년이었다. 이 연구들에서 보면 청소년들의 경우 자기수용항목은 비교적 다른 항목들에 비해 높게 나타난다. 그러나 자활참여자들의 설문조사결과 자기수용항목이 가장 낮게 나타난 이유는 향후 더 상세한 조사를 통해 확인되어야 하겠지만 미래의 자아실현에 대한 낮은 기대감이 그 근본적인 원인이 될 수 있을 것으로 짐작된다.

〈표 5〉 세부사항 평균

	평균	표준편차
독특성	3.29	.54
미래계획	3.23	.60
사회성	3.22	.61
자기수용	2.88	.67
자율성	3.12	.65
적응력	3.53	.62
가치	3.26	.60
인문지수	3.62	.60

통계를 통해 나타난 사실 중 가장 흥미로운 것은 기간에 따른 평균비교에서 자활사업의 참여기간의 차이는 아무런 의미가 없다는 것이다. 자활사업에 참여한 기간에 따라 6개월 미만, 6개월에서 18개월, 18개월에서 36개월, 36개월 이상의 네 단계로 구분하여 평균을 비교해보았는데 7개의 세부항목 모두에서 유의미한 차이를 발견할 수 없었다. 이러한 현상은 현재 진행되고 있는 자활사업의 참여기간 동안 참여자들의 자아정체성의 발달은 전혀 이루어지지 못하고 있는 것이 아닌가하는 의문을 제기하게 만든다. 물론 이 한 가지 척도조사를 통해 결론을 내릴 수는 없는 일이지만 만일 우리의 가정이 사실로 밝혀진다면 현재의 자활사업프로그램들에 대한 수정보완이 절대적으로 필요할 것이다. 현재 재정적이고 사회적인

차원에서 강조되고 있는 자활사업에 자아정체성에 대한 인식을 높일 수 있는 프로그램이 첨가되어야한다는 말이다. 참여시기별 평균치는 아래와 같다.

〈표 6〉 참여시기별 평균

		N	평균	표준편차
독특성	6개월 미만	64	3.17	0.57
	6개월 이상 18개월 미만	93	3.30	0.52
	18개월 이상 36개월 미만	82	3.28	0.56
	36개월 이상	86	3.37	0.49
미래계획	6개월 미만	64	3.23	0.65
	6개월 이상 18개월 미만	93	3.25	0.59
	18개월 이상 36개월 미만	82	3.24	0.57
	36개월 이상	86	3.21	0.62
사회성	6개월 미만	64	3.14	0.64
	6개월 이상 18개월 미만	93	3.26	0.57
	18개월 이상 36개월 미만	82	3.23	0.65
	36개월 이상	86	3.22	0.60
자기수용	6개월 미만	64	2.82	0.69
	6개월 이상 18개월 미만	93	2.91	0.63
	18개월 이상 36개월 미만	82	2.90	0.69
	36개월 이상	86	2.87	0.68
자율성	6개월 미만	64	3.16	0.67
	6개월 이상 18개월 미만	93	3.13	0.66
	18개월 이상 36개월 미만	82	3.17	0.66
	36개월 이상	86	3.05	0.63
적응력	6개월 미만	64	3.46	0.67
	6개월 이상 18개월 미만	93	3.51	0.59
	18개월 이상 36개월 미만	82	3.62	0.58
	36개월 이상	86	3.51	0.64
가치	6개월 미만	64	3.17	0.63
	6개월 이상 18개월 미만	93	3.26	0.66
	18개월 이상 36개월 미만	82	3.35	0.56
	36개월 이상	86	3.24	0.56

인문지수	6개월 미만	64	3.59	0.61
	6개월 이상 18개월 미만	93	3.60	0.63
	18개월 이상 36개월 미만	82	3.69	0.59
	36개월 이상	86	3.60	0.59

5. 자활 프로그램 구성에 있어 인문치료 개입의 필요성

인문학 교육은 역사적으로 사회 지도층을 위한 교육으로 인식되어 왔다. 프랑스어에서 "인문학 공부를 하다 faire les humanités"라는 말은 16세기 "고대 그리스 로마의 언어와 문화 공부하다"는 의미에서 확장되어 17세기부터는 "고등교육을 받는다"는 의미를 지니고 있었다. 황용길 루이지애나 주립대학교 교육학과 교수는 자신의 저서 『부자 교육 가난한 교육』에서 미국의 사립학교와 공립학교의 차이를 인문학 교육의 존재여부를 기준으로 나누고 있다. 그는 현재의 한국에서 진행되고 있는 학교교육은 적성교육이나 인성교육이라는 개념을 앞세워 스스로 생각할 수 있는 능력을 지닌 사람을 양산해야하는 의무를 저버리고 있음을 지적하면서 그 원인을 미국식 교육의 어설픈 모방에서 찾고 있다. 책의 저자가 말하는 미국에서의 부자들의 교육은 지식중심교육이다. 그러나 여기서 말하는 지식중심의 교육은 우리가 십 수 년 전부터 비판해왔던 암기중심의 주입식 교육을 말하는 것이 아니다. 그것은 사고의 능력을 배양하는 교육이다. 사고는 곧 비판적 이성을 키워주는 도구이고 비판적 이성은 판단력과 창의력의 바탕이 된다. 존 듀이의 사상을 따르는 듯 보이는 소위 가난한 교육은 적성중심의 기술교육이라고는 하지만 생각의 필요성에 대해 가르치지 않는 교육이다. 철학교육을 받지 못한 기술자는 자신의 기술이 세상 사람들의 삶에 어떤 궁극적인 의미가 있는지 생각할 여력이 없다. 그에게 기술은 생존을 위한 방편일 뿐이다. 그래서 그는 생각하는 사람들이 지닌 힘을 넘어설 수가 없다. 미국의 사립학교에서는 인간의 본질과 역사적 비전에 대해 사고할 수 있는 능력을 키워주는 인문학 교육을 실시하고 있는 반면 공립학교에서는 실용적인 적성교육과 직업교육에만 주력하고 있다는 사실은 아이러니컬하게도 만인 평등의 공화국을 표방하는 미국의 국가건립 초기부터 실질적으로 존재해왔던 계급의식의 단적인 예다. 사회를 리드하는 리더들과 그들의 리드를 따라갈 수밖에 없는 팔로워들을 양산하는 교육적 시스템은 이러한 계급의식이 반영된 것이다.

그러나 20세기 후반부에 들어 이러한 시스템에 대한 근본적인 회의가 대두되었고 가난한 사람들도 인문학교육을 받음으로써 자신들의 현실을 파악하고 미래를 설계할 수 있는 힘을 길러야 하며 또 기를 수 있는 능력이 있다는 점을 주장하는 사람들이 나타나게 된다. 그 중 대표적인 경우가 미국의 노숙자들을 대상으로 인문학교육을 실시했던 얼 쇼리스다. 철학강사였던 얼 쇼리스는 클레멘트 코스라는 프로그램을 노숙자들을 대상으로 실시하였는데 그 내용은 인문학 고전을 읽히고 토론을 이끌어내는 단순한 교육이었다. 그러나 교육의 단순성에도 불구하고 그 효과는 전세계가 주목할 정도로 획기적이었다. 노숙자의 처지에 있었던 많은 사람들이 독립적이고 활발한 사회구성원으로 복귀하게 되었으며 심지어는 같은 처지에 있는 사람들을 이끄는 리더들도 생겼다. 이 클레멘트 코스는 현재 전세계 수십여 개의 국가에서 같은 방식으로 진행되고 있다. 우리나라에서도 2006년 이 코스가 처음으로 도입되어 뜻있는 인문학자들의 참여를 통해 감동적인 사례들을 창출해내었다. 가난하고 소외되어있는 사람들에게 단순한 기술교육만으로는 이들이 자신의 처지를 탈피하고자하는 충분한 의지와 비전을 지니게 할 수는 없다. 생활이나 직장에서의 기술을 습득하고 숙달되는 일도 중요하겠으나 자신의 처지와 세상에 대해 객관적인 사고를 할 수 있는 능력을 키워주는 일이 병행되지 않는다면 이들이 그 가난과 소외에서 벗어날 수 있을 가능성은 낮다.

우리나라는 이제 선진국의 대열에 접어들고 있다. 경제적인 차원에서는 다양한 지수에서 이미 세계 10위권을 넘나들고 있다. 그러나 이 급격한 경제적인 발전도 사회의 건전한 발전이 뒷받침되지 않는다면 그 지속성을 담보하기 어렵다. 우리 사회는 현재 급격한 변화를 경험하고 있다. 특히 사회구성원들의 경우 이전 사회와는 비교할 수 없을 정도로 그 구성계층이 다양해져 있다. 가난의 경우도 이전에는 단순한 경제적 가난의 차원이었던 것이 이제는 정보의 공유와 해석의 차원 그리고 교육의 차원에서도 부와 가난의 경계가 뚜렷해지고 있다. 교육의 기회는 민주사회에서 그 어느 요소보다도 공정하게 배분되어야한다. 특히 인문학적 교육을 받을 기회를 경험하지 못했던 소외계층들에게는 그들이 필요로 하는 인문학적 소양을 가능한 한 짧은 시간 내에 효과적으로 함양시킬 수 있는 맞춤형 인문학 교육 프로그램이 절실하다. 자활사업에 참여하고 있는 사람들도 인문학에 대한 궁금증과 기대치는 우리가 생각했던 것보다 높다. 앞 장에서 분석하였던 설문조사 때 이미 언급한 것처럼 우리는 인문학에 대한 자활참여자들의 인식과 인문치료의 접근 가능성을 타진하기 위해 세 가지 항목을 추가하였고 항목에 대한 반응은 짐작했던 것보다 매우 긍정적이었다. 아래의 표에서 볼 수 있는 것처럼 28번에서 30번까지의 평균은 1번에서 27번까지의 평균보다 월등히 높다. 자아정체성에 관한 질문에는 소극적으로 답하던 이들이지만 인문학적 접근의 가능성을 묻는 질문에는 훨씬 더 적극적인 답을 해 준 것이다.

〈표 7〉 항목군의 평균비교

	1-27 합계	1-27 평균	28-30 합계	28-30 평균	1-30 합계	1-30 평균
N	325	325	325	325	325	325
평균	86.59	3.21	10.86	3.62	97.46	3.25
표준편차	11.29	0.42	1.30	0.60	12.07	0.40
합계	28142.00	1042.30	3531.00	1177.00	31673.00	1055.77

자활참여자 교육에 있어 맞춤형 인문학 교육을 표방하고 있는 인문치료행위는 소외계층에게 자신의 삶과 미래에 대한 비전을 지닐 수 있는 능력을 신장시킴으로써 자아정체성 확립에 분명한 기여를 할 수 있다. 인문치료를 통한 현실에 대한 직시와 희망의 고취는 단순히 심리적 차원에서 진행되는 것이 아니라 행복감의 증진과 진취적인 생활을 유도하기 위한 마음의 치유 및 수련과정을

의미한다. 이 과정을 통해 인문학은 단순히 미학적, 윤리적 차원의 교육이 아닌 자활참여자들이 적극적이고 효율적이며 능동적인 경제·사회활동을 할 수 있도록 그들의 마음을 잡아주는 실용적 학문이 될 수 있을 것이다.

인문치료를 통한 실천적 인문교육의 과정은 인문과 예술적 가치를 통해 자신은 물론 타인의 생각과 느낌을 해석하고 그려냄으로써 혼란스럽고 설명할 수 없을 것 같았던 경험에 이름을 만들어 주는 일, 또 이런 과정을 통해서 소외된 개인으로 하여금 자신의 생각과 느낌을 구상화하고 남의 생각을 정확히 전달받으며 가능한 한 많은 공감을 할 수 있도록 돕는 일, 그리고 이를 통해 자기 제어력과 자기 효능감을 증진시켜 내면의 소통이나 타자와의 소통의 가능성을 높여주는 일이기 때문이다.

6. 나가는 말

우리는 2000년경부터 본격적으로 시작된 우리나라의 자활사업이 처한 한계가 무엇이며 또 인문학적 차원에서 그 한계를 벗어나기 위해 무엇을 할 수 있는가를 살펴보았다. 자아정체성 설문조사를 통해 발견할 수 있었던 가장 중요한 것은 자활대상자들이 자활사업 참여기간의 길고 짧음과 관련 없이 자아정체성의 혼란을 겪고 있다는 사실이었다. 자활대상자들에게도 가장 필요한 것은 삶에 대한 올바른 인식과 긍정적 시각이다. 자활대상자들을 무엇을 해주어야 할 사람들로 설정해온 지금까지의 자활개념은 이제 보다 적극적으로 바뀌어야 한다. '자활대상자들이 무엇을 할 수 있는 사람들인가, 무엇을 하고 싶어 하는 사람들인가?'를 알아내고 이를 적극적으로 표출하게 유도하여 근본적인 자기변혁을 경험할 수 있도록 하는 지원이 필요하다. 맞춤형 인문학 교육과 인문학을 기초로 한 상담을 포함하는 인문치료는 이러한 지원을 위해 필수적인 역할을 해낼 수 있을 것이다. 얼 쇼리스의 말대로 "빈민은 열악한 환경과 불운이라는 포위망에 둘러싸인 사람들이다. 포위망에 갇히면 할 수 있는 일이란 생존을 위한 즉각적 대응밖에 없다. 하지만 즉각적 대응 대신 반성적이고 성찰적인 사고를 할 수 있게 된다면 삶이 달라"질 것을 우리는 믿는다.

참고문헌

강경선 외, 『인문치료』, 강원대학교출판부, 2009.

강문정, 『청소년의 자아정체성과 도덕성 발달을 위한 장애인 자원봉사활동 사례연구』, 서울여자대학교 석사학위논문, 1998.

노대명, 「자활사업 10년의 평가 및 전망」, 『보건복지포럼』, 2010.

노대명·이소정·김수현·유태균·이선우·손기철, 『자활정책에 대한 평가 및 발전방안』, 한국보건사회연구원, 연구보고서, 2010.

김수현 외, 『새천년을 향한 생산적 복지의 길 : 취약계층의 자활지원대책』, 대통령비서실 삶의 질 향상기획단, 1999.

김정원·백학영·이문국·전세나·조성은, 『사회적 경제와 자활기업』, 아르케, 1999.

박태정, 『사회적 자본과 한국의 자활사업』, 한국학술정보원, 2009.

이정희·신동면, 근로빈곤층을 위한 성과관리형 자활시범사업평가 연구, 한국행정연구원, 연구보고서, 2011.

조학래, 『자원봉사활동이 청소년의 자아정체성과 도덕성 발달에 미치는 영향 연구』, 연세대학교 박사학위논문, 1996

홍완식, 『생산적 복지를 위한 법적 실현방안에 관한 고찰』, 입법정보, 제52호, 2002.

황용길, 『부자교육 가난한 교육』, 조선일보사, 2001.

『생산적 복지, 복지패러다임의 대전환』, 대통령비서실 삶의질향상기획단, 2002,

『자활사업 15주년 기념백서: 자활운동의 역사와 철학』, 한국지역자활센터협회 부설 자활정책연구소, 2009.

『실천가와 연구자를 위한 사회복지척도집 제2판』, 나눔의 집, 서울구립반포종합사회복지관, 서울대학교 실천사회복지연구회, 2003.

Glasser, W., 『좋은 학교(The Quality school theacher)』 김인자역, 한국심리상담연구소, 1997.

Glasser, W., 『당신의 삶은 누가 통제하는가(Control Therapy : a new explanation of How we control our lives)』, 김인자 역, 한국심리상담연구소, 2008.

Rosenthal R., Jacobson LF., Teacher Expectation for the Disadvantaged, Scientific American, 1968, vol, 218, No. 4.

Shoris, Earl 『희망의 인문학』, 이병곤 외 역, 이매진, 2006.

서울시청 홈페이지 : (http://welfare.seoul.go.kr/archives/2867)

Willam Glasser Institute : http://www.wglasser.com/

※ 이 글은 필자의 논문 「자활과 인문치료」(『인문과학연구』 第36집, 강원대학교 인문과학연구소, 2013)를 수정·보완한 것이다.

청소년의 자아존중감 향상과 또래관계 증진을 위한 인문치료

유 강 하

1. 청소년 인문학 교육과 행복

"사람은 교육에 의해서만 사람이 될 수 있다"는 칸트(I. Kant)의 말은 여전히 유효한 듯 보인다. 교육학 개론이나 서설에 등장하는 칸트의 교육 예찬론 뒤에는 어김없이 '사람다움, 사람다워짐'에 대한 설명이 이어진다. 그렇다면, 사람다움이나 사람다워짐을 실현한 사람은 어떤 사람인가? 아리스토텔레스(Aristotle)가 언명했던 '사회적 인간'과 무관하지 않은 존재로서, 타인과의 관계 속에서 자아를 실현하는 삶과 깊은 관계를 맺고 있는 사람일 것이다.

동서고금, 남녀노소를 막론하고, 모든 인종과 계층을 초월하는 보편적 진리가 있다면 그것은 더 나은 삶의 추구이다. '더 나은 삶'이라는 추상적인 개념은 '행복'이라는 말로 바꾸어도 크게 무리가 없어 보인다. 문제는 행복의 추구가 인간 삶의 매우 중요한 영역임에도 불구하고, 그간 우리 사회에서 공적 영역보다는 사적 영역에서 이해되어 왔다는 점이다. 특히 교육현장에서 '행복'은 그리 진지하게 다루어져 온 것 같지 않다. 이는 행복이라는 추상적 개념이 교육의 목표에 부합하는 것임에도 불구하고, 속도와 편리성과 성과를 중요시하는 사회적 요구에 조응하기 위한 '학력 신장'을 교육의 현실적인 목표로 상정했기 때문인지도 모른다.

학교 교육을 통한 행복의 추구나 달성이 요원한 일만은 아니다. 교육의 현장에서도 행복의 추구를 중요한 가치로 삼는 실천이 가능하고, 이때 인문학은 긍정적인 역할을 할 수 있다. 인문학은 인간 삶의 의미나 가치를 다루는 학문이므로, 인간 실존과 사회적 조건의 관계망 속에서 인간 행복을 찾으려고 한다면, 인문학이 어떤 영역에서든 기여할 바가 있을 것이다. 이는 교육의 목적과도 크게 다르지 않다. 교육의 목적이 바람직한 인간 존재의 육성과 이를 통한 민주사회의 완성, 이를 통한 개인과 사회의 행복 추구에 기여하는 것이라면, 인문학이야말로 개인과 사회 모두에 필요한 학문이자 실천이 될 수 있다.

교육 영역에서 인문학은 좁게는 인문학적 방법의 훈련을 통한 아동 및 청소년들의 논리력, 창의력, 사고력 증진 등 역량을 갖춘 자기 주도적 존재로 성장하는 것을 도울 수 있고, 넓게는 인간과 세계에 대한 이해를 돕는 지식과 정보 제공을 통해 민주적 시민 양성이나 사회통합에 기여하는 활동을 수행할 수 있다. 특히 인성교육의 측면에서, 교육이 사람 및 자연과의 관계성에 대한 강조와 자기 성찰을 돕는 도덕적 통합성의 함양, 인지, 정서, 행동이 통합적으로 길러질 수 있는 전인성 함양, 창의성 함양, 민주시민성과 공동체성 함양을 목적으로 삼는 것이기도 하다면, 인문학이야말로 교육영역에서 그 활용 가치가 가장 큰 학문이라 할 수 있을 것이다(강선보 외, 2008 : 16-21).

한걸음 더 나아가 인문학은 아동이나 청소년들의 정신 건강, 특히 예방적 치유 영역에서도 중요한 기여를 할 수 있다. 이는 인문학이 자기성찰과 존재에 대한 이해를 도움으로써 행복이라는 목표 달성에 긍정적인 역할을 할 수 있기 때문이다. 그렇기에 인문학은 인간 삶의 희망체이며, 행복학이라고도 말할 수 있다(김호연·유강하, 2010 : 13-18).

의학과 심리학이 각각 나름의 고유한 토대 위에서 활동을 전개하고 있는 것처럼, 인문학도 그것의 고유성을 간직하면서 나름의 활동을 전개한다면 긍정적인 결과를 기대할 수 있다. 인문학의 고유한 토대를 닦아가면서, 의학이나 심리학 등 다른 영역과 통섭(융섭)할 수 있는 부분이 있다면, 이를 적극 수용하여 좀 더 진전된 인문학 본위의 교육-상담-치유가 연계된 프로그램을 개발하여 운영하면 될 것이다.

이 글에서 소개하고자 하는 사례는 2010년 K중학교에서 진행한 "관계와 소통" 프로그램 사례로서, 교육·상담·치유의 통합이라는 지향성 위에서 기획되었다. 의학적 치료나 심리학적 테라피가 상담이나 정서안정 영역에서 나름의 근거와 성과를 보이고 있고 그것의 필요성은 재론의 여지가 없다고 생각한다. 다만, 인문학의 고유한 내용과 방법론을 활용하여, 교육적이면서도 상담과 치유에 예방적 효과를 가질 수 있는 프로그램을 기획하는 것에도 의미를 부여할 수 있을 것으로 생각된다. 이 사례는 인문치료의 하나로 기획된 "관계와 소통" 프로그램 운영 사례로서 교육현장에서 인문학이 청소년들의 관계성 향상과 자존감 상승에 도움을 줌으로써 궁극적으로는 학습 동기 유발에도 기여할 수 있음을 밝히고자 하였다.

2. 관계의 치유, "관계와 소통"

2.1. 관계와 소통은 왜 중요한가?

인간은 관계적 존재이자 사회적 존재이다. 따라서 관계의 단절은 고통이나 괴로움으로 이어지기 쉽다. 최근 현대인들이 겪고 있는 가장 큰 문제 가운데 하나는 관계의 단절에서 비롯된 문제이다. 왕따로 대표되는 학교 폭력 역시 여기에 뿌리를 두고 있다고 말할 수 있다. 각 개인이 맺고 있는 다양한 관계에서 심각한 문제에 직면하기 전, 특히 어린이나 청소년 시기에 관계와 소통의 의미에 대해 배우고 실천하는 것은 미래의 위험을 미연에 방지하는 예방적 차원의 조치가 될 수 있다.

"관계와 소통" 프로그램은 결과적으로 관계 맺기와 소통의 방법을 배우고 실천함으로써 관계에서 비롯된 폭력과 고통을 미연에 예방하는 교육이라고 할 수 있다. 이는 유엔(UN)이 정한 아동권리협약(United Nations Convention on the Rights of the Child: UNCRC)의 내용에도 부합하는 활동이다. 유엔은 "아동교육의 목적을 아동의 인격, 재능 및 정신적, 신체적 능력을 최대한 계발하는 것, 아동이 모든 사람들과의 관계에 있어서 이해, 평화 관용, 남녀 평등 및 우정의 정신에 입각하여, 자유사회에서 책임 있는 삶을 영위하도록 준비시키기 위한 것으로 규정하고 있다. 이는 개인의 자아실현에 교육의 목적이 있음을 지적하는 외에도, 교육을 통해 인간의 타고난 능력을 최대한 계발하는 것은 자유사회의 필수조건이며, 어린이들이 그러한 기회로부터 소외되어서는 안 된다는 것을 강조하고 있다. 곧 아동청소년에 대한 교육이 그들이 소속된 사회와 국가뿐 아니라 인류 공동체의 존속을 위해서도 필수적"(성민선, 2009 : 8)이라는 점을 알 수 있다.

이 사례에서 소개하고 있는 "관계와 소통" 프로그램은 청소년의 관계 개선뿐만 아니라 관계성과 소통에 대한 인문학적 사유를 심화시킴으로써 문제의 잠재적 요인을 차단 또는 예방한다는 목표를 가지고 있다. 기존의 교육, 상담, 치유, 인성 프로그램은 대부분 이미 드러난 일종의 병리 현상에 대한 적극적 조치를 그 목표로 상정하고 있지만, 청소년 인문치료 프로그램은 예방적 차원의 활동에 중점을 두어 진행된다.

치료는 드러난 병증의 '치료'와, 병증이 드러나기 전에 발생을 미리 차단하는 '예방'으로 나눌 수 있다. "관계와 소통"은 관계성에서 비롯된 문제의 잠재적 요인을 미연에 차단하기 위한 '예방적 조치'라 할 수 있다.

예방에 초점을 맞춘 프로그램이기 때문에 이미 드러난 병증(또는 문제) 치료나 해결에 비해 그 효과는 더딘 것처럼 보일 수 있다. 하지만 건강한 상태에서 지켜지는 건강이 최선이듯, 건강한 관계성과 소통을 삶에서 배우고, 깨닫고 실천하는 것 역시 건강한 관계, 건강한 삶을 지키는 최선의 방법일 것이다.

2.2. 인문치료 프로그램 : "관계와 소통"

"관계와 소통" 프로그램은 기본적으로 인문학적 내용과 방법으로 보다 인간다운 삶, 행복을 추구하는 인문학 본위의, 인문학적 프로그램이다. 문학을 통해 나와 타인, 사회와의 '소통'을, 역사를 통해 '온고지신(溫故知新)'의 진정한 의미를 깨닫고, 철학을 통해 사유의 즐거움을 배우도록 안배되어 있다. 소통, 깨달음, 사유를 통한 '인간다움, 사람다움의 실현', '자아 찾기와 자아실현', '상대방에 대한 배려와 존중'이 프로그램의 뼈대를 이룬다.

청소년을 위한 인문치료 프로그램은, 심리학이나 교육학의 태동 이전부터 존재했던 인문학이 인간다움을 실현하기 위한 기초가 되는 학문 영역이었고, 현재 다양하게 전개되는 일종의 대안의학적 기능을 오래전부터 담당했었다는 사실이 고려되어 만들어졌다. 인문학이 치유로 이어질 수 있는 것은 삶의 고양, 만족스런 인간 삶의 구현이 인문학의 오래된 주제였기 때문에 가능한 것이다. 이러한 시점에서, 인문학을 계승하고 현대적으로 복원한다면 교육적 효과는 물론이고, 상담적 기능과 치유적 역할을 아우르는 포괄적인 차원의 실천적 활동이 가능하기 때문에 인문학 교육 현장에서의 실용적 역할과 효용은 배가될 수 있다.

"관계와 소통" 프로그램의 내용 및 이론적 기초

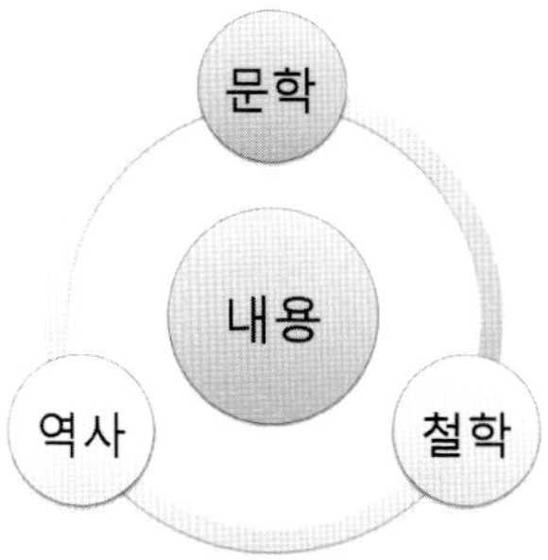

"관계와 소통" 프로그램의 방법

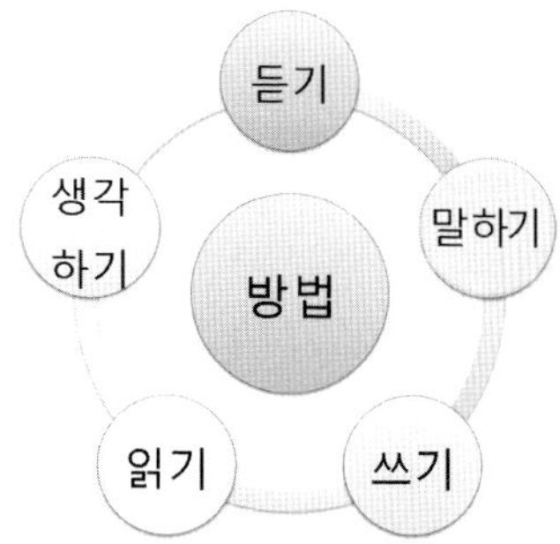

"관계와 소통" 프로그램은 다양한 대상의 사람들에게 인문학적 소양을 심어줌으로써 건강하고, 행복하며, 가치 있는 삶을 영위해 가는 데 도움을 주는 것을 목표로 삼고 있다. 또한 "관계와 소통" 프로그램은 건강한 가치관, 세계관, 역사관을 토대로 다양한 부류의 사람들이 인간답게 사는 것의 의미, 행복하게 사는 것의 의미, 인생의 희망 찾기 등을 스스로 탐색할 수 있도록 돕는 것을 지향점으로 삼고 있다.

프로그램 진행에 쓰인 콘텐츠는 인문학의 근간을 이루고 있는 고전들, 즉 지식의 구체적인 내용보다 인간의 삶의 모습을 담은 동·서양의 고전과 이야기로 쉽게 접근할 수 있는 신화나 역사 이야기, 역사적 인물 또는 누구나 그리는 롤모델의 삶의 이야기 등이다. 뿐만 아니라 인문학적 함의가 풍부한 영화, 그림, 사진 등도 자료로 활용되었다. 이를 통해 참여 학생들이 인간의 사회 속에서의 실제적인 삶을 건강하게 사고하고, 개인의 자아존중감 확보와 증대, 사회적 성취는 물론이고, 그들이 긍정적인 미래를 모색하도록 도움으로써 조화로운 사회의 일원으로 성장할 수 있도록 돕는다는 목표를 설정하였다. 긍정적인 미래를 꿈꾸며 타인, 더 나아가 생태와 조화를 이룰 수 있다면 모든 사람들이 꿈꾸는 행복도 결코 멀리 있지 않을 것이다.

3. 인문치료 : K중학교의 사례

3.1. "관계와 소통" 프로그램 설계

과거 인문학 프로그램은 주로 일반인들을 대상으로 실시되어 왔으나, 기존 치유방식에 한계를 느껴 새로운 돌파구를 마련하는 과정에서 인문학에 눈을 돌리게 되었다. 인간의 본질을 탐색하는 학문인 인문학이 근본적인 대안이 될 수 있다는 희망도 적지 않은 영향이 있었을 것이다.

이 프로그램에서는 인문치료의 일환인 "관계와 소통"(Ⅰ·Ⅱ)이 관계성 증진에 긍정적 영향을 가져왔을 것이라는 점을 확인하기 위해 자아존중감 검사와 또래관계 검사를 실시하였다. 이는 "관계와 소통"이 의미하는 것처럼 청소년들이 다양하고 복잡한 관계 속에서 올바르고 바람직하게 소통하는 방법을 배움으로써, 더 나은 삶, 더 행복한 삶을 지향하고, 건강한 미래를 꿈꾼다는 것을 프로그램의 목표로 상정했기 때문이다.

청소년의 또래관계성 증진과 자아존중감 향상, 삶의 만족도가 모두 긴밀한 관계를 가지고 있을 것이라고 가정하였다. 즉 최근 문제가 되고 있는 왕따로 인한 청소년들의 자살 등의 문제원인을 뒤틀린 관계성, 바람직하지 않은 관계 맺기, 소통의 부재, 폭력화된 소통 방식 등에서 찾을 수 있다고 본 것이다. 이러한 문제의 개선을 곧 삶의 만족도의 향상, 행복의 증대로 이어질 것으로 보았다.

프로그램이 처음 시작되는 2010년 1학기 1회기(4월)와 12회기(6월), 2학기 11회기(12월), 모두 3회에 걸쳐 또래관계 검사와 자아존중감 검사를 각각 실시하였다. 이 두 가지 검사를 실시한 이유는 최근 문제가 되고 있는 왕따로 인한 청소년들의 정신적·정서적 고통과 자살 등의 문제가 뒤틀린 관계성, 바람직하지 않은 관계 맺기, 소통의 부재, 폭력화된 소통 방식에서 비롯되었다고 보았기 때문이다. 프로그램에서 사용한 위의 두 가지 검사(또래관계 검사, 자아존중감 검사)는 프로그램의 효용성을 정량적으로 평가할 수 있다는 데 의미를 둘 수 있다.

사실, 인문학적 프로그램에 정량적인 측정 도구를 사용하는 것에는 여전히 의구심이 든다. 인문학적인 소양이나 인간다움을 정량적 방법으로 검증하겠다는 것 자체가 비인문학적 태도일 수 있다는 우려 때문이다. 가령, 심리검사 도구에서 일반적으로 채택하고 있는 '1-5'점의 점수 채점 방식만 보더라도 점수의 허실을 쉽게 파악할 수 있다. 동일한 점수라 하더라도 개인이 느끼고 있는 정도는 모두 같지 않으며, 그 점수가 각자에게 갖는 의미 또한 동일하지 않기 때문이다. 바로 이런 점 때문에 정량적 차원의 검증과정에서도 '질적방법론'을 함께 사용할 필요성에 대해 논의가 개진되고 있다. 사람에 대한 관찰은 기계적인 분석보다는 개인이나 개별적 상황을 고려한 섬세한 분석이 더욱 설득력을 가질 것으로 보인다.

모든 인간이 자기만의 개성과 특이점을 가지고 있다는 것을 인정하는 인문학이 '평균점'에 따라 인간성 또는 인간의 특질을 재단하는 정량적 측정도구와 그 방식을 수용하는 것은 여전히 신중한 고민이 필요하다. 이런 한계에도 불구하고 이 프로그램에서 기계적·정량적 측정방식을 사용한 것은 인문학적 프로그램의 효용성을 드러낼 수 있는 정량적 측정도구가 거의 없는 현재 상황에서 불가피한 선택이었다.

이 인문치료 프로그램에서는 기존 검사의 단점과 한계를 보완하기 위해 프로그램에 대한 자체 설문을 병행 실시하면서 프로그램 참여 학생들의 생각과 변화 과정을 살펴보고자 하였다. 이 사례에서는 1학기와 2학기에 각기 진행한 "관계와 소통"(Ⅰ), "관계와 소통"(Ⅱ)을 별도로 나누어 보도록 한다.

"관계와 소통"(Ⅰ)은 다양한 인문학 전공자들이 관계성, 소통, 꿈, 행복을 주제로 한 혼합 강의로 구성되었고, "관계와 소통"(Ⅱ)는 김호연·유강하(2010)의 내용을 기본으로 하는 전담교수제로 운영하되, 참여 학생들의 반응 속도와 태도 등을 면밀히 관찰하여 상황에 따라 필요하거나 어울린다고 판단되는 내용으로 수정, 보완하며 진행하였다. "관계와 소통"(Ⅰ), "관계와 소통"(Ⅱ) 프로그램의 가장 큰 차이는 참여 강사의 인원에 따른 혼합강의제와 전담강의

제라는 점이다. 사소하게 보이지만 이 차이는 차이가 분명한 결과로 나타나는데, 구체적인 내용은 이어 소개한다.

3.2. 사례: "관계와 소통"(Ⅰ)

인문학은 인간의 심리나 행동의 변화를 촉구하여 인간을 변화시키는 학문이라기보다는, 깨달음과 부단한 자기성찰을 통해 나와 타인, 더 나아가 생태와의 바른 관계와 소통을 모색하며 더 인간다운 삶을 이루어나가도록 돕는 학문이라는 설명이 더 가깝다.

"관계와 소통" 프로그램은 기존에 비행청소년이나 특이성이 발견되는 학생들을 대상으로 비교적 단기간에 실시하던 치료 프로그램의 방식에서 탈피하여, 비교적 장기간 인문학적 소양을 기름으로써 스스로 성장을 경험하도록 돕는 프로그램으로 설계되었다. 순수 인문학자들이 기획한 이 프로그램은 2010년 4-6월(12회기), 9-12월(12회기) 총 24회기로 진행되었다. 다음은 1학기에 시행한 "관계와 소통"(Ⅰ) 프로그램의 회기별 주제이다.(〈표 3〉)

매 회기는 문학·역사·철학을 전공한 교수들이 인물을 중심으로 관계성, 꿈의 성취 등에 대한 강의로 이루어졌다. 시대를 노래하는 문학가와 과학자, 환경이나 이웃에 관심을 가진 성직자와 철학을 가진 무용수의 이야기는 문학/역사/철학이 별개의 분과로 존재하는 것이 아니라, '인문학'이라는 인간 중심의 학문으로 엮여 있다는 것을 알게 한다. 이것이 인문학 프로그램의 각 회기별 강의를 문학/역사/철학으로 명확하게 구분하지 않고, '인문학'이라고 한 이유이다.

〈표 3〉 1학기 "관계와 소통"(Ⅰ) 프로그램

제1주	오리엔테이션, 사전검사	제7주	이타적인 삶
제2주	코페르니쿠스	제8주	환경 이야기(2)
제3주	노력이 만들어낸 천재	제9주	강철나비의 날개
제4주	역사 인물 이야기	제10주	거위의 꿈
제5주	환경 이야기(1)	제11주	생명을 말하다
제6주	희생의 의미, 숭고한 삶	제12주	회기 마무리

2010년 1학기 "관계와 소통"(Ⅰ) 프로그램은 다양한 전공의 강사에 의해 나와 나, 사회, 환경(생태)의 관계와 '꿈(미래)'까지 포괄한 다양한 주제가 강의되었고, 학생들은 질문이나 활동지 등을 통해 수업에 적극적으로 참여하였다. 초기, 학생들은 지식전달이 목적이 아닌 수업에 어색해하였지만 시간이 지날수록 자유로운 의견개진이 가능한 인문학 수업에 적극적이고 흥미로운 자세로 임하는 것을 알 수 있었다.

인문학적 콘텐츠와 방법으로 기획한 "관계와 소통" 프로그램이 청소년들의 관계성 인식과 실천, 소통 능력 배양에 유익하고 유의미한 프로그램이라고 말할 수 있을까. 그렇다면 그 효용성과 유의미성을 과연 어떻게 증명할 수 있을 것인가. 우선, 이 프로그램의 효용성 검증을 위해, 또래관계 검사와 자아존중감 검사를 활용하였다. 상술한 것처럼, 이 프로그램이 '관계성'에 중점을 두고 있고, 관계에서 신뢰와 존중을 받는 학생들이 더욱 높은 자존감을 얻게 될 것이고, 이것이 행복감의 증대로 이어질 것이라는 가설에 기초한 것이다.

인문학교 프로그램의 효용성 검증을 위한 정량적 지표의 신뢰성과 타당성을 높이기 위해서는 통제집단과의 비교를 통한 결과가 더욱 설득력이 있겠으나, K중학교가 다른 농산어촌 중학교와 마찬가지로 한 학년 한 개 반으로 운영되어 통제집단과의 비교가 가능하지 않은 상황이었기 때문에, 단일집단의 지수변화를 관찰하였다.

2010년 1학기 12회기 프로그램이 진행된 이후 실시한 검사에서는 또래관계 지수가 약간의 하락세(116.4→113.8)를 보이고,(〈그래프 1〉) 자아존중감 지수도 기대와는 달리 다소 하락(161.4→159.2)하였다.(〈그래프 2〉)

〈그래프 1〉
2010년 1학기 또래관계 검사

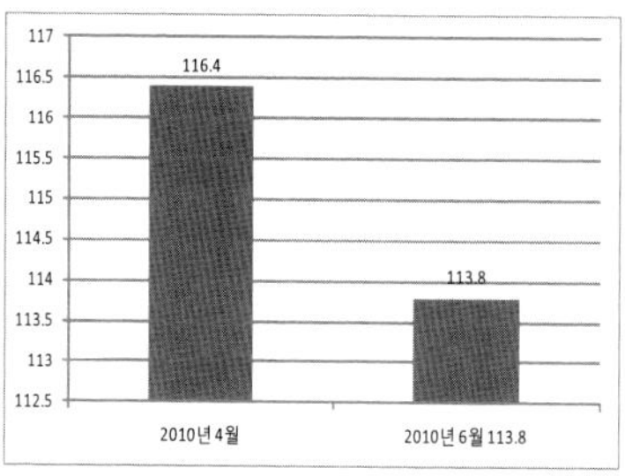

〈그래프 2〉
2010년 1학기 자아존중감 검사

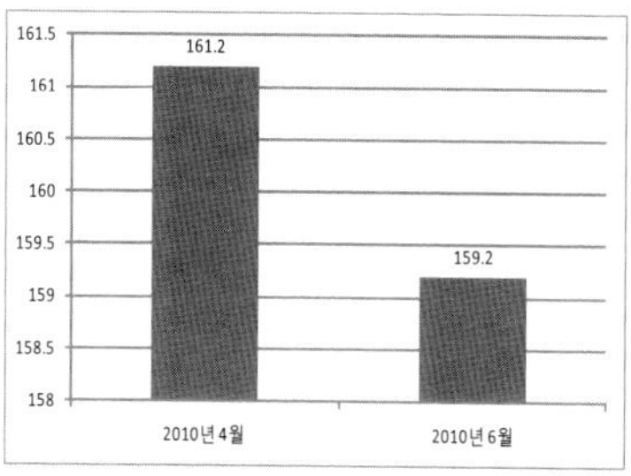

이러한 결과에 대한 운영진의 자체 분석 결과, 평가지수의 하락 요인으로 다음과 같은 몇 가지가 제시되었다. 첫째, 불쾌지수가 높은 날씨. 둘째, 기말고사 등의 환경적 요인. 셋째, 여러 명의 강사 참여로 인한 참여 학생들의 프로그램 집중도 저하와 라포의 더딘 형성. 넷째, 관계성보다 꿈의 성취에 집중한 강의로 관계성과 소통이라는 프로그램 전체의 일관성 결여, 마지막으로 수료식과 더불어 검사가 진행되었다는 산만한 목표 지향성 등을 들 수 있을

것이다.

그러나 흥미로운 사실은 자아존중감 지수와 또래관계 지수의 하락에도 불구하고 학생들은 프로그램에 대해 참여 지속 의사를 분명히 밝혔으며, 이 프로그램이 스스로에게 도움이 되었다고 말하고 있다는 점이다. 이러한 결과 역시 정량적 평가를 불신하는 계기가 되었다. 학생들이 프로그램을 통해 배운 것은 학생들이 작성한 설문지를 통해 확인할 수 있다. 우선 "'관계와 소통'(Ⅰ)을 통해 배운 것과 가장 기억에 남는 것, 더 배우고 싶은 것은 무엇입니까?" 라는 질문에 다음과 같이 대답하였다.

○ 인간답게 사는 것, 노력하면 뭐든 된다는 것

○ 나의 꿈, 사회로 나아갈 준비

○ 많은 인물들이 어려운 환경을 헤쳐 나가는 법과 꿈을 위해 노력하는 모습

○ 내 진로를 선택(결정)할 수 있었고, 희망을 가졌다.

학생들은 '인간답게 사는 것'의 의미와 꿈을 배우는 한편, 희망을 가졌다고 말하고 있다. 이어 다른 사람들(위인들)의 꿈과 그들이 시련을 이겨내고 꿈을 이루기까지의 과정을 배우고 싶다고 말했다.

○ 많은 사람들의 꿈과, 시련을 이겨내는 것을 배우고 싶다.

○ 어떤 삶을 살까, 하는 것을 배웠으면 좋겠다.

○ 인문학 자체를 더 배우고 싶다.

○ 사람의 인생에 대해 배우고 싶다.

처음 접해본 인문학에 대한 호기심이 생겼을 뿐만 아니라, 인문학에서 말하는 삶, 인생, 꿈, 삶을 일구는 방법에 대해서도 보다 진지한 고민을 하게 된 모습을 살펴볼 수 있었다. "'관계와 소통'(Ⅰ) 프로그램에 참여한 이후 바뀐 태도나 생각이 있느냐"는 질문에는 다음과 같이 대답하였다.

○ 힘든 시련 속에서도 성공한 사람들이 주는 교훈. 내가 스스로 반성하도록 만들어 주었다.

○ 노력하고 참는 것을 배웠고, 생각도 좀 더 긍정적으로 바뀌었다.

○ 꿈을 포기하지 말자. 나 자신을 사랑하자. 남을 배려하자.

○ 이 프로그램을 하면서 배운 것은 이 세상에는 성공한 사람도 많고, 열심히 하는 사람들이 많다는 것이다. 나는 예전에는 '되면 한다'라는 생각을 가지고 있었지만 '하면 된다'라는 생각도 조금은 생긴 것 같다.

○ 인문학 프로그램을 듣고 내 꿈을 실현하기 위해서 아무리 어려운

일이 내 앞을 막아도 헤쳐 나갈 수 있다고 생각하게 되었다. 또 꼭 나의 꿈을 이루어야겠다고 생각했다.

○ 내가 초등학교 때는 친구들보다 꿈이 특별하다고 느끼지 못했는데, 인문학교("관계와 소통")를 통해 배워보니까 나의 꿈도 특별하다고 느꼈다. 또 이제는 동생을 잘 괴롭히지 않는다.

학생들은 시련을 극복하고 성공한 사람들을 통해 스스로를 반성하는 시간을 가지는 한편, 긍정적인 생각을 할 수 있었고, 남을 배려해야겠다는 생각을 가지게 되었다고 대답하였다. 특히 "예전에는 '되면 한다'라는 생각을 가지고 있었지만, 이제 '하면 된다'라는 생각을 가지게 되었다"는 말을 통해, 적극적으로 변한 삶의 태도를 읽어낼 수 있었다. 초등학교 때만 하더라도 꿈이 특별하지 않다고 느껴, 위축되고 소심한 태도를 가졌지만, 사람은 모두 다른 모습으로 살아가는 것이고 그것은 다른 것일 뿐, 소중함의 가치는 같다는 것을 배운 학생이 이제는 자신의 꿈도 특별하고 소중하다는 것을 깨달은 것은 자아존중감의 향상을 잘 보여주는 예라고 할 수 있다. "사람의 인생에 대해 더 배우고 싶다", "어떤 삶을 살 것인가" 등 삶의 언급에서 인간의 삶에 대한 고민을 읽어낼 수 있었으며, "남을 배려하자", "이제는 동생을 잘 괴롭히지 않는다"는 언급에서 관계성 향상에 대한 가능성을 확인할 수 있었다.

자아존중감과 또래관계의 정량적 지수가 다소 감소한 것은 사실이지만 함께 병행한 자체 설문을 통해 프로그램에 대한 높은 호응도를 알 수 있었고, 스스로를 성찰하고 꿈에 대해 진지하게 생각하는 등 생각과 태도의 긍정적인 변화를 읽을 수 있었다. 이런 상반된 결과는 정량적 평가방식에 대한 회의감을 더욱 키우는 계기가 되기도 하였다.

12회기(2010년 6월) 또래관계와 자아존중감 검사 결과를 자체 분석한 결과, 프로그램 운영팀은 학생들의 개별적인 요인과 함께 프로그램 운영 시 다수의 강사가 참여함에 따라, 친밀감 형성과 신뢰 형성에 다소 어려움이 있었을 가능성을 염두에 두어, 2학기 운영 시에는 '전담교수제'(주강사 1인, 보조강사 1인)로 운영함으로써 목표에 더 집중할 수 있도록 프로그램을 구성하였다. 또한 수료식과 더불어 진행된 검사로 분위기가 산만해졌다는 점을 감안하여, 2학기 운영 시에는 검사와 수료식을 따로 진행할 수 있도록 프로그램을 조정하였다.

3.3. 사례: "관계와 소통"(Ⅱ)

K중학교에서 2010년 2학기(9-11월)에 실시한 "관계와 소통"(Ⅱ) 프로그램은 인문학교 고유 프로그램인 "관계와 소통"을 위주로 구성하였고, 1학기 자체 설문에서 실시했던 학생들의 요구사항을 반영하여 프로그램을 보완하였다.(〈표 4〉) 또한 1학기 결과에 대한 평가 반성의 내용을 바탕으로 담당교수 전담제 프로그램으로 운영하였으며, 검사는 11회기에 실시하여 산만함을 막고자 하였다.
2학기에 진행한 "관계와 소통"(Ⅱ) 프로그램은 앞서 언급한 것처럼 김호연·유강하(2010)의 내용을 기본으로 관계성, 소통 능력 배양,

자아존중감 향상, 행복이라는 주제로 전담교수에 의해 비교적 일관성 있게 강의되었고, 따라서 라포 형성도 비교적 긍정적으로 이루어졌다. 프로그램은 학생들의 요청과 프로그램 진행자의 판단에 따라 필요시 다소 변화를 주어 진행하였다. 수업 방식은 강의를 기본으로 하되, 자유로운 질의응답과 토론을 유도하여 자연스러운 분위기를 형성하고자 하였다.

〈표 4〉 2학기 "관계와 소통"(II) 프로그램

제1주	인문학과 나	제7주	개성과 조화
제2주	관계(1): 나와 너	제8주	영웅의 조건
제3주	관계(2): 또 다른 사회, 가족	제9주	나의 학교생활
제4주	편견과 차별	제10주	조화로운 삶
제5주	말[言], 그것의 중요성	제11주	꿈이란? 〈사후검사〉
제6주	노력하는 천재	제12주	또 다른 시작

2010년 2학기 프로그램의 마무리와 더불어 제11회기에 시행한 검사결과는 다음과 같다. 장기간에 이루어진 인문학 프로그램의 효용성을 살피기 위해 두 학기 동안의 검사 결과를 함께 살펴보았다.

〈그래프 3〉 또래관계 전체 지수 변화(전체)

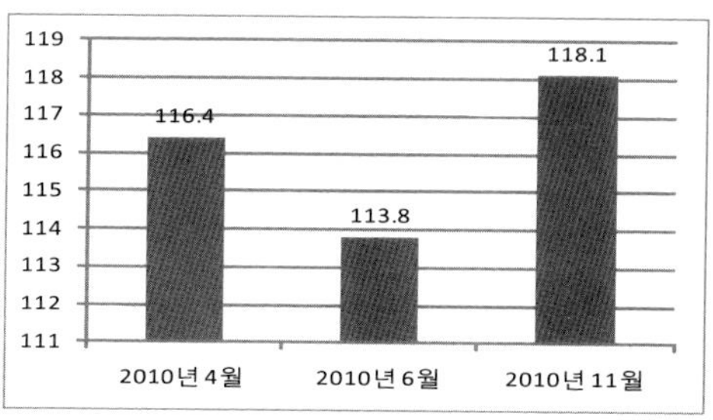

2학기 또래관계 검사 결과를 먼저 살펴보면, 116.4(2010년 4월)→113.8(2010년 6월)→118.1(2011년 11월)로 나타났다. 즉, 1학기 때 다소 하락세를 보였던 지수가 초기 4월 검사 때뿐만 아니라 6월 검사에 비해서도 상승했다는 것을 확인할 수 있다. 물론 상술한 바와 같이 이러한 수치의 변화가 인문학교 프로그램의 타당성과 신뢰성을 모두 입증하는 것은 아닐 테지만, 정량적 수치의 증가는 인문학교 프로그램도 최소한의 타당성과 신뢰성을 확보할 수 있다는 긍정적인 평가를 내리는 데 기여하는 바가 있다고 할 수 있을 것이다.

또래관계의 상승은 다양한 '관계' 속에서 긍정적인 소통을 하며 만족감을 드러냈다는 것을 의미한다. 특히 사회적 관계성으로 평가되는 항목들, 예를 들어, "내가 친구들과 이곳저곳에 가서 재미난 일을 하는 경우가 얼마나 있습니까?", "내가 어떤 일을 끝냈으면 하는 때에 친구들은 나를 얼마나 도와줍니까?", "나는 친구들을 얼마나 도와줍니까?" 등의 항목은 모두 해당 지수가 증가한 것으로 나타났다. 주지하듯, 청소년 시기는 또래관계에 큰 영향을 받는 시기이다. 따라서 또래관계와 자아존중감은 밀접한 관계를 가진다고 할 수 있으며, 또래관계의 향상이 자아존중감의 상승으로 이어질 것이라는 전망을 가능하게 한다.

동시에 실시한 자아존중감 검사의 결과, 즉 각각 161.2(2010년 4월)→159.2(2010년 6월)-165.9(2010년 11월)로 나타난 결과는 자아존중감의 증가세를 반영한다.

〈그래프 4〉 자아존중감 전체 지수 변화(전체)

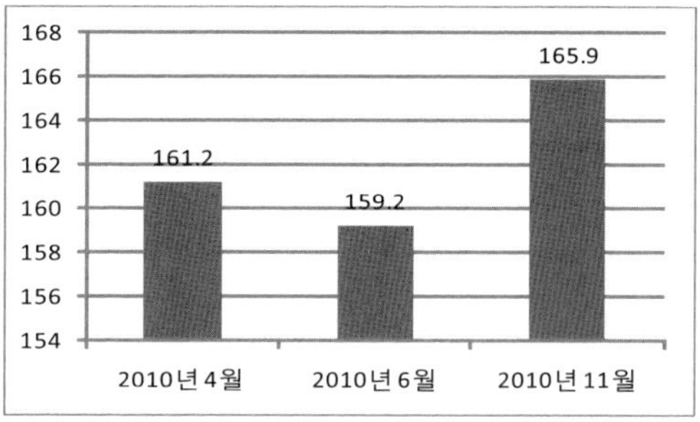

특히 이 프로그램에서는 외부와 긍정적으로 소통하며, 삶을 이루어가는 요인에 대해 스스로 생각하게 하는 시간을 많이 가지도록 하였는데, 이 결과는 개별 항목 지수에서도 뚜렷하게 확인할 수 있다. 특히 "나는 많은 사람들 앞에서 말하기가 어렵지 않다"는 자신감 부분이 높은 증가율을 보였고, "나는 될 수 있는 대로 최선을 다하려고 한다.", "나는 상당히 행복하다.", "나의 부모님은 나를 잘 이해해주신다." 등 관계 속의 성공적인 소통을 통한 만족감 부분이 고르게 증가한 것으로 나타나 전반적으로 긍정적으로 평가할 수 있다.

그럼에도 불구하고 학생들의 삶의 질, 만족, 행복을 과연 정량적 방법으로 측정 가능한 것인가에 대한 의문은 여전히 가시지 않는다. 1학기 검사에서 보여준 것처럼, 학생들이 느끼는 프로그램에 대한 만족도, 삶의 질적 향상은 정량적 결과를 통해 드러나지 않기 때문이다. 이와 더불어 살펴볼 것은 자체설문 결과이다. "관계와 소통"(Ⅱ)을 통해 배운 것과 가장 기억에 남는 것, 더 배우고 싶은 것은 무엇이냐는 질문에 대한 학생들의 대답이다.

○ 나의 꿈에 한걸음 더 나아갈 수 있게 되었다.

○ 편견은 나쁜 것이며, 편견을 가져서는 안 된다는 걸 배웠다.

○ 편견과 노력, 의리에 대해 알려주셔서 감사하다. 사람 사는 법과 인간으로서의 도리를 배웠다.

○ 차이(差異)에 대해 배웠고, 친구들과 더욱 친해질 수 있었다.

○ 차이에 대해 좋은 쪽으로 아는 게 많아져서(차이의 긍정적인 면을 배워서) 누구를 왕따 시키거나 차별하는 것은 해서는 안 될 것이라는 것을 배워서 좋았다.

○ 꿈을 실현할 수 있는 용기를 가질 수 있었고, 꿈꿀 수 있어서 좋았다.

○ 인문학이어서 배울 때마다 가슴이 훈훈했다.

○ 꿈의 소중함, 편견을 가지면 안 된다는 것.

○ 내게 맞는 길을 찾는 데 도움이 된 것 같고, 편견과 차별을 하지 말아야겠다는 생각을 했다. 생각하는 시간과 협동하는 시간을 가질 수 있었다.

어떤 관계보다 또래관계에 큰 의미를 부여하는 청소년 시기, 사소한 오해와 다름에서 비롯된 편견과 따돌림이 커다란 사회적 문제로 자리잡은 지 이미 오래다. 2학기에 진행된 "관계와 소통"(Ⅱ)에서는 '다름'을 나쁘거나 악(惡)으로 쉽사리 규정짓는 태도가 인류사에 얼마나 큰 비극을 불러왔는지, 그것이 개인과 사회에 아물지 않는 상처로 여전히 남아있다는 점이 강조되었기 때문에 차이, 차별, 편견에 대한 학생들의 이야기가 적지 않다. "차이에 대해 배웠고 친구들과 더욱 친해질 수 있었다"는 한 학생의 언급은, 차이를 인정하는 태도를 통해 조화를 삶에서 실현하게 된 깨달음의 목소리라 할 만하다.

학생들이 작성한 설문을 통해 생각과 태도의 긍정적인 변화를 읽어낼 수 있었다. "관계와 소통" 프로그램의 주요한 목표인 관계성 성찰과 개선, 소통 능력의 배양에 중점을 두어 프로그램을 진행한 결과, 1학기와 비교했을 때 친구들과의 관계에 대한 언급이 눈에 띄게 증가했다는 점은 눈여겨볼 만하다. "관계와 소통"(Ⅱ)에서는 '편견과 차별'에 대한 강의를 통해 왕따 문제의 심각성과 유해함을 깨닫는 시간을 가졌는데, 이 깨달음은 실천으로 이어져 "차이에 대해 배웠고, 친구들과 더욱 친해질 수 있었다", "차이에 대해 좋은 쪽으로 아는 게 많아져서 누구를 왕따 시키거나 차별하는 것은 해서는 안 될 것이라는 것을 배워서 좋았다" 등 교우관계에 대한 긍정적 언급을 통해 참여 학생들의 실질적 변화를 확인할 수 있었다. 또한 "사람 사는 법과 인간으로서의 도리를 배웠다"는 언급에서 인문학교 프로그램이 인성교육의 역할도 일부 담당할 수 있다는 가능성도 볼 수 있었다.

학생들의 학업능력에 비해 '인성(人性)'은 더디게 증가하는 것이 사실이다. 더 정직하게 말하자면, 학업능력의 신장에 몰두하다보니 인성교육은 점차 소홀해졌고, 그 결과 다양한 사회적 문제들이 발생하고 있는 것이 오늘날 우리의 현실이다.

교육학개론 첫 장에 나오는 교육의 목적인 '사람다운 사람'은 학업능력이 높은 사람만을 의미하는 것은 아닐 것이다. 교육에서 흔히 이야기하는 '이상적(理想的)'이라는 의미는 과연 무엇일까. 사회적 존재로서 사람이 사람답게 살기 위해서 배워야 할 것은, 태어나면서부터 마주하게 되는 부단한 관계 속에서 올바르게 소통함으로써 보다 고양된 삶을 위한 지식과 지혜이다. 정신적인 성숙과 관계성의 개선, 소통능력의 배양이 질적인 삶, 행복한 삶으로 이어진다는 것은 부가적 설명이 필요하지 않을 것이다.

특히 청소년들을 교육하는 경우, 청소년들이 자신의 삶을 살아갈 수 있도록, 또 자아확립을 할 수 있도록 돕는 것이 주요한 과제로 설정되어 있는 것만큼 교육은 그저 단순한 지식이나 정보의 제공만으로는 분명 한계가 있을 것이다(박아청, 2008: 217-220). 가령, '왕따는 해서는 안 되는 것'을 이론적으로 습득하는 것과 가슴으로 깨닫는 것에는 분명 차이가 있다. 만일 그것이 지식으로만 받아지게 되면 이는 '시험용' 지식으로서는 쓸모가 있겠지만, 이 쓸모를 넘어서 그것이 가슴으로 받아들여진 깨달음으로 발전한다면, 이는 삶의 실천에 녹아들어 청소년들의 긍정적인 미래 설계에 적잖은 도움이 될 것이다. '교육'이 학생들의 삶을 변화시키려는 목적을 가지고 있는 것이라면, 수많은 지식의 흡수와 더불어 인문학적 사유 또한 동시에 고려되어야 할 문제일 것이다. 이는 교육활동이 삶 치유적 효과를 부여해줄 수 있다는 점에서 교육을 치유적 과정이라고도 볼 수 있을 것이다.

프로그램 운영팀은 두 가지 표준화된 검사(또래관계 검사, 자아존중감) 외에 주관적 생각과 설문지를 통해 참여 학생들의 생각과 태도에 긍정적인 변화가 있게 되었다는 것을 확인하고, 인문학의 교육적·치유적 기능을 다시 한 번 확인할 수 있었다.

4. 치유의 인문학

교육의 목적이 '이상적인 방향'과 '변화'를 통한 사람다운 사람의 양성을 가장 큰 목적으로 한다면, 학습자에게 가장 필요한 학문 가운데 하나는 인문학일 수 있다. 반복된 지식의 주입, 암기 일변도의 교육방식은 학생들을 진정한 변화로 이끌 수 없다. 왜냐하면 변화의 주체는 바로 학생들인데, 그들이 당위성에 기초한 지식을 수동적으로 흡수하는 것만으로는 스스로를 변화시키는 데 무리가 따르고, 이는 그들이 변화하려는 시도 자체를 소홀히 할 가능성이 크기 때문이다.

청소년을 위한 인문치료 프로그램, "관계와 소통"은 과학적 유물론과 과학만능주의가 횡행하는 '지금, 여기'에서 발생하고 있는 여러 문제들, 특히 인간 삶과 연계된 여러 문제들에 대해 '인문학'이라는 오래된 학문에서 답을 찾고자 하였다. "관계와 소통" 프로그램은 삶의 질적인 향상과 만족을 위해서는 수없이 다양한 관계 속에서 올바르게 소통하는 법이 무엇보다 중요하다는 인식에 기초하여 기획되고, 운영되었다. '자기 성찰'과 '소통'을 주된 목표로 삼았던 이 프로그램 진행 결과 앞서 본 바와 같이 또래관계와 자아존중감 측면에서 긍정적인 결과가 나온 것을 확인해볼 수 있었다. 결과를 통해 알 수 있는 것처럼, '또래관계' 지수의 상승은 '자아존중감' 지수의 동반상승으로 이어지는데, 이는 관계성의 복원이 주체의 건강한 자아상을 만드는 데 도움이 될 수 있다는 것을 잘 보여주고 있다. 인문학 본위의 "관계와 소통" 프로그램이 청소년들의 정서적 안정에도 크게 기여함으로써 학교와 가정생활뿐만 아니라 학습에 있어서도 개개인의 역량을 배가하고 보다 만족스러운 삶을 살아가는 데 긍정적인 영향을 줄 수 있다는 가능성을 확인하였다.

"관계와 소통" 프로그램이 실질적인 학습에 도움이 되지 않는 것처럼 보이지만, 이 프로그램을 통해 참여 학생들이 관계성을 향상시키고, 스스로의 자아존중감을 확립해가는 것은 결과적으로 교육학에서 지향하는 '이상적인 방향으로의 변화'를 이끌어낼 수 있다는 점에서 학습부진이나 학습의욕이 떨어진 학생들에게도 큰 도움을 줄 것이다. 이는 "관계와 소통" 프로그램이 교육적 효과와 중층적으로 연결된 상담 및 치유 프로그램의 성격도 있기 때문이다. 인문학은 다른 학문 분야와 달리 당장에 효과를 보여주거나 수치로 증명할 수는 없는 학문임에 틀림없다. 인문학을 통해 삶의 치유를 도모하려는 인문치료 프로그램은 인간 개개인이나 집단의 삶이 건강한 정체성과 존재감을 얻고, 이를 통해 진정한 삶의 가치를 되돌아보게 한다는 데 긍정적인 역할을 하게 될 것이다.

참고문헌

강선보 · 박의수 · 김귀성 · 송순재 · 정윤경 · 김영래 · 고미숙, 「21세기 인성교육의 방향설정을 위한 이론적 기초 연구」, 『교육문제연구』(30), 2008

강원대학교 인문치료사업단, 『인문치료』, 강원대출판부, 2008

김호연 · 유강하, 『인문학, 아이들의 꿈집을 만들다』, 아침이슬, 2010

박아청, 『청소년과 아이덴티티』, 교육과학사, 2008

박춘성 · 최준환 · 연경남 · 민영경 · 이은아 · 정원선 · 서지연 · 차대길 · 허준영 · 임청묵, 「인성교육의 문제점 및 창의·인성교육의 이론적 고찰」, 『창의력교육연구』(9-2), 2009

성민선, 교육과 사회복지의 공유영역, 『사회복지리뷰』(14), 2009

이용교 · 임형택, 『교육복지론』, 집문당, 2010

※ 이 글은 다음의 논문을 수정 보완한 것이다. 유강하 · 김호연, 「인문학 교육의 역할과 효용성에 관한 연구-K중학교 "인문학교" 운영 사례를 중심으로」, 『중등교육연구』(60-1), 2012.

Ⅱ 우울과 편견, 그리고 인문치료

후기고령 재활환자의 자기표현과 소통 증진을 위한 인문치료

유 건 상

우리나라는 세계적으로 전례를 찾아볼 수 없을 만큼의 급격한 출생률의 감소와 의료기술의 발달로 인한 평균수명의 연장으로 빠르게 고령화가 진행되고 있다. 2011년 5월 13일 세계보건기구(WHO)가 발표한 "2011년 세계보건통계 보고서"에 따르면, 2009년 출생아 기준 한국인의 기대수명은 평균 80세로 나타났다. 이는 WHO 193개 회원국 가운데 영국, 독일, 핀란드 등과 함께 20위에 랭크된 기록이다. 그러나 기대수명의 증가는 '질병과의 싸움'과 밀접한 관련이 있다. 기대수명은 늘어 가지만 노년의 삶의 질을 떨어뜨리는 질병들로 인해 대부분의 노인들은 고통 받고 있기 때문이다. 건강의 상실 이외에도 그들은 왕성하게 경제활동을 하던 청장년층 시기에 가지고 있던 경제력, 자신감 등도 함께 상실하게 된다. 아울러 그들은 "노인이 되면서 남의 주목을 받지 못하고 차별당하는 '에이지즘'(ageism, 노인차별)을 경험하게 되고, 스스로도 이러한 풍조를 체념 중에 받아들이게 된다"(이재천, 2010: 63).

노인성 질환을 가지고 있는 많은 노인들은 현실적 역할이 감소

되고 본인들이 필요한 영역이 작아지기 때문에 자아 개념이 낮아져 우울증을 겪기도 하고 노화에 따른 상실이나 인지력에 대한 불안감을 갖게 된다. 그 결과 기운저하, 흥미상실, 집중곤란, 식욕감퇴, 식욕항진, 불면증, 수면과다, 무가치감, 죽음과 자살에 대한 생각, 활동수준 저하, 말수 감소, 인지기능의 저하 등 노년기 우울의 기본 증상을 나타내기도 한다(최애나 외, 2010: 103). 이러한 증상들은 치매로 발전할 수 있기 때문에 적절한 치료나 예방이 필수적이다. 이처럼 노인의 정서문제는 신체적 질병 못지않게 치료에서 반드시 다루어야 할 중요한 부분으로, 그 해결책의 하나로 정서적 지지와 관심을 들 수 있다. 그들에게 지지와 관심을 표명하고 계속해서 정신활동을 하도록 유도함으로써 기능적인 면뿐 아니라 전체적인 삶의 질을 향상시킬 수 있다는 것이다(정현주, 2009: 203).

세계보건기구는 노인을 연령대별로 3단계, 즉 전기고령자(前期高齡者, the young old), 후기고령자(後期高齡者, the very old), 초고령자(超高齡者, the very very old)로 세분화한다. 전기고령자는 60세부터 74세까지, 후기고령자는 75세에서 89세까지, 초고령자는 90세 이상이다.

본 연구는 불완전 대마비로 수년간 장기 입원하여, 재활치료를 받고 있는 후기고령 재활환자 A(78)에 대한 사례이다. A는 고운 외모의 여성 후기고령자로 매사에 의욕이 없어 말을 시키면 귀찮아하며, 퇴원 후의 거취문제에 대한 걱정으로 우울한 상태이다. 구체적인 치료방법은 A에게 시와 미술을 활용한 인문치료를 실시하여 심리적 부담감과 위축된 자아를 보살펴주고, 자신감을 북돋아

줌으로써 자기표현 능력을 향상시키고 자신과의 소통, 더 나아가 사회와의 소통 혹은 관계 맺기를 가능하게 하는 것이다. 시를 읽거나 쓰고 그림을 그리는 과정을 통해 자신의 내적 상처에 대해 표현하도록 유도하고 억눌려있던 갈등이나 분노 등을 분출시켜 문제의 진행을 예방하는 것이다. 따라서 본 연구는 A의 자기표현과 소통 증진에 초점을 맞추어 인문치료를 통해 그 방법을 모색해 보고, 인문치료의 후기고령 재활환자에 대한 임상사례가 미흡한 임상현장에 기초자료를 제공함으로서 인문치료의 활용가능성을 살펴보고자 한다.

1. 자기표현과 소통

인간은 다양한 방법으로 자기를 표현하며 살고 있다. 인간의 자기표현 방법으로 가장 중요한 것이 바로 언어이지만, 그 외에도 음성의 강약, 고저, 표정이나 몸짓 등도 자신을 표현하는데 유용한 비언어적 도구들이다. 저라드(Sidney M. Jourard)는 자기표현이 건강한 삶을 위한 필수요건으로, 정신적 혹은 육체적 병은 자신의 중요한 면들을 표현하지 않거나 숨김으로써 나타난 결과라고 말한다. 따라서 건강한 인간은 적절하고 만족스런 자기표현을 할 수 있는 사람이라고 할 수 있다(서주연, 2009: 53).

그렇다면 자기표현이란 무엇인가? 애들러(Ronald B. Adler)는 이것을 확신을 가지고 기술적으로 자신의 생각이나 감정을 폭넓게 전달하는 능력이라고 정의한다. 말하자면 자신의 권리를 옹호하면서 자신에 대한 긍정적이거나 부정적인 생각, 느낌, 의견 등을 자연스럽게 전달하는 것이다. 다시 말해 자기표현은 상대를 존중하면서 자기의 생각과 감정, 그리고 요구를 무시하거나 억누르지 않고 적극적으로 표현하는 것이다(2009: 28-31).

자기표현의 필요성은 자기표현의 기능에서 찾아볼 수 있다. 첫째, 자기표현은 자신의 권리를 지키는데 중요한 기능을 한다. 자기표현을 제대로 하지 못하는 사람은 타인들로부터 자기 권리를 침범당해도 그것을 주장하지 못하고 침해받는 생활을 지속한다. 둘째, 자기표현은 정신건강 측면에서 중요하다. 자신의 생각이나 감정을 솔직하게 표현하지 못하고 억제하면 정신건강이 나빠진다. 표현되지 않은 정신 에너지는 억압이라는 형식으로 내적으로 잠재되어 억압을 유지하느라 긴장하고, 그 긴장은 에너지의 지나친 소모를 가져와 심리적 손상 및 정신신체 질환을 초래할 수도 있다(Adler, 2009: 41-45). 셋째, 자기표현은 적극적이고 건강한 관계 맺기 혹은 소통을 위해서 필수적이다. 대인관계에서 솔직하고 적극적인 자기표현은 아주 중요하다. 자기표현이 억압되어 누적되면 공격적이고 폭발적인 행동을 하기 쉬운데 이러한 행동은 관계 맺기나 소통에 어려움을 가져올 수밖에 없다.

2. 연구방법

2.1 연구대상

본 연구의 대상은 B시에 소재한 모재활병원에 입원중인 60대 이상의 고령의 재활환자들이다. 시와 미술을 매개로 한 인문치료 활동이므로, 환자들은 언어와 손의 사용에 커다란 불편함이 없는 환자들로 제한하되, 간병인이나 보조자가 필요한 경우도 있어 환자 수는 5명 이내로 제한하였다. 그런데 환자들이 개인적인 사정이나 건강상의 문제로 불참하는 경우도 있어, 모든 환자들이 프로그램 전회기에 참여하는 것은 사실상 불가능하였다. 그러므로 본 연구는 회기에 지속적으로 참여한 재활환자 중 1명인 A를 대상으로 하였다. A를 대상으로 선정한 이유는 사회복지사와의 사전미팅 때 A가 의기소침하고 말이 없다는 정보를 얻은 데다, 사전 검사 결과 그녀의 심리상태가 많이 위축되어 있었고 우울한 상태였기 때문이다. 연구대상 A의 개요는 〈표 1〉과 같다.

〈표 1〉 연구대상 A의 개요

연령	- 만 78세 (여, 전업주부)
진단	- 불완전 대마비
가족관계 및 경제력	- 기혼의 큰 아들, 작은 아들, 딸, 손자, 손녀 - 수년간 간병인을 둘 정도로 여유 있는 편
전반적 특성	- 불완전 대마비로 인해 휠체어 사용. - 자그마한 덩치에 고운 외모로 이를 칭찬하면 좋아함.

	가끔 간병인이 화장 해줌. - 퇴원 후 누구의 집으로 가야하는가 등 거취문제가 가장 큰 걱정거리.
자기 표현적 특성	- 말이 없고 시선을 마주치지 않고 피함. - 매사에 무관심하고, 말을 걸거나 참여를 유도하면 짜증을 냄. - 노년과 죽음에 대한 강박관념이 있는 듯, "나 거의 백살 됐어," "늙으면 죽어야지," "죽지를 않아!" 등의 말을 자주 함. - 시쓰기와 그림 그리기를 하라고 하면 일단은 못한다고, 모른다고 함. 옆에서 비위를 맞춰주며 권유하면 귀찮아하면서도 열심히 하나 다른 사람은 어떻게 하나 눈치를 보고 상호작용 미약.

2.2 연구도구

2.2.1 동적 집-나무-사람(Kinetic-House, Tree, Person: KHTP) 그림검사

이 검사는 번즈(R. C. Burns)가 상호작용이 나타나지 않는 HTP (집·나무·사람 그림검사(House-Tree-Person: HTP))의 단점을 보완한 것이다. 그는 HTP에 역동성을 보완하여 그림을 전체적으로 보게 함으로써 내담자의 자아상과 환상세계, 환경과의 상호 작용을 보게 하고, 자기인식과 환경과의 관계를 이해할 수 있게 하였다.

집 그림에 있어서, 집은 내담자의 자아상이 투사되어 내담자의 성격이나 정서에 영향을 주었을 가정환경을 파악하는데 용이하며 개인생활의 물리적 측면을 반영한다. 나무는 내담자의 기본적인 자아상을 나타내어 자신의 깊고 무의식적인 감정과 성숙도, 그리고 정서적으로 혼란스러운 특징들을 파악하기에 용이하며 그리는 사람의 개인적 변화과정을 반영해준다. 인물화에서 사람은 자기 신체 이미지와 자아개념에 대해서 의식적으로 느끼는 바를 파악하는데 용이하며 나무와 상호작용함으로써 그림 그리는 사람 자신이나 자아기능을 더 많이 반영해 줄 수 있다. 이러한 각각의 요소들을 한 장의 그림에 그림으로써 그림의 전체적인 평가, 형식적 분석, 내용분석을 통해 내담자의 특성을 파악하는데 용이하다. 따라서 집, 나무, 사람의 상호작용 및 상호관계는 그리는 사람에 의해서 표출되어지는 시각적 은유를 반영해주며 언어의 한계에서 벗어난 자유로운 표현이 가능하게 한다(김동연 외, 2006: 144-149).

본 연구에서는 A의 자기표현과 소통의 변화를 알아보기 위해 KHTP 그림검사에서 검사 시의 태도, 위치와 순서, 세부묘사, 자기표현 등을 중심으로 변화를 살펴본다.

2.3 연구절차

본 연구는 B시에 소재한 모(某)재활병원 내의 활동실에서 2011년 4월 13일부터 2011년 6월 8일까지 회기마다 1시간, 주 1회로 총 8회 실시하였다. 매회 재활병원의 사회복지사가 함께 하였다. 본 연구의 절차는 〈표 2〉와 같다.

〈표 2〉 연구절차

절 차	일 시
사전검사	2011년 4월 14일
인문치료 프로그램	2011년 4월 21일-6월 1일
사후검사	2011년 6월 8일

2.4 인문치료 프로그램

시와 미술을 활용한 인문치료 프로그램을 구성함에 있어 가장 유념하였던 것은 내담자들의 연령대였다. 우선 내용면에서 내담자들이 노인들이다 보니 글 읽기는 가능하나 원활한 쓰기가 어려운 경우가 있어 가능하면 쓰기보다는 말하기나 그리기 위주로 프로그램을 구성하였다. 시의 선정도 내담자들의 상황과 유사하되 긍정적인 결말을 지닌 것들로 하였다. 리디(Jack J. Leedy)의 설명대로 우울한 환자들은 희망적이고 낙관적인 주제를 지니되, 슬프고 우울한 분위기의 시에 도움을 받기 때문이다. 그러한 시는 환자들로 하여금 그들이 혼자가 아니며 타인들도 자신처럼 슬퍼하고, 또 슬퍼하다가 회복되기도 하며, 이러한 감정의 변화가 부끄러운 것이 아니라는 것을 알게 한다(1985: 82). 재료 면에서는 조각도나 순간접착제 등 위험성이 많고 빠르고 섬세한 손동작을 요구하는 것보다는 따듯한 느낌을 주고 유년시절을 회상하는 매개가 될 수 있는 크레파스나 가위, 풀 등의 손쉽게 손동작을 유도할 수 있는 재료를 사용하였다. 미술을 활용한 이유는 미술이나 음악이 시/글쓰기와 결부되면 더욱 좋은 효과를 얻을 수 있을 뿐 아니라(변학수, 2006:

71), 그것이 재활환자들에게 자신의 몸이나 세계에 대한 혼란스러운 느낌을 '상세하게 나타내는' 방법을 마련해주기 때문이다. 이를 통해 장애에 대한 자신의 감정을 이해할 수 있게 된다(Rubin, 2006: 344). 마지막으로 주제 면에서는 내담자들이 죽음에 대한 문제에 민감할 수 있어 유언쓰기 등 적합하지 않은 주제는 피하였다. 히긴스(R. Higgins)는 노인 대상 임상의 탐색 포인트가 죽음과 죽음에 이르는 과정에 어떻게 직면할 것인가, 즉 "아직도 할 일이 많이 남아 있다고 생각하는가, 죽음에 대비하여 얼마나 마음의 준비가 되었는가, 죽음이 현실의 도피로 보이는가, 모험으로 보이는가, 사후세계를 어떻게 생각하는가..."(2003: 112-114) 등이라고 하지만, 내담자들이 노년의 우울한 "재활환자"라는 특수성을 고려하여 죽음과 관련된 주제는 피하고 지나간 삶을 회고하기나 소중한 사람에게 편지쓰기 등을 선택했다. 노인들을 대상으로 한 시치료에서 이야기하기와 회상하기, 편지쓰기 기법 등이 효과가 있기 때문이다(Reiter, 1994: 144). 시, 가사, 일기, 그 외 글로 된 표현들은 치료과정에 극히 중요한 자료를 제공한다. 자신의 목소리를 발견하는 것은 자아 확립의 과정이며, 종종 더 커다란 자아 이해와 새로운 통찰을 가져오기 때문이다(Reiter, 1997: 170).

본 프로그램은 연구의 목적과 가설에 맞추어 단계별 목표를 다음과 같이 설정하였다. 초기(신뢰형성 단계)는 관계형성과 친밀감 형성기로, 연구자와 내담자간, 내담자과 내담자간의 상호작용과 자연스러운 활동의 유도로 자발적인 참여를 하게 했다. 중기(자기이해 및 탐색 단계)는 적극적인 자기표현 단계로, 이를 통해 자기탐색과 현실수용 및 긍정적 사고 확립의 기회를 가지게 하였다. 종결기(수용 단계)는 자신감 획득 단계로, 긍정적 경험을 통해 자신감을 회복하고 미래를 계획하며 소통의지를 고양함을 목표로 하였다.

인문치료의 회기별 구성은 매 회기별 한 시간 중, 처음 10분간은 간단한 호흡이나 명상, 나눔 등을 유도하였다. 다음 45분간은 연구자가 계획한 자기표현과 소통 증진을 위한 인문치료 프로그램을 진행하였고, 마지막 5분간은 소감을 나누거나 마치지 못한 내용을 마치게 함으로써 종료를 이끌었다. 그러나 회기를 진행함에 있어 내담자들의 기분이나 상황에 따라 원래 의도대로 프로그램이 진행되지 않을 때에는 상황에 맞추어 융통성 있게 진행하였다.

각 회기의 전반적인 프로그램 구성은 다음과 같다.

〈표 3〉 시와 미술을 이용한 인문치료 프로그램

단계	회기	회기별 목표	주요활동 내용	재료
신뢰 형성	1	프로그램 소개 및 사전검사	- 소개와 소망, 현재의 느낌 나누기 - 사전검사	- KHTP 검사지 - 색지, 필기도구
	2	긴장해소와 친밀감 형성	- 낙서기법 - 협동화 그리기와 나눔	- 도화지(4, 2절지) - 회화재료, 풀, 가위 - 명상음악CD
자기 이해 및 탐색	3	의미 있던 시기를 추억하고 현재를 되돌아 봄	- 연작동화 만들기 - 내 삶의 파노라마 그리기 - 시쓰기	- 도화지, 채색도구 - 명상음악CD
	4	가족/친척관계에서 내 모습 통찰하기	- 시 감상과 나눔 - 손바닥 그리기 - 편지 쓰기	- 류시화, 〈바람부는 날의 풀〉 - 활동지, 채색도구
	5	나의 장점 키우기	- 고통의 문을 지난 작가의 글 읽고 감상 나누기 - 내가 감사해야 할 것 찾아보기	- 장영희, 〈살아온 기적, 살아갈 기적〉 - 활동지, 필기도구

	6	긍정적인 사고방식으로 살아가기	- 걱정거리 던져버리기 - "걱정은 이제 그만"에 대한 개인시와 협동시 짓기	- 김은자, 〈근심의 별에게〉 - 포스트잇, 한지, 풀, 가위
수용	7	나의 미래 그려보기	- 나의 꿈 명상하기 - 콜라주와 시쓰기	- 활동지, 필기도구 - 명상음악 CD
	8	프로그램 마무리	- 프로그램 정리 - 사후검사	- KHTP 검사지 - 활동지, 필기도구

3. 연구결과

3.1 회기별 변화

3.1.1 초기단계 : 1-2회기

초기단계는 상담자와 내담자, 내담자와 내담자들과의 신뢰감 형성을 위해 소개와 소망, 현재의 느낌 나누기, 닉네임 짓기, 명상CD를 들으며 낙서, 협동화 그리기를 하였다. 첫날, 어떤 기분으로 무엇을 기대하며 왔는지, 또 현재의 느낌은 어떤지 자유롭게 나눔을 하였는데, A는 "몰라, 별 생각 없어"라며 나눔을 유도할 때마다 짜증을 내었고, 시선을 마주치려 하지 않았다. "집에 가고 싶다"는 소망만 한마디 했다.

닉네임은 자신의 특징 혹은 정체성을 가장 잘 나타낼 수 있는 상징으로 A는 닉네임을 정해 마음에 드는 색지에 적으라 하니 모른다며 짜증을 내었고, 간병인과 다른 내담자들이 예뻐서 항상 "새댁"이나 "공주" 소리를 들으니 "공주"라 하라고 권하자 마지못해 승

낙하였다.

협동화는 눈을 감고 명상 음악을 들으면서 손을 허공에 대고 마음이 흐르는 대로 낙서를 하고, 각자 자신의 낙서에서 이미지를 찾아 채색하여 오린 후 내담자들과 상의하여 이미지들을 배치하고 더 필요한 것을 그려 넣어 하나의 그림으로 완성하는 식으로 진행되었다. 낙서는 내담자들의 경직된 면을 더 자유롭게 하고 내면의 감정을 표출시키기 위해 사용하였다. 또한 상담자와 내담자, 내담자와 내담자간의 친밀감 형성을 위해 간간히 질문을 하면서, 내담자들이 편안히 그림을 즐기도록 하였다. A는 명상 시, 눈을 떴다 감았다 하기만 하고 손동작은 하지 않았다. 연상된 이미지 채색하기를 할 때, A는 낙서가 아닌 꽃과 사람을 그렸다(그림 1). 협동화의 제목은 모두의 동의하에 A가 "봄나들이"로 지었다(그림 2). 방관자처럼 가만히 앉아만 있던 A가 처음으로 자발적인 반응을 보였다.

〈그림 1〉 낙서

〈그림 2〉 협동화

3.1.2 중기단계 : 3-6회기

중기단계에서는 내담자의 감정이 표출된 작품을 통해 내면을 탐색함으로써 자신을 인식하고 현실수용 및 긍정적 사고를 확립하는

데 주력하였다. 이 단계에서는 삶의 파노라마 그리기와 시쓰기, 손바닥 그리기와 편지쓰기, 고통의 문을 지난 작가의 글을 읽고 내가 가진 감사해야 할 요소들 10가지 이상 찾아보기, 시를 읽고 현재 자신을 짓누르는 걱정거리를 색색의 포스트잇에 써서 쓰레기통에 버린 후 시 쓰기를 하였다.

내 삶의 파노라마 그리기와 시 쓰기는 내 삶의 의미 있던 시기를 추억하고 현재를 되돌아보는 시간으로, 과거를 추억하기에 앞서 연작동화 만들기를 함으로써 유년시절로 돌아간 느낌을 갖게 하여 과거로의 회상이 용이하도록 유도하였다. 연작동화는 "목소리를 잃어버린 원숭이"라는 제목으로 연구자가 먼저 "옛날 한 왕궁에 귀여운 원숭이 한 마리가 살고 있었습니다"라는 문장으로 시작하였다. 내담자들은 한사람씩 번갈아 돌아가면서 다음과 같은 스토리를 완성하였는데, 모두들 매우 즐거워하였다.

〈목소리를 잃어버린 원숭이〉

옛날 한 왕궁에 귀여운 원숭이 한 마리가 살고 있었습니다. -〉 그 원숭이의 이름은 맘마였습니다. -〉 맘마는 귀엽고 재간둥이여서 숲속 친구들의 사랑을 받았습니다. -〉 그에게는 어여쁜 여자 친구 미미가 있었습니다. -〉 여자 친구가 생긴 이래로 맘마는 외롭지 않았습니다. -〉 그러나 친구들에게 소홀하여 친구들은 섭섭하게 여겼습니다. -〉 미미는 맘마에게 노래를 불러 달라고 했습니다. -〉 맘마는 미미를 즐겁게 해주기 위해 목청껏, 피가 나도록 노래를 불러 주었습니다. -〉 어느 날, 맘마는 감기에 걸렸습니다. -〉 따듯한 방에서 지지면서 땀을 흘렸더니 병이 나았습니다. -〉 그런데 미미를 위해 또 노래를 부르다 목이 완전히 잠겨 쉿소리만 나게 되었습니다. -〉 미미도 목감기에 걸렸고, 맘마가 노래 불러줄 때 얼마나 아플까 생각했습니다. -〉 맘마는 의사의 도움으로 목이 나았습니다. -〉 맘마는 이제 그의 노래를 숲속 친구 모두에게 불러 주었습니다. -〉 <u>그 노래를 들은 친구들은 모두 행복했습니다.</u>

위의 내용에서 알 수 있듯이 내담자들은 "외로움, 섭섭함, 병, 소원함, 친구, 사랑받음, 행복" 등의 어휘를 사용하였는데, 이는 나이 들고 병든 그들의 현재상황과 소망사항을 대변해 주는 걸로 해석된다. 위에서 줄친 부분이 A의 것으로, 자녀들이 A의 부양을 별로 달가워하지 않는 현실과 어서 건강을 되찾아 행복해졌으면 하는 그녀의 소망이 드러나 있음을 알 수 있다.

내 삶의 파노라마 그리기는 명상음악을 들으며 떠오른 내용을 그림으로 그려보고 내담자들과 피드백과 쉐어링 하기로 진행하였다. A는 처음에 "나 그림 못 그려"하며 가만히 있더니 다른 사람들이 그리기 시작하자 본인도 그리기 시작하였다. 과거가 떠오른 듯 즐거워하며 감자 광, 감자 캐는 남자, 감자 바구니 등을 그렸다(그림 3). 젊은 시절의 풍경이라고 하기에 좌측의 남자가 남편이냐고 물었더니, "남편은 직장가야지"라고 대답했다. 내담자들이 그럼 머슴이냐고 하니 그렇다고 대답했다. "부잣집 마나님이었나 봐요"라고 하자 긍정하며 미소 지었다. 수확한 감자로 부침개를 해 먹곤 했다며 제목을 "부치기"로 정했다. 그림을 토대로 간단한 4행시 짓기를 하였는데, A는 읽기는 하지만 쓰기는 힘들다며 그림 옆에 "부치기 지져 먹었습니다"라고만 적었다. 종결 시, 기분이 물었더니 재미있다고 하였다. A는 이날 여러 번 웃었다. 여전히 소극적이지만 그림 그리기와, 의견 나누기에 제법 익숙해진 것 같다.

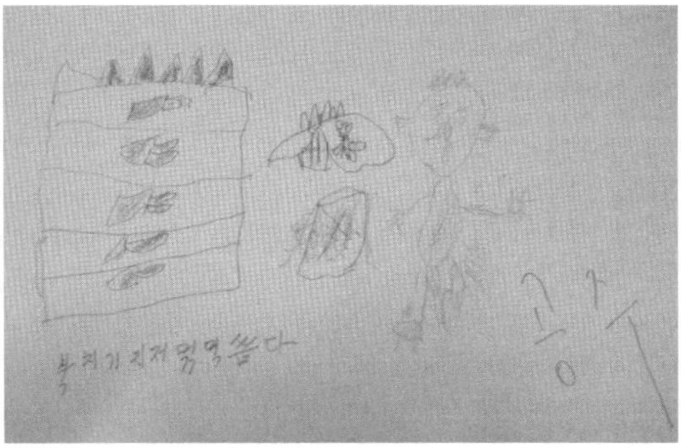

〈그림 3〉 내 삶의 파노라마

가족의 소중함을 인식하고 가족관계에서 내 모습 통찰하기인 손바닥 그리기와 편지쓰기는 류시화의 「바람 부는 날의 풀」을 활용하였다. 마침 어린이날과 어버이날이 겹치는 주여서 A를 제외한 내담자들은 모두 주말에 집에 다녀왔다고 했다. 진행은 관계의 소중함을 노래한 류시화의 시 낭송으로 시작하였다. 명상 음악을 배경으로 시를 천천히 두 번 읽어 준 후, 시에 대한 감상을 나누었는데 "서로 도와주는 삶"에 대해 생각했다는 반응이 많았다. 나눔 후, 도화지에 손바닥을 펼쳐 그대로 그린 후, 각 손가락마다 도움을 청할 누군가가 연상되는지 쓰고, 그 중 한 사람에게 편지쓰기를 하였다. A는 엄지손가락부터 큰아들, 딸, 작은아들, 친구, 그리고 세살 때 돌아가셔서 얼굴은 생각 안난다는 어머니 순으로 적었다(그림 4). "할아버지(남편)는 없네요"하니 "집에 없지"라고 대답했다. 이는 사별의 의미이기도 하지만, 이후에도 남편이야기는 거의 안하는 걸로 보아 사이가 썩 좋지는 않았던 것 같다.

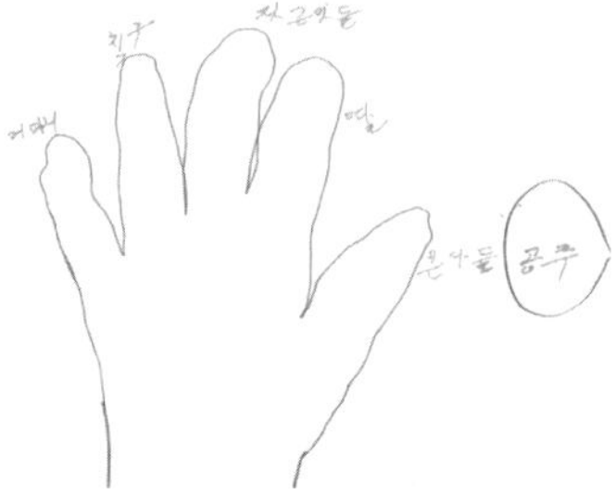

〈그림 4〉 손바닥 그리기

A는 먹을 것을 가지고 자주 방문하는 딸에 대한 애정과 덜 그러한 아들에 대한 섭섭함을 "엄마가 딸에게"란 제목의 편지로 다음과 같이 묘사하였다.

엄마가 딸에게

우리 딸은 뭐든지 싸다준다.
잘 먹고 있다.
아들은 안사고 안싸가지고 온다.

A는 주말에 집에도 못가고 자녀들도 찾아오지 않아 우울한 듯해 편지쓰기를 안할 줄 알았는데 참여하였다. 이제는 글쓰기에 대한 거부감을 어느 정도 극복한 것 같다.

고통의 문을 지난 작가의 글을 읽고 내가 가진 감사해야 할 요소들 10가지 이상 찾아보기는 장영희의 「살아온 기적, 살아갈 기적」을 활용하였다. 에세이를 읽고 나눔을 하였는데 "병을 극복한 저자가 대단하다, 감동적이다, 병을 앓기 전과 후의 작가의 생각이 다른 것 같다, 지금 나의 상황이 힘들지만 감사하다" 등의 반응이 나왔다. A는 아무 말도 하지 않았다. 이어 내가 가진 감사한 것 10가지 이상 찾아 적고 꼴라주로 장식하였다. A는 늘 그렇듯 처음에는 옆 사람 것을 보며 가만히 있었다. 글쓰기가 힘들면 그림으로 그려도 된다고 하자 글을 쓰기 시작했다.

> 어려서 부모님을 잃었습니다.
> 작은 집에 가서
> 애기 봐주고 그랬습니다.
> 공부도 배우지 못했습니다.

물론 위의 내용은 연구자가 의도한 내 삶의 감사한 것들과 직접적으로 관련은 없다. 하지만 A가 처음으로 쓴 자신의 젊은 시절에 대한 이야기라는데 의미가 있다. 이제 스스로를 개방할 준비가 되었다는 의미로 받아들여졌다. "학교도 안다니셨는데 글 잘 쓰시네요" 했더니, 어깨너머로 배웠다고 했다. "그래도 이렇게 스스로 글도 깨우치고, 자손들도 많고 다복하시네요" 했더니, 동의하며 "감사하지"라고 했다. A는 잡지에서 더덕 무침과 소시지 등의 그림을 오려 콜라주 장식을 하였다.

"걱정은 이제 그만"에 대한 협동시 쓰기는 김은자의 「근심의 별에게」를 활용하였다. 연구자가 시를 한 번 낭송해주고 나서 모두 함께 큰 소리로 낭송한 후, 현재 자신을 짓누르는 걱정거리를 구체적으로 색색의 포스트잇에 적어 A4용지에 붙인다. 걱정들을 하나

씩 떼어 휴지통에 던져 버리되, 구기거나 밟거나 찢기 등 하고 싶은 대로 해서 던진다. A는 "집으로 가야되는데 아들집으로 가야할지 걱정입니다"라고 한 가지만 적어 휴지통에 얌전히 넣었다. 이어 마음에 드는 색의 한지 위에 "걱정은 이제 그만"이란 주제로 시를 쓴 후, 낭송과 나눔을 하였는데, A는 진노랑색 한지 위에 "걱정은 하지 말고/ 집으로 가겠습니다. / 나 전 살던/ 집으로 가겠습니다"라고 4행시를 지었다. 나눔을 한 후, 각자 본인의 시 중 마음에 드는 부분이나 행을 찾아 오려서 구성원들과의 상의 하에 시행의 순서를 정하고, 도화지 위에 붙여 협동시를 완성하였다. 다음은 시의 전문이고, 마지막 행이 A의 것이다.

걱정은 이제 그만

살아 있다는 존재만으로
걱정하지 말기로 하자.

세상 살면서 중요한 것은
내 생각 보다는
이웃을 생각하면서
한 마음이 되어서 즐겁게 사는 것이다.

걱정은 마음의 평화를 파괴하는 태풍이다.
집으로 가겠습니다.

협동시 중 마음에 들었던 어휘나 시행은 무엇인지 각자 이야기하고 회기를 종료하였는데, 모두 "살아있다는 존재만으로"가 좋다고 하였다.

3.1.3 종결단계 : 7-8회기

종결단계는 수용단계로 나의 미래를 그려보고자 현시점에서 나의 꿈을 콜라주와 시로 표현하기, 그리고 "인문치료를 마치며"란 글쓰기를 하였다. 콜라주는 음악을 들으며 내가 꿈꾸는 미래의 모습을 구체적으로 명상한 후, 이를 토대로 신문과 잡지 등을 이용하여 작업하였다. A는 "다 늙어서 꿈이 어디 있어"라는 말을 반복하며 작업하였는데 즐거워 보였다. A는 멋있는 집과 자동차, 자녀, 손자들과 행복하게 살고 싶은 미래를 묘사하였다. "풀밭 속의 여자는 젊은 날의 본인인가요?"하자 웃으며 "그럴 수도 있지"라고 답하였다. A가 쓴 시의 전문과 꼴라주는 다음과 같다.

나의 꿈

나의 미래
나의 꿈은
집으로 가는 것.

〈그림 5〉 나의 꿈

콜라주와 시의 내용을 보면 A가 얼마나 집으로 돌아가고 싶은지 알 수 있다.

회기 마지막 날, "인문치료를 마치며"란 제목으로 소감 및 앞으로의 각오에 대한 글쓰기를 했다. A는 요즘 손의 힘이 많이 약해져 연구자가 받아 적었는데, 인문치료가 재미있어 무료한 병원생활에 활기가 되었다고 하였다. 앞으로의 각오는 아직 퇴원 후의 거취가 결정되지 않아 어떻게 지내야 할지 모르겠지만, 운동치료 열심히 해서 "꼭 집으로 가겠다"고 하였다.

3.2 사전·사후검사 결과

3.2.1 KHTP검사

동적 집-나무-사람(KHTP) 검사는 내담자가 나타내지 않은 역동성과 내면의 세계를 시각적으로 파악하고 피드백의 자료로 활용하기 위하여 실시한 것으로써 A의 인문치료 전과 후 변화를 비교한 결과는 〈표 4〉와 같다.

〈표 4〉의 집을 보면 사전의 역삼각형의 매우 위태로워 보이는 형태에서 사후에 사각형의 안정된 형태로 변화했음을 알 수 있다. 문이라고는 없는 사전의 집에서 집 앞에 밖으로 통하는 길이 있고 창문을 묘사된 사후의 슬레이트 집, 특히 사람이 측면의 문을 열고 집으로 들어가는 모습은 폐쇄된 A의 모습에서 개방된 A의 내적 발전을 단적으로 보여준다. 이는 집에 가고 싶은 A의 내적 표현으로 보아도 무방하며, 집(혹은 가족)과의 소통 더 나아가 세상과의 소통의지의 표현으로 해석해도 좋을 것이다. 나무를 보면 사전에는 깃발이나 꽃처럼 묘사되었으며 뿌리가 묘사된 것으로 보아 A의 내

적 불안함이 감지된다. A는 사후에도 여전히 뿌리를 묘사하는 등 불안함을 보이지만, 잎과 줄기를 표현함으로써 좀 더 구체적이고 진보된 나무의 형태를 묘사했다. 사람을 보면 사전의 머리와 두 팔만 있는 형태에서 몸통과 다리가 다 묘사된 형태로 발전했음을 알 수 있다. 특히 사전에는 사람의 눈만 그려 "코와 눈은요?"하니 "여기 있잖아"하며 마저 그렸고, 몸통과 다리는 그리지 않겠다고 함으로써 휠체어 생활을 하는 환자들의 전형적인 병리적으로 위축된 심리상태를 드러냈다. 사후의 사람상은 마치 어린아이의 그림처럼 몸의 비율은 맞지 않으나 이목구비와 몸통, 사지가 다 있는 보다 건강한 형태로 향상했음을 알 수 있다. 전체적으로 필압은 약해졌지만 이는 A가 점차 힘이 없어져 그런 것임을 감안해야 할 것이다. 이처럼 A의 동적 집-나무-사람 그림검사 결과, 세부적 묘사 표현과 동체의 균형 증가, 관계 맺기 혹은 소통의 소망이 드러나는 등 인문치료가 후기고령 재활환자의 자기표현에 긍정적인 영향을 미치고, 그 결과 자신감을 회복하여 소통의지에 긍정적인 영향을 미침을 알 수 있다.

〈표 4〉 KHTP 사전 · 사후 그림검사 비교

	사 전	사 후
A의 그림		

검사 태도	- 못 그린다고 안한다며 짜증을 냄. 계속 불만스러워 하면서 그림.	- 처음에는 가만히 있다가 즐거워 하며 진지하게 그림.
위치와 순서	- 대체로 중앙 - 집-사람-나무 순으로 그림.	- 약간 상단 - 나무-집-사람-꽃 순으로 그림.
내용	- 집과 사람과 나무가 있는 풍경	- 따듯한 봄날, 집 주변에는 나무와 꽃들이 한창이다. 나는 문을 열고 집 안으로 들어가고 있다.
전체적 분석	- 역삼각형의 형태에 문과 창문이 없는 집은 A의 불안감과 폐쇄성 상징. - 몸통과 다리가 생략된 사람은 A의 병리적 위축 시사. - 깃발과 꽃 모양의, 뿌리가 묘사된 나무는 A의 불안 상징.	- 안정된 사각형의 집. 창문과 문, 밖으로 향한 길의 묘사는 사회적 소통 시사. - 몸통과 사지가 온전히 있는 사람은 A가 자신의 육체적 상황 수용함 의미. - 줄기와 잎 등 세부적 묘사 표현의 증가

3.2.2 태도 및 언어구사의 변화

2011년 4월에 처음 연구자가 만난 A는 무표정한 얼굴에 시선 마주치기와 소통을 거부하는 노인이었다. 인사도 받지 않았으며 거의 웃지 않고 매사에 짜증을 냈다. 회기가 끝났을 때의 A는 여전히 소극적이었지만 시선이 마주치면 미소를 지었고, 인사도 받아 주었을 뿐 아니라 먼저 인사를 건네기도 하였다. 심지어 마지막 날에는 그동안 수고했다며 연구자에게 사탕을 한 봉지 주어 모두 나누어 먹었다. 글을 쓰거나 그림을 그릴 때도 열심히 했고, 설명도 잘했다. A는 회기를 처음 시작할 때 소망이 "집에 가고 싶다"에서,

점차 "가겠습니다," "가는 것," "꼭 집으로 가겠다"고 묘사함으로써 자기표현을 명확히 드러내 보였다. 이상의 내용을 보면 A의 고령으로 인한 노안(老眼)과 무학(無學)으로 인한 반문맹(半文盲) 때문에 그녀의 심정적인 변화를 다양한 검사를 통해 객관적으로 측정할 순 없었지만, 인문치료가 A의 자기표현과 소통에 긍정적인 영향을 미쳤음을 알 수 있다.

이상에서 살펴본 바와 같이 본 연구는 인문치료 임상사례이다. 본 연구에서는 후기고령 재활환자 A를 대상으로 2011년 4월부터 6월까지 주 1회, 1시간씩 총 8회기 동안 시 읽기와 쓰기 등 시 활동 위주에 미술, 음악 등의 기법을 보조적으로 가미한 통합적 인문치료를 실시하여, 인문치료가 A의 자기표현과 소통에 미치는 영향을 살펴보았다. 본 연구의 결과는 다음과 같다. 첫째, 인문치료는 후기고령 재활환자의 회기별 자기표현을 증가시킨다. 둘째, 인문치료는 후기고령 재활환자의 자기표현 능력을 배양시키고, 그 결과 자신감을 회복하게 하여 소통 능력을 고취시킨다. 결론적으로 시와 미술을 활용한 인문치료는 후기고령 재활환자의 자기표현과 소통에 긍정적인 변화를 가져왔다. 따라서 본 연구는 단일사례로서 객관화의 한계가 있지만, 후기고령 재활환자의 자기표현과 소통의지를 고양시키기 위한 중재 자료로 활용될 수 있을 것이다.

참고문헌

김동연 외, 『HTP와 KHIP 심리진단법』, 동아문화사, 2006.

변학수, 『통합적 문학치료』, 학지사, 2006.

서주연, 「여고생의 자기표현과 학교적응 향상을 위한 집단미술치료 사례 연구」, 『예술심리치료연구』 5-1(2009), 49-70.

이재천, 「예술치료로서의 미용치료가 여성후기고령자의 자아존중감에 미치는 영향」, 『예술심리치료연구』 6-3(2010), 63-80.

정현주, 『음악치료학의 이해와 적용』, 이화여자대학교출판부, 2009.

최애나 외, 「음악치료 활동이 주간보호노인의 인지기능과 우울에 미치는 영향」, 『예술심리치료연구』 6-1(2010), 103-121.

Adler, Ronald B. 김인자 (역), 『인간관계와 자기표현』, 한국심리상담연구소, 2009.

Higgins, R. 김진아 (역), 『예술·심리치료 임상 사례연구 방법론』, 학지사, 2003.

Rubin, Judith A. 김진숙 (역), 『미술치료학 개론』, 학지사, 2006.

Leedy, Jack J. *Poetry as Healer: Mending the Troubled Mind.* New York: The Vanguard Press, 1985.

Reiter, Sherry. "Enhancing the Quality of Life for the Frail Elderly: Rx, the Poetic Prescription." *The Journal of Long Term Home Health Care* 13-2(1994), 139-146.

Reiter, "Poetry Therapy: Testimony on Capitol Hill." *Journal of Poetry Therapy* 10-3(1997), 169-78.

※ 이 글은 필자의 논문 「후기고령 재활환자의 자기표현과 소통: 인문치료적 접근」(『인문치료』 제1권 (2011): 81–107)을 수정 · 보완한 것이다.

관심병사에 대한 인문치료

이 영 의

1. 들어가는 말

군대는 역사상 어느 시기나 어느 사회에서도 항상 특수한 조직이었다. 군대는 전투와 전쟁이라는 비상사태에 대비하는 조직이기 때문에 일반 사회와는 달리 특유의 규율과 명령이 다른 어떤 가치보다 우선시되는 조직이다. 군대를 구성하는 사람들, 즉 군인들은 특수한 병영 사회에서 생활하기 때문에 일반 사회에서는 볼 수 없는 특이한 사고나 행동 유형을 보이는 경향이 강하다.

우리나라는 기본적으로 징병제를 채택하고 있기 때문에 군장병들에게 군대는 중간 지대의 역할을 하게 된다, 장병들이 입대하기 전에 가졌던 개인적, 사회적 문제들은 군대라는 조직 때문에 한 동안 수면 아래에 잠복해 있을 수 있지만 어떤 특별한 계기가 주어지면 통제 불가능한 방식으로 수면 위로 부상한다. 더구나 우리나라처럼 입시 위주의 학교생활을 거친 젊은이들이 갑자기 군대라는 이질적인 사회에서 생활하는 경우 돌발적인 행동이 나타날 가능성이 매우 높다. 체계적이고 지속적인 군상담이 필요한 이유가 여기에 있다.

이 글은 육군 제00보병사단 비전캠프에서 관심 사병들을 대상으로 실시된 인문치료를 기반으로 하여 작성되었다. 인문치료 프로그램은 2009년 7월부터 2011년 6월까지 총 19회에 걸쳐 실시되었고 참여 인원은 총 475명이었고, 집단 치료교육과 개인상담을 병행하여 진행되었다. 집단 치료교육 프로그램에는 필자 이외에도 3-6명의 치료 전문가가 참여하였기 때문에 개별 전문가의 치료 효과를 논의하는 것은 큰 의미가 없다. 이런 이유로 나는 이 글에서 자신이 행한 개인상담을 중심으로 사례 보고를 할 것이다. 논의는 다음과 같이 진행된다. 우선 군상담의 정체성을 간단히 논의하고 이어서 필자가 사용한 치료 모형을 제시하고 다음 15개월 동안 13회에 걸친 관심사병에 대한 개인상담을 소개할 것이다.

2. 군상담

군에 공식적으로 상담제도가 도입된 것은 1917년 미국이 제1차 세계대전에 개입하면서 비롯되었다고 한다. 우리나라의 경우 군상담은 한국전쟁 기간 동안 미군의 영향을 받아 도입되었다. 한국군의 군상담 제도는 크게 두 가지 방향으로 발전되어 왔다.

첫째 방향은 군종병과를 중심으로 한 상담 프로그램의 개발이다. 1951년 이승만 대통령의 지시로 "육군 일반명령 제31호"를 통해 육군본부에 군목과가 설치되었고, 1954년부터 현역 장교 신분으로 군종 성직자들이 군에서 활동하면서 군종병과가 생겨났다. 1997년 "자살예방 시스템 지침서"에 따라 "자살예방 프로그램"이 육군의 군종병과를 중심으로 도입되었는데 이 프로그램은 국내에서 체계적인 자살예방 정책의 출발점으로 평가받고 있다. 2003년 육군은 비전캠프(Vision Camp) 프로그램을 개발했는데, 이 프로그램은 자살 우려자 및 복무 부적응자를 대상으로 하여 건강한 자아상 회복, 왜곡된 인식체계의 전환, 문제해결 능력의 향상을 통해 정상적인 복무 적응을 유도하고 자살 예방에 기여하기 위한 목적으로 개발된 집단상담 프로그램이다.

한국군 상담제도의 발전에 결정적 계기가 된 것은 2005년 6월에 발생한 GP(감시초소) 총기난사사건이다. 당시 육군 제28보병사단 수색중대 소총수였던 김동민 일병이 GP에서 수류탄을 던지고 소총을 난사하여 8명이 숨지고 2명이 중상을 당했다. 조사 결과 김일병은 선임병들로부터 잦은 질책과 욕설 등 인격적 모욕을 당한 데 앙심을 품고 범행을 저지는 것으로 밝혀졌다. GP 총기난사사건의 영향을 받아 2006년 육군리더십센터에 군상담학처가 신설되었고, 2006년 국방부는 장병기본권 전문상담관 9명을 선발하여 시범적으로 운영하였다. 2009년 이후 국방부는 '장병기본권 전문상담관'이라는 명칭을 '병영생활 전문상담관'으로 변경하고 105명을 선발하여 운영하고 있다.

군상담의 정체성을 파악하는 데 있어 빠뜨려서는 안 될 점은 우리나라의 특수성과 연관이 있다. 정상적인 한국 남성은 의무적으로 일정 기간 동안 군복무를 해야 한다. 의무 복무를 하는 장병들의 경우 병영 생활은 '일반사회 - 군사회 – 일반사회'라는 연속성에서 분석되어야 한다. 나의 군상담 경험으로 비추어 볼 때, 상담이 필요한 장병들이 갖는 문제들은 대부분 병영생활 자체에서 비롯된 것이 아니라 입영 전에 이미 사회에서 발생했거나 또는 입영 전의 사회적 원인 때문에 발생한다. 더구나 병영생활에서 새롭게 나타났거나 증폭된 문제가 치유되지 않은 채 장병들이 사회로 복귀하는 경우 우리 사회는 고스란히 그들을 치유해야 하는 책임을 갖게 된다.

병영생활을 하는 데 어려움이 많은 병사들을 총체적으로 '보호 및 관심 병사'라고 한다. 보호 및 관심 병사들이 갖는 문제들은 다음과 같이 크게 세 가지 유형으로 구분된다.

- 일반적 문제 : 가족 문제, 이성 문제, 돈 문제, 성 문제, 질병 문제, 진로 문제 등
- 복무 부적응 문제 : 자살, 군무이탈, 가혹행위, 집단 따돌리기 등
- 이상심리 문제 : 정신분열증, 편집증, 불안장애, 적응장애, 충동통제장애, 성격장애 등

국가인권위원회가 실시한 "군복무 부적응자들의 인권상황 실태조사"(2006)에 따르면, 장병들의 복무 부적응의 주된 이유는 다음과 같이 나타났다.

〈표 1〉 군복무 부적응 이유

척 도	부적응집단 장병		적응집단 장병	
부당한 명령 및 처벌	29	10%	199	9%
비합리적 군대문화	47	17%	290	12%
열악한 근무환경	18	6%	265	11%
사생활 보장의 어려움	17	6%	153	6%
보직 불만족	15	5%	60	3%
고된 훈련	30	11%	124	5%
선임병과의 갈등	49	17%	242	10%
가정 문제	12	4%	117	5%
여자친구 문제	9	3%	154	6%
제대 후 진로에 대한 부담감	22	8%	344	15%
성격 문제	16	6%	166	7%
많은 암기 및 교육	7	2%	63	3%
비자발적 입대	10	4%	153	7%
성문제	4	1%	22	1%
계	285		2352	

부적응집단 장병의 경우, 상위 다섯 가지 부적응 이유는 '선임병과의 갈등', '비합리적 군대문화', '고된 훈련', '부당한 명령 및 처벌', '진로에 대한 부담감' 순서이며 63%에 이른다. 이와 반면에 적응집단 장병의 경우 부적응의 주된 이유는 '진로에 대한 부담감', '비합리적 군대문화', '열악한 근무환경', '선임병과의 갈등', '부당한 명령 및 처벌' 순이며 총 57%이다. 여기서 우리는 흥미로운 점을 발견하게 되는 데 두 집단에서 '선임병과의 갈등', '비합리적 군대문화', '부당한 명령 및 처벌', '진로에 대한 부담감'이 주된 이유로 공통적으로 지목되고 있는 반면에 '고된 훈련'은 부적응집단 장병들에게만 해당되고, '열악한 근무환경'은 적응집단 장병들에게만 해당된다는 것이다.

구타, 가혹행위, 언어폭력의 발생 비율은 이전에 비교하여 감소했다고 하지만 위의 표에서 볼 수 있듯이 그것들은 여전히 장병들의 복무 부적응의 근본 원인으로 남아있다. 국가인권위원회의 조사에서 드러나는 또 다른 특이점은 전역 후 진로에 대한 부담감이 적응집단 장병들에게 가장 큰 요인으로 작용하고 있다는 점이다. 위의 조사 자료에 따르면, 병영생활에 잘 적용하고 있는 것처럼 보이는 장병들도 전역 후 진로에 대해 강한 압박감과 스트레스를 받고 있는 것으로 드러나는 데 군상담은 이 점을 고려하여 진로상담을 강화할 필요가 있다.

국가인권위원회의 조사 결과와 필자가 제00보병사단의 비전캠프에 입소한 장병 103명을 네 차례에 걸쳐 조사한 부적응 이유를 비교하면 다음과 같다.

〈표 2〉 부적응집단과 적응집단 비교

복무 부적응 이유	국가인권위원회의 조사	필자의 조사
선임병과의 갈등	17%	15%
비합리적 군대문화	17%	18%
고된 훈련	11%	17%
부당한 명령 및 처벌	10%	9%
진로에 대한 부담감	8%	5%

위의 표에서 볼 수 있듯이 상위 다섯 가지 이유들의 순서가 바뀌었지만 그것들이 주된 이유라는 점은 공통적으로 나타났다. 가장 큰 차이는 필자가 조사한 부대는 전방사단이기 때문에 '고된 훈련'이 가장 주된 이유로 나타났다는 점이다. 전방 사단들은 비교적 훈

련이 고된 것으로 알려져 있고 따라서 비전캠프에 입소한 장병들 중 일부는 고된 훈련에 적응하지 못하거나 또는 고된 훈련을 파하기 위해 입소한 것으로 분석된다.

3. 치료모형

모형은 이론을 세계에 적용하기 위한 장치이다. 인문치료의 경우 한편으로는 인간의 삶, 마음, 행복, 질병에 대한 이론들이 있고 다른 한편으로는 그런 이론들을 마음의 병이라는 현상에 적용하기 위한 모형이 있다. 필자는 인문치료와 관련된 다양한 인문학 이론들을 마음의 병을 치료하는 데 연결할 수 있는 적절한 모형으로서 목적론적 모형(teleological model)을 개발했다. 목적론적 모형은 두 가지 이론적 토대를 갖고 있는데 그 하나는 체화된 마음 이론이고 다른 하나는 행위에 대한 목적론적 설명이다. 그 두 이론들을 살펴보고 이어서 목적론적 모형을 제시하기로 한다.

체화된 마음 이론은 마음을 뇌를 비롯한 몸, 그리고 몸이 처해있는 환경과의 관계에서 파악한다. 이런 점에서 체화된 마음 이론은 마음이 존재하는 것을 부정하거나 그것을 단순히 뇌의 작용으로 보려는 현대 신경과학과 대립한다. 마음이 뇌, 몸, 세계에 체화되었다는 생각은 몇 가지 서로 다른 방식으로 이해될 수 있다. 첫째, 존재론적으로 보았을 때 그것은 마음이 생물학적 기반인 뇌와 신경계를 포함한 몸에 구현되어 있다는 것을 의미한다. 둘째, 인식론적으로 보았을 때 그것은 우리가 마음을 제대로 이해하기 위해서는 몸을 알아야 한다는 것을 의미한다. 이런 두 가지 특징 때문에 체화된 마음 이론은 몸과 마음을 엄격히 구분하는 이론이나 뇌와 마음을 동일시하는 이론과는 대립한다.

체화된 마음 이론의 또 다른 특징은 마음이 작용하는 데 있어 환경의 역할을 강조한다는 점이다. 몸이 인지적으로 중요한 역할을 담당한다면 몸이 처해 있는 환경 역시 그에 상응하는 역할을 한다고 보아야 할 것이다. 생명체로서의 인간은 제한된 정보처리 능력 때문에 진화적으로 그 과정을 환경에 분산시키는 방식을 채택해 왔다. 몸의 신경계의 일차적 기능은 지각이나 운동을 처리하는 것이고 인지 활동의 대부분은 환경과의 즉각적인 상호 작용으로부터 진화된 것이다. 체화된 마음 이론은 감각 운동 능력이 환경과 성공적으로 상호 작용하는 방식에 주목하여 마음, 몸, 세계가 상호 영향을 주고받고 생명체로서의 적응도를 높이는 방식에 주목한다.

체화된 마음 이론은 건강과 질병을 이해할 수 있는 올바른 틀을 제공한다. 마음이 건강하다는 것은 마음이 몸을 통하여 물리적 환경이나 사회적 환경과 조화로운 관계를 유지하고 있다는 것이다. 마음의 병은 '몸-마음-환경' 간의 조화가 흐트러졌거나 깨졌을 때 발생한다. 마음의 병에 대한 이런 이해는 세계보건기구(WHO)가 제시한 건강에 대한 정의와 부합한다. 세계보건기구 헌장(1946)에 따르면, "건강은 단지 질병이 없거나 허약한 것에 그치지 않고 완전한 신체적, 정신적, 사회적 안녕의 상태이다." 체화된 마음 이론은 세계보건기구가 지적한 건강의 세 가지 차원, 즉 신체적, 정신적, 사회적 차원을 고려해야 하는지에 대한 설명적 토대를 제공한다.

이제 행위에 대한 목적론적 설명을 살펴보자. 인간 행위를 설명하는 두 가지 주요 전통이 있는데, 그것은 인과적 설명과 목적론적 설명이다. 인과적 설명은 인과 관계를 이용하여 설명되어야 할 사건이나 현상을 설명한다. 예를 들어, 특정인의 자살시도 행위는 〈세라토린 방출량의 부족 → 우울증 → 자살시도〉 라는 인과 사슬로 설명된다. 인과적 설명은 그런 인과 사슬을 규제하는 과학 법칙이 있으며 우리는 그것을 발견하여 행위 설명에 적용할 수 있다고 주장한다. 그러나 인과적 설명은 돌멩이나 행성과 같이 생명이 없는 대상들의 운동이나 현상을 설명하는 데는 적합하고 효과적일 수 있지만 인간 행위를 설명하는 데는 근본적 한계를 갖는다. 인과적 설명이 인간 행위를 제대로 설명할 수 없는 중요한 이유는 인간은 자유의지와 지향성을 가진 존재라는 점에 있다. 콜링우드를 비롯한 많은 철학자들이 인간의 행위는 물리적 인과 법칙에 포섭이 될 수 없는 지향적 성격을 갖는다는 점을 들어 행위에 대한 인과적 설명을 비판해 왔다.

행위에 대한 목적론적 설명은 행위자가 지향하는 목적을 들어서 행위를 설명한다. 목적론적 설명은 아리스토텔레스를 비롯한 많은 학자들에 의해 지지를 받아 왔는데 이 글에서 제시되는 모형은 폰 리히트(von Wright, 1971)의 실천추리에 기초를 두고 있다. 폰 리히트에 따르면 인간 행위는 다음과 같은 구조를 갖는다.

A는 p를 달성하기를 의도한다.
A는 a를 하지 않고서는 p를 달성할 수 없다고 생각한다.
그러므로 A는 a를 하는 것을 착수한다.

예를 들어, 실천추리를 자살 시도에 적용하면 다음과 같다.

철수는 자신의 명예를 지키기를 의도한다.
철수는 자살을 하지 않고서는 자신의 명예를 지킬 수 없다고 생각한다.
그러므로 철수는 자살을 시도한다.

이처럼 우리는 "왜 철수가 자살을 시도했는가"라는 질문에 대해 실천추리를 이용하여 "철수는 자신의 명예를 지키려고 의도했기 때문이다"라고 대답할 수 있다.

폰 리히트의 실천추리는 원래 행위를 설명하기 위해 고안되었기 때문에 그것은 여태까지 치료나 상담에 적용된 적이 없다. 그러나 우리는 실천추리 이론을 인문치료의 치료 모형으로 활용할 수 있다. 조금 전에 논의된 체화된 마음 이론과 실천추리를 결합하면 목적론적 치료 모형이 완성된다. 목적론적 모형에는 다음과 같이 4단계의 치료 단계가 있다.

- **제1단계: 자신의 상황을 기술함**
  - 물리적 환경
  - 정신적 환경
  - 사회적 환경

- **제2단계: 자신의 목적, 지향성, 의도를 파악함**

  - 자신의 p는 무엇인가?
  - p가 진정한 지향적 대상인가?
  - p가 다른 목표를 달성하기 위한 중간적인 것은 아닌가?
  - p가 추구할 만한 가치가 있는가?

- **제3단계: 자신의 규범 및 덕의 체계를 기술함**

여기서 치료사가 해야 할 일은 내담자가 자신의 상황으로부터 출발하여 목적으로 나가갈 수 있는 길을 규범 체계 및 덕 체계와 관련하여 반성하도록 돕는 것이다. 또한 치료가 성공적이기 위해서는 치료사의 숙련된 경험뿐만 아니라 내담자의 지혜와 의지력이 요청된다.

- **4 단계: 이전 단계에서 파악된 길이 진정한 해결이었는지를 내담자가 확인하고 자신의 치유 결과를 사회에 환원함**

상담에서 흔히 발견되는 커다란 실수 중 하나는 상담사가 볼 때 내담자의 문제가 분명히 해결되었고 내담자도 그 점을 인정했을 때 상담은 종료된다는 점이다. 그러나 마음의 병을 치료하는 과정은 종종 앞의 그 지점에서 종료될 수 없는 데 그 이유는 내담자와 상담사가 판단한 해결책이 일시적이거나 피상적이었을 뿐 진정한 해결책이 아닐 경우가 많기 때문이다. 한때는 자신의 문제가 해결되었다고 느꼈지만 시간이 지나면서 내담자는 문제가 여전히 해결되지 않고 그대로 남아있다는 것을 깨닫게 되는 경우가 많다. 이런 경우가 발생하는 이유는 상담의 네 번째 단계에서 충분한 반성이 이루어지지 않았기 때문이다. 따라서 내담자는 반성적 사고를 통하여 자신의 문제가 진정으로 해결되었는지를 확인해야 한다. 만약 내담자의 문제가 진정으로 만족스럽게 해결되었을 경우에 그는 자신의 치료 체험을 타인들과 공유해야 하는 도덕적 책무를 안고 있으며, 이런 의미에서 치료를 마친 내담자는 이미 인문치료사이다. 그는 자신의 체험을 타인과 공유함으로써 자신이 속한 사회적 건강을 증진하는 일에 참여하게 된다.

4. 사례

필자는 지난 5년 동안 목적론적 인문치료 모형을 군장병, 미혼모, 죄수 등 여러 가지 대상 세계에 적용하면서 그것의 적합성과 효율성을 점검하고 보완 작업을 진행해 왔다. 다음은 병영생활에 어려움을 겪고 있는 병사에 대한 치료 사례이다. 상담 규정에 따라 등장하는 이름은 가명을 사용한다.

내가 김철수 상병을 만났을 때 그는 23살이었고 작은 키, 왜소한 몸매를 지녔고, 어둡고 불안해 보이는 얼굴이었다. 김 상병은 내가 담당한 비전캠프의 25명의 병사들 중에서 집단 치료교육에 가장 소극적인 병사 중 하나였으며 다른 병사들과 거의 대화를 나누지 않고 혼자만의 세계에 빠져 있는 것처럼 보였다.

김 상병과의 개인상담은 15개월 동안 13회에 걸쳐서 진행되었는데, 처음 3회는 김 상병의 문제 상황을 파악하고 확인하는 데 사용되었고 마지막 회기를 제외한 9회는 김 상병의 현재 상황으로부터 그가 새롭게 설정한 목적으로 나아가는 길을 탐색하는 데 할애되었다.

김 상병은 신병 훈련을 마친 후 최전방을 담당하는 육군 제OO 보병사단 포병부대에 배치되었는데 캠프를 담당하고 있는 교육원장의 말에 따르면 그가 부대에 도착한 날부터 자신뿐만 아니라 그의 부대는 심각한 문제에 직면하게 되었다. 첫째 문제는 김 상병이 몸이 약해서 포병부대의 훈련에 제대로 적응하지 못하는 데서 발생했다. 김 상병은 키 166cm, 몸무게 59kg의 약골이었는데 20kg-80kg이 나가는 포탄을 들고 뛰는 것은 무리였고 그 때문에 그가 속한 중대는 훈련 중에 자주 지적을 받고 낮은 평가를 받았다. 이런 일이 6개월 간 반복되면서 부대원들은 점차 그를 '왕따'시키기 시작했다. 같은 내무반의 병사들은 그에게 말을 건네지 않기 시작했고 그에 따라 김 상병의 스트레스는 점차 쌓여만 갔다. 김 상병은 종종 죽고 싶다는 말을 가족에게 보낸 편지에 적어 보냈고 편지를 알고 놀란 누나가 부대를 찾아오게 되었다.

이런 상황에서 대대장은 김 상병을 행정반으로 옮겨주었는데 그는 거기에서도 제대로 적응을 하지 못했다. 고등학교를 중퇴했기 때문에 행정적 사무를 처리하는 데 자신이 없었고 내성적인 성격이라서 모르는 것이 있어도 누구에게 질문을 하지 않아 업무를 제대로 처리하기가 어려웠다. 이에 대대장은 다시 김 상병을 행정과는 무관한 탄약관리반에 배치했다. 김 상병은 근무 중에 탄약고 근처에서 담배를 피우다 발각이 되어 영창을 갔고 그 후 마지막으로 취사반에 배치되었다. 이제 부대 안에서 김 상병을 모르는 사람은 없을 정도로 그는 유명 인사가 되어 있었다. 김 상병은 취사반에서 자신을 무시하는 후임병과 자주 말다툼을 했기 때문에 최종적으로 취사병이지만 식당이 아니라 부대 연병장의 잡초를 제거하거나 길을 보수하는 일을 하는 임무가 주어졌다. 김 상병은 자신이 그 일로 매우 상심하여 자살 충동을 느꼈다고 주위 사람들에게 이야기했고, 그 말을 전해들은 지휘관들은 김 상병을 지휘하기 어렵다고 판단하여 그를 비전캠프로 보냈다. 내가 김 상병을 만났을 때는 바로 그 시점이었다.

김 상병은 집단 치료교육 중간 휴식 시간에 나를 찾아와 개인상담을 받을 수 있느냐고 조심스럽게 물었다. 나는 가능하다고 대답했고 캠프의 지휘관들과 상의하여 개인상담 일정을 잡았다. 두 차례 상담을 통해 드러난 김 상병의 가족 상황과 성장 과정은 다음과 같았다. 김 상병의 가족은 아버지와 의붓어머니 그리고 누나가 있었다. 아버지는 대기업에 근무했는데 주식투자에 연거푸 실패하면서 파산했고 알코올 중독자가 되어 종종 식구들을 폭행하고 음독자살을 몇 차례 시도했다고 한다. 김 상병은 아버지가 음독자살을 시도하여 병원에 실려 가는 장면을 생생하게 기억하고 있었다. 어머니는 아버지의 잦은 폭행을 견디다 못해 김 상병이 초등학교 4학년 때 집을 나갔고 아버지는 지금까지 여섯 차례나 새엄마를 집에 들였다. 이런 이유로 김 상병에게는 유년 시절에 여성에 대한 피해 의식이 강하게 작용했을 것이고 이는 다시 그의 여자친구 관계에도 강한 영향을 미쳤을 것이라는 추측이 가능했다. 김 상병에게 여자친구가 있느냐고 물어 보자 입대 전에는 여자친구가 몇 명 있었지만 현재는 없으며 여자친구를 사귄 기간은 길어야 6개월 정도라고 했다. 김 상병의 초중등학교, 고등학교 시절은 순탄하지 않았다. 학교에 결석하는 날이 많았기 때문에 학교 친구들은 서너 명에 불과했고 그들마저도 김 상병이 면회를 자주 오지 않는다고 불평을 해대자 관계가 소원해졌다.

상담 초기에 드러난 김 상병의 삶의 환경과 삶의 목적은 다음과 같다.

- 물리적 환경: 포병부대 생활, 허약한 신체
- 정신적 환경: 불안, 자살충동
- 사회적 환경: 왕따 당함, 고립감
- 삶의 목적: 없음

이런 상황에서 김 상병이 자살충동을 이겨내고 무사히 전역하기 위해서는 그가 납득할만한 삶의 목적을 찾는 것이 중요한 것으로 판단되었다. 일단 상담의 목표는 김 상병이 군생활에서 삶의 목적을 찾도록 유도하는 데 맞추어졌다. 삶의 목적에 대해 이야기를 시작하자 그는 아직까지 자신이 장차 무엇이 되고 싶은지에 대해 생각해 본 적이 없다고 말했다. 자신의 불우한 환경에서 어떤 목적이나 소원을 갖는 것은 사치라고 느껴졌다는 것이다. 김 상병의 문제는 삶의 목적을 상실하거나 고려하지 않음으로써 야기된 것이었다. 로고 테라피의 창시자인 빅터 프랑클은 이런 유형의 삶의 문제를 "실존적 허무"라고 불렀는데, 그 주된 증상은 권태, 무관심, 도덕적이고 정신적 혼란이다. 두 차례의 상담을 통해 김 상병은 자신의 현재 목적은 병영생활에서 더 이상 사고를 일으키지 않고 무사히 전역하는 것이라고 말했다.

이제 내가 상담을 통해 해야 할 일은 김 상병이 좋아하는 방법을 통해 그의 목표를 실현하는 구체적 길을 탐색하는 것이었다. 김 상병은 판타지 소설을 제외하고는 자발적으로 시나 소설을 읽어본 적이 없었다고 말했다. 나는 김 상병의 상상력을 이용하여 목적으로 나아가는 길을 찾기로 했다. 나는 김 상병에게 그가 타고 있는 배가 침몰하여 무인도에 혼자 남게 된 상황을 가정해 보자고 제안했다. 김 상병은 처음에는 머뭇거리고 나의 이야기를 듣고만 있었지만 다섯 번째 회기부터는 점차로 자신의 상상력을 펼칠 수 있는 자유를 즐기기 시작했다. 무인도 이야기를 진행해 나가면서 그는 종이에 그림을 그리거나 짤막한 글을 쓰기 시작했다. 여섯 번째 회기부터는 인터넷을 통해 무인도에 표류한 두 명의 남자 그림을 다운받아 출력해서 그 중 한 사람이 김 상병이라고 가정한 상태에서 이야기를 진행해 나갔다. 김 상병은 무인도에 남은 또 다른 사람이 바로 자신의 아버지라고 했고 이야기를 전개해 나가면서 음식을 굶기는 방식 등으로 아버지를 괴롭히는 상황을 연출했다. 김 상병은 그런 방법을 통해 상상의 세계에서 부분적으로나마 아버지에 대한 서운함과 원망을 표출하고 해소했다.

가상적인 무인도 생활에 대한 이야기 구성이 거의 끝나갈 무렵에 나는 그 이야기를 김 상병의 병영생활에 적용해보기로 했다. 우선 김 상병에게 『로빈슨 크루소』의 줄거리를 이야기해 주고 그 소설의 몇 군데를 선택하여 같이 읽고 만약 자신이 그 경우에 있다면 어떻게 할 것인지, 로빈슨 크루소의 행동 방식에 동의하는지에 대해 이야기를 나누었다. "로빈슨 크루소처럼 소인국에 살게 되면 어떨 것 같은가"라는 질문에 대해 그는 "처음에는 크게 불편하겠지만 점차로 혼자 사는데 익숙해질 것이다"라고 대답했다. 김 상병은 살아가는 데 있어서 타자의 필요성을 전혀 느끼지 못하고 있었다. 김 상병의 내무반 생활 방식을 알아보기 위해 일과 후 그가 한 일들을 노트에 적어 보도록 했다. 그는 당시 상병이었기 때문에 내무반 바닥을 청소하는 일과 같은 일을 굳이 할 필요는 없었다. 그렇지만 김 상병은 일과 시간이 끝나고 여유 시간이 있어도 내무반의 다른 병사들과 어울리지 않고 혼자 지냈다. 내무반의 병사들이 모두 TV를 시청하고 있을 때 그는 혼자서 판타지 소설을 보거나 누워서 공상을 한다고 했다. 다른 사람들과 함께 TV를 시청하지 않는 이유를 묻자 "재미가 없어서"라고 대답했다. 그러나 그동안 상담을 통해 드러났듯이 그 말은 핑계일 뿐 김 상병이 혼자서 노는 것은 그가 선택한 것이 아니라 다른 병사들이 그에게 강요한 것이 분명했다.

이제 김 상병의 목적을 보다 구체화하여 다른 병사들과 가까이 지내고 사귀려는 의지를 갖는 것으로 설정하는 것이 필요했다. 그 목적을 구현하기 위해 우리는 짐 캐리가 주연한 영화 『예스 맨』을 보고 이야기했다. 영화의 초반부에서 주인공이 매사에 "No"를 연발하면서 인생을 소극적으로 살면서 친구들과 연락을 두절하고 사는 부분과 "긍정적 사고가 행운을 부른다"는 프로그램에 참여하면서 주인공의 인생이 크게 변하는 부분을 비교하면서 어느 편이 더 바람직한 삶인지에 대해 이야기했다. 김 상병은 처음에는 차이가 없다고 이야기했다. 혼자 사는 것과 다른 사람과 함께 더불어 사는 것은 차이가 없는 것이 어차피 그 두 가지 길 중 그에게는 오직 한 가지만이 가능하기 때문에 그것들을 구분하는 것이 의미가 없다는 것이었다.

여기서 나는 레비나스의 타자의 철학을 쉬운 말로 풀어 설명하면서 개인의 의미는 다른 사람들과의 관계 속에서 형성된다는 점을 이야기해 주었다. 그러나 이런 이야기는 김 상병에게는 생소하고 어렵게 들릴 수밖에 없었고 그래서 나는 다시 그의 가족을 예를 들어 김 상병이라는 존재를 규정해 나가기 시작했다. 자신을 구체적으로 분석하자 김 상병은 비로소 적극적으로 이야기에 동참했다. 우리는 2주일에 걸쳐 친근감, 의존도, 사랑을 변수로 하여 아버지, 친어머니, 의붓어머니들, 누나, 김 상병을 점으로 하는 가족망을 큰 종이에 그려서 완성했다. 그는 여전히 친어머니를 잊지 못하고 있었고 어머니에게 강한 의존도를 부여했다. 가족망을 완성하고 난 후 김 상병은 자신이 존재하기 위해 다른 사람들과 더불어 살 필요가 있다는 점을 인정하기 시작했다.

우리는 김 상병의 병영생활을 개선하기 위한 구체적 전략을 개발하는 데 동의했다. 나는 지휘관과 부사관들에게 상담 상황을 알리고 그 전략을 개발하는 데 부대의 협조를 요청했다. 첫째 전략은 "한 사람 사귀기 전략"이었다. 장교, 부사관, 동기, 선임, 후임 중 누구도 좋으니 김 상병이 사귈 수 있는 한 사람을 고르라고 하자, 그는 선임인 박일수 병장을 지목했다. 왜냐하면 박 병장은 다른 사람들에 비해 김 상병에게 친절히 대해 주었기 때문이다. 우리는 김 상병이 자연스럽게 박 병장에게 접근할 수 있는 방법들을 의논했다. 전략을 수립 한 1주 후에 김 상병은 박 병장에게 지금까지와는 달리 자신의 마음에 있었던 이야기들을 말했고 내무반에서 옆에 앉아 TV를 시청했다. 나는 김 상병이 계속 박 병장과 많은 대화를 나누어 보라고 격려했다. 그러나 김 상병의 시도는 좌절되었는데 그 이유는 박 병장이 화장실에서 김 상병이 안에 있는지를 모르고 다른 사람에게 김 상병이 자신을 귀찮게 한다는 말을 했기 때문이었다. 이런 우여곡절이 있기는 했지만 김 상병은 전역하기 전까지 박 병장뿐만 아니라 선임, 동기, 후임들과 축구도 하고 매점에서 과자도 사서 함께 먹을 정도로 인간관계가 나아졌다.

우리가 생각한 둘째 전략은 "가족에게 편지쓰기 전략"이었다. 김 상병이 편지를 쓸 가족으로는 아버지와 누이가 있었는데 그는 지금까지 한 번도 그 두 사람에게 마음을 담은 편지를 써 본 적이 없었다. 둘째 전략에 대해 김 상병은 처음에 달갑지 않은 반응을 보였는데 그 이유는 그런 편지를 쓰는 것은 아버지에게 굴복하는 것으로 생각했기 때문이다, 누이에게는 종종 공중전화로 필요한 물품을 부대로 보내 달라고 요구한 것이 전부였는데 한번은 누이가 그가 요구한 제품이 아니라 다른 제품을 사서 보냈다고 크게

화를 내고 나서 그 이후로는 연락을 하지 않고 있다고 했다. 김 상병이 편지를 쓰는 습관을 들이기 위해 우선 나에게 편지를 써서 부대 행정반에 맡기라고 요청했다. 편지 내용은 상담에 대한 김 상병의 느낌과 상담에 대한 제안 사항을 적도록 제안했다. 김 상병이 쓴 편지들은 부사관을 통해 나에게 전달되었다. 처음 서너 번의 편지들은 문체가 어색했지만 그동안 자신의 이야기를 들어 주고 상담을 해주어서 고맙다는 말과 함께 『예스 맨』과 같은 재미있는 영화들을 더 보았으면 좋겠다는 제안이 들어 있었다. 나도 김 상병에게 답장을 썼고 상담이 시작된 지 9개월부터 김 상병은 아버지와 누나에게 편지를 쓰기 시작했다. 김 상병의 아버지는 답장을 보내지는 않았지만 면회를 온 누이를 통해 편지를 잘 받았다는 말을 전했다고 한다. 이런 과정을 통해 김 상병은 정상적인 병영생활을 하게 되었고 나를 만지 1년 만에 전역했다.

김 상병과의 상담은 그가 전역 후에도 매달 한번 씩 세 달 동안 더 계속되었다. 비교적 짧은 기간이었지만 부대가 아니라 사회라는 환경 때문에 좀 더 자유로운 분위기에서 상담을 진행할 수 있었다. 마지막 3회기의 상담은 제3단계에 해당했는데 주로 김철수 씨의 인생관을 점검하고 의논했다. 1년간에 걸친 인문치료 상담을 통해 김철수 씨는 이제 자신의 생각과 감정, 행동에 대해 비판적으로 반성하는 습관을 가진 것으로 보였고 그는 자신의 그런 변화에 놀라고 있었다. 나는 김철수 씨에게 어떤 삶을 살고 싶은지에 대해 물었고 그는 적어도 자신의 아버지와 같은 방식으로 살지 않겠다고 말했다. 그는 아직도 아버지에 대한 원망과 두려움으로부터 해

방되지 못하고 있었다. 물론 이 대목에서 프로이트 정신분석치료는 그런 억압을 제거하기 위해 전이, 저항, 훈습으로 이루어진 분석 과정을 거칠 것이다. 그러나 인문치료사의 입장에서 보았을 때 김철수 씨가 자신의 아버지의 실패한 삶을 반복하지 않겠다는 각오는 존중할 필요가 있으며 그 점에 대한 어떤 치료도 필요치 않다. 필요한 것은 그의 각오를 존중하고 격려하여 자신의 삶을 개척하도록 유도하는 것이다.

이런 점에서 인문치료나 철학치료는 심리치료와 차이가 난다. 심리치료의 목표는 특정한 심리적 문제가 발생했을 때 그것을 해결하여 문제가 없는 상태로 되돌려 놓는 데 있다. 그러나 인간은 로봇이나 돌멩이가 아니며 생명과 의식을 지닌 존재이기 때문에 어떤 정신적 문제가 발생하고 그것이 해결되면 원래의 상태로 돌아갈 수 없다. 인간의 의식은 시간을 매개로 지속하기 때문에 과거의 해결된 문제는 현재의 나의 의식에 영향을 미치고 그것은 다시 미래의 나의 의식을 규정한다. 성현들이 강조했듯이 우리는 결코 동일한 강물에 두 번 다시 발을 담굴 수 없다. 정리하면 심리치료는 항상성을 목표로 하지만 인문치료는 초월성을 목표로 한다. 김철수 씨는 어려운 환경 속에서 성장하였고 고등 교육도 받지 못했기 때문에 군대뿐만 아니라 여러 사회에 적응하는데 어려움을 경험했다. 그러나 그는 인문치료 상담을 통해 군생활에 잘 적응하여 만기 전역하여 사회에 복귀함으로써 자신의 이전 상태를 초월했다. 그는 더 이상 자신의 부모를 원망하고 누이에게 화를 내는 사람이 아니라 어떻게 사는 것이 올바른 것인지를 고민하고 자신의 직업을 찾는 젊은이로 변신했다. 김철수 씨의 상담은 그가 부산에 있는 택배회사에 취직을 했기 때문에 중단되었다. 마지막 회기에서 김철수 씨는 자신의 인생관을 밝혔는데 그것은 남에게 폐를 끼치지 않고 가족에게 충실한 사람으로 사는 것이었다. 김철수 씨와의 상담은 최종 단계인 제4단계에 이르지는 못했지만 "상상하기, 이야기하기, 글쓰기, 성찰하기"라는 인문학의 방법들을 통해 병영생활에서의 어려움을 극복하고 사회에 뿌리를 내리는 데 성공했다.

5. 상담과정과 행복지수 검사

김 상병의 상담 과정을 회기별로 정리하면 다음과 같다.

〈표 3〉 상담 과정

	회기	상담 내용
1 단계	1	상담과정 소개 행복지수 검사
	2	정신적 환경
	3	사회적 환경
2 단계	4	삶의 목적
	5	무인도 이야기
	6	영화 감상
	7	가족망 그리기
	8	한 사람 사귀기
	9	가족에게 편지쓰기
	10	삶의 목적
3 단계	11	인생관
	12	자신의 삶의 방식
	13	행복지수 검사 상담 정리

인문치료는 심리치료와 달리 인문학적 자원을 활용하여 인문학적 방법으로 인문학의 정신인 인간성 구현과 회복을 목표로 한다. 그러나 인문치료가 치료적 성격을 갖기 때문에 치료의 성과에 대한 언급을 하지 않을 수 없으며, 어떤 점에서는 인문치료의 효과를 객관적으로 검증해야 한다는 주장이 당연한 것처럼 들리기도 한다.

그렇다면 어떻게 인문치료의 치료 성과를 확인할 것인가? 그 방식은 심리치료의 방식과 구별되어야 하고, 심리치료에서 활용되고 있는 다양한 검사들과는 다른 인문학적 검사이어야 할 것이다. 그러나 현재로서는 그런 요청을 충족할 만한 적합한 인문치료 지수가 개발되어 있지 않은 관계로 기존의 검사 중 인문치료에 부합한 검사들을 이용해야 하는 상황이다. 필자는 『영국 BBC 다큐멘터리 행복』(리즈 호가드, 이경아 옮김, 예담, 2006)에서 제시된 행복지수를 이용하고 있는데, 거기에는 몇 가지 이유가 있다. 첫째, 그것은 행복감, 일상생활, 슬라우 지수, 감정측정 등 총 67개 항목에 이르는 질문들을 통하여 행복을 측정하기 때문에 포괄적으로 행복도를 측정할 수 있다. 둘째, 질문지의 내용이 매우 미세한 심리적 상태에 치중하는 기존의 검사들과는 달리 인문학적 지료들을 이용하여 삶의 질을 측정한다. 셋째, 그것은 실제로 2005년 영국의 작은 도시 슬라우에서 3개월에 걸쳐 행해진 사회 실험에서 활용되었기 실용성이 뛰어나다. 여기서 말한 행복지수를 이 글의 부록으로 첨부하기로 한다.

김철수 상병에 대한 개인상담에서 행복지수 검사는 맨 처음 회기와 마지막 회기에 2회 실시되었다. 다음은 두 번의 검사 결과이다.

〈표 4〉 행복지수 결과

항목	설문		처음	마지막
삶의 만족도	설문 1		1	4
일반 행복수준	설문 2		1	4
	설문 3	1	5%	20%
		2	80	30%
		3	15%	50%
일상생활 만족도	설문 4	1	1	4
		2	2	8
		3	3	6
		4	2	7
		5	8	9
		6	3	8
		7	1	6
		8	3	4
		9	3	8
		10	2	5
슬라우 설문조사	설문5	1	5	8
		2	1	3
		3	1	3
		4	10	9
		5	1	8
		6	1	2
		7	3	9
		8	10	5
		9	10	10
		10	1	1
		11	5	7
		12	8	8
		13	8	8
		14	5	3
		15	1	8
		16	8	3

항목	설문		처음	마지막
슬라우 설문조사	설문5	17	1	4
		18	1	2
		19	1	2
		20	10	9
		21	10	3
		22	1	5
		23	5	8
		24	5	5
		25	9	9
		26	8	10
		27	8	10
		28	3	8
		29	10	9
		30	8	9
감정측정계	설문6	1	8	5
		2	8	8
		3	1	3
		4	9	4
		5	9	7
		6	10	9
		7	3	9
		8	9	9
		9	7	4
		10	10	10
		11	2	8
		12	7	2
		13	5	7
		14	5	3
		15	10	5
		16	7	4
		17	10	2
		18	10	10
		19	7	8
		20	10	1
		21	5	7
		22	7	3
종합 행복지수			23.8	48.2

위의 표에서 나타나듯이 몇 가지 부분에서 처음보다 나중 부분의 지수가 낮게 나타났지만 전반적으로는 행복지수는 23.8에서 48.2로 향상되었다. 상담이 지속되었더라면 변화의 의미에 대해 논의함으로써 목적론적 모형의 제4단계에 진입할 수 있었을 것이고, 김철수씨의 문제가 진정으로 해결되었는지를 확인하고 그의 치유 경험을 타자들과 공유하는 일을 실천적 작업으로 수행했을 것이다.

※ 부록: 행복지수 검사

소속: 성명: 일자:

○ 삶에 대한 만족도

1. 현재의 삶에 만족합니까?

   1(전혀 그렇지 않다)에서 10(매우 그렇다) 사이의 숫자를 적으세요. □

○ 일반적인 행복 수준

2. 평소에 당신은 얼마나 행복/불행하다고 느낍니까?
   아래에서 평균적인 행복체감도를 기술하는 항목 하나를 골라 표시하세요.

   더없이 행복하다(황홀하고 환희에 차 있으며 환상적인 기분이다) □
   대단히 행복하다(정말 기분 좋고 의기양양하다) □
   꽤 행복하다(기분이 고양되어 있으며 좋다) □
   약간 행복하다(기분이 썩 좋으며 활기도 있다) □
   중간이다(특별히 좋지도 나쁘지도 않다) □
   조금 불행하다(중간 수준에 조금 못 미친다) □
   약간 불행하다(조금 더 아래 수준이다) □
   꽤 불행하다(약간 우울하고 기분이 저조하다) □
   대단히 불행하다(의기소침하며 기분이 매우 저조하다) □
   더없이 불행하다(대단히 우울하며 기분이 완전히 가라앉았다) □

3. 행복, 불행 및 중간 정도(행복하지도 불행하지도 않은 상태)의 기분을 느끼는 시간의 비율은 얼마나 됩니까?

다음 세 가지 항목에서 1에서 100 사이의 숫자를 적으세요. 숫자의 합이 100퍼센트가 되어야 합니다.

행복하다고 느끼는 시간은 평균 몇 퍼센트입니까?	%
불행하다고 느끼는 시간은 평균 몇 퍼센트입니까?	%
중간 정도라고 느끼는 시간은 평균 몇 퍼센트입니까?	%

○ 일상생활에 대한 만족도

4. 아래에 나온 일상생활에서 얼마나 행복합니까?
1부터 10까지 나와 있는 칸에 표시하세요.
(1=전혀 행복하지 않다, 10=매우 행복하다)

일상생활	1	2	3	4	5	6	7	8	9	10
일(직장이 없다면 무보수의 일)										
가정										
여가 생활										
인간관계										
가족										
지역 공동체										
지역 환경										
식생활										
운동										
자기 자신										

○ 슬라우 설문조사

5. 아래는 슬라우에서 행한 설문조사입니다. 다음 각각의 항목에 대해 얼마나 동의하는지 1~10에 해당하는 칸에 V자를 표시하세요. 전혀 동의하지 않는다면 1, 전적으로 동의한다면 10에 V자를 표시하십시오. 부분적으로 동의하거나 그렇지 않다면 적당한 숫자에 해당하는 칸에 표시하십시오.

다음 항목에 얼마나 동의합니까?	1	2	3	4	5	6	7	8	9	10
1 살면서 겪는 문제를 대체로 잘 처리할 수 있다.										
2 요즘처럼 즐거운 때는 없는 것 같다.										
3 남들이 나를 높이 평가한다고 느낀다.										
4 나는 틀에 박힌 삶을 살고 있다.										
5 내가 인생에서 원하는 게 뭔지 잘 모르겠다.										
6 지금 하고 있는 일에 완전히 몰입해 있다고 느낄 때가 많다.										
7 내 인생에서 일어나는 일들을 더 개선할 수 있다.										
8 나의 일상은 대체로 시시하며 중요하지 않다.										
9 내 인생의 주인은 나다.										
10 나는 실패한 인생인 것 같다.										
11 나는 필요한 에너지를 모두 가지고 있다.										
12 내게 세상은 차가운 곳이다.										
13 내 인생은 흥미로운 가능성으로 충만하다.										
14 인생이 공허한 것 같다.										
15 주위 사람들과 친밀함도 느낀다.										

다음 항목에 얼마나 동의합니까?	1	2	3	4	5	6	7	8	9	10
16 내 인생을 만족스러운 방향으로 이끌기 힘들다.										
17 내 삶에 만족한다.										
18 내 인생은 미래가 별로 없다.										
19 모든 일이 내가 원하는 대로 풀린다.										
20 지금 하는 일은 내가 원하는 일이 아니다.										
21 종종 문제에 휘둘리는 경향이 있다.										
22 나를 둘러싸고 있는 세상은 매우 아름답다.										
23 나를 화나게 하는 사람에게 되갚아주고 싶다.										
24 내 삶에는 감사해야 할 일이 많다.										
25 대부분의 사람들을 믿을 수 없다.										
26 물질적 풍요가 중요하다.										
27 자연스러운 삶이 중요하다.										
28 인생의 의미를 찾기 어렵다.										
29 사회생활을 즐긴다.										
30 남이 나를 어떻게 생각하는가보다 내 스스로 행복한 것이 더 중요하다.										

○ 감정측정계

6. 다음에 제시되어 있는 감정을 지난 한 주 동안 얼마나 자주 경험했는지 표시하십시오. 맨 왼쪽의 숫자 1은 한 번도 느끼지 않았다는 것이며, 10은 매우 여러 번 경험했다는 뜻입니다.

감정	1	2	3	4	5	6	7	8	9	10
1 낙관										
2 지루함										
3 사랑스러움										
4 긴장감										
5 초조함										
6 분노										
7 열정										
8 신경질										
9 의욕										
10 외로움										
11 성취감										
12 편안함										
13 시시함										
14 행복										
15 불안										
16 흥미										
17 우울										
18 피곤										
19 흥분										
20 위축										
21 즐거움										
22 평화로움										

대학생의 의식 확장을 위한 소시오드라마
- 이혼문제에 관하여 -

윤 일 수

1. 소시오드라마를 하는 목적

오늘날 사회는 유명 연예인의 이혼소식조차 더 이상 이야깃거리가 되지 못할 만큼 이혼율이 높다. 이러한 이혼율의 급증은 이혼에 대한 인식을 상당히 허용적인 방향으로 변화시켰다. 몇 년 사이에 '이혼해서는 안 된다.'는 의견은 상당히 줄었으며, '경우에 따라서 할 수 있다.'는 의견은 상당히 늘었다(통계청, 1998; 2002). 또한 이혼 사실을 떳떳하게 밝히겠다는 개방적인 입장을 취하거나, 가장 큰 걸림돌로 인식되어 왔던 자녀를 의식하지 않고 이혼을 해도 괜찮다고 생각하는 사람이 늘어나고 있다(옥선화·남영주·강은영, 2006: 225). 이런 사회분위기에도 불구하고, 이혼한 사람들은 '이혼했다.'는 사실 때문에 스스로 움츠러드는 경향이 있으며(옥선화 외, 2006: 229), 소수의 사람은 굳이 이혼 사실을 알리지 않으려고 한다(한국캘럽 2000; 옥선화 외, 2006: 231). 이러한 현상이 나타나는 이유는 '이혼'을 곱지 않은 시선으로 보는 사회분위기 때문이다.

본 소시오드라마 프로그램은, 참가자의 이혼에 대한 편견을 경감시키려는 목적에서 이루어졌다. 소시오드라마는 행위화를 통해 여러 가지 문제를 탐색함으로써, 자신과 다른 사람들을 더 잘 이해하도록 하고, 다른 사람의 입장이 되어보도록 해준다(Patricia Sternberg et al., 1999: 22). 이러한 결과는 역할교대기법을 통해 참여자들이 상대방의 입장에 서보게 되고, 그 순간 상황을 새롭게 볼 수 있게 되기 때문에 얻을 수 있었다(Patricia Sternberg et al., 1999: 109~110). 바로 종전까지 알지 못했던 참된 모습을 인식함으로써 통찰을 경험하게 되는 것이다(Patricia Sternberg et al., 1999: 51).

이런 점에서 소시오드라마는 인간의 사회적 역할과 그 관계에서 비롯된 사회문제를 다루는 집단적 실천과정이다. 아울러 집단이 자발적으로 자신들의 사회적 관계·가치문제·감정을 드러내고 풀어가는 사이코드라마적 행위화 양식이기도 하다. 따라서 소시오드라마는 좁게는 정화·통찰·역할훈련을 목표로 하지만, 넓게는 집단적 이데올로기, 사회적·인류적 세계를 능동적으로 재구조화하는 것을 목표로 한다(최헌진, 2003: 549). 사회문제는 집단 간의 가치관 차이와 이해관계에서 발생하는 것이므로, 각자의 가치관과 입장에서 바라보던 문제를 새로운 관점에서 바라볼 때, 집단간의 갈등이 해결된다는 것이다.

이러한 접근을 위해 본고는 들뢰즈와 가타리의 '~되기'(Gilles Deleuze,·Félix Guattari, 2003)라는 관점에서 '역할교대'를 중심으로 살펴보았다. 이들에 의하면, '너'와 '나'가 '분자'의 상태로 돌아간다면 모두 동질화되므로 '이혼했다.'는 이유로 타자화시키는 일은 없을 것이라고 한다. 즉 '이혼한 사람'과 '이혼하지 않은 사람'으로 구분하기 이전에 '사람'이라는 동질성으로 바라보자는 것이다. 이러한 관점을 가지는 것은 역할교대기법을 통해 가능하다. 역할교대란 '나'는 '너'가 되고, '너'는 '나'가 되는 것이므로 '너'와 '나'는 서로 닮아있다고 인식하게 되는 것이다.

유아들은 자신과 다른 사람을 구별할 수 없기 때문에, 어머니는 '나(I)'가 아니라는 것을 깨닫지 못한다. 유아는 '우리'는 '하나'이고 '모든 것'은 '우리'라고 안다. 모레노는 이것을 자아정체감의 모체라 불렀으며, 유아를 둘러싸고 있는 세계는 최초의 우주라 불렀다. 이 순간이 되면 모든 것이 우리에게는 현실이 된다고 한다(Patricia Sternberg et al., 1999: 189~190). 바로 '참만남'을 통해 '너'와 '나'의 경계가 없어지고 하나가 되는 것이다. 단순히 역할만 교대하는 것이 아니라 그 사람 자체가 되는 것이다(윤일수, 2012: 25).

2. 소시오드라마에 참여한 사람들

본 소시오드라마 프로그램은 2011년 후반에 5회기에 걸쳐 회기당 3시간씩 진행되었다. 집단은 A시에 소재한 B대학의 학생들이다. 집단은 자발적으로 프로그램에 참가했다. 참가자는 총9명인데, 그중 한명은 1회만 참가했기 때문에 본고에서 제외한다. 참가자별 인적사항은 다음과 같다.

〈표 1〉 참가자 인적사항

이름	성별	나이	가족	주거	학력	종교	기타
강	남	28	부모, 누나, 아내, 자녀	자가	대재	무교	·
달	여	19	부모, 여동생, 남동생	자가	대재	기독교	부모이혼
물	남	23	부모, 누나2, 쌍둥이 형	자가	대재	무교	·
불	여	19	부모	자가	대재	무교	부모이혼, 재혼
산	여	18	부모, 조모, 오빠	자가	대재	기독교	·
솔	여	19	부모, 형제	기숙사	대재	천주교	·
별	남	19	부모, 형	자가	대재	무교	부모별거
해	남	21	부모, 형제	자가	대재	무응답	

구성원은 학과 선후배 사이로, 전공의 특성상 사회문제에 관심이 많다. 대부분 부모님과 함께 자가(自家)에서 거주하고 있어, 가족 내지 이혼문제에 대해 민감한 주거환경이다. 종교는 기독교 2명, 천주교 1명, 무교 4명, 무응답 1명이다. 성별은 남성 4명, 여성 4명이며, 구성원 중 일부는 부모가 이혼·재혼·별거상태다.
각 회기별 구성원의 출석상황은 다음과 같다.

〈표 2〉 회기별 출석상황

이름	1	2	3	4	5	총 횟수
강	○	○	○	○	○	5
달	○	○	○	○	○	5
물	○	○	○	○	×	4
불	○	○	○	×	○	4
산	○	○	○	×	○	4
솔	○	×	×	○	○	3
별	○	○	○	○	○	5
해	×	×	○	○	○	3

〈표2〉와 같이 집단원은 총5회기 중 전(全) 회기 참석한 사람이 3명[강·달·별], 4회기 참석한 사람이 3명[물·불·산], 3회기 참석한 사람이 2명[솔·해]이다. 대부분 출석이 양호할 뿐만 아니라 프로그램에 참여하는 자세도 적극적이었다.

3. 소시오드라마의 진행과정

전반적인 프로그램 진행과정에 대해서는 첫 만남에서 진행자와 집단이 상호협의 하에 이루어졌다. 구체적인 내용과 진행 과정은 다음과 같다.

〈표 3〉 회기별 내용 및 진행과정

회기	주제	내용 및 방법
1	소시오드라마에 대한 이해-주제선정, 이혼의 원인, 이혼상황에 대한 토론	· 신청서 작성, 가계도 및 생태도 그리기 · 주제선정: 참여자들이 전지를 가운데 두고 각자 자신이 하고 싶은 주제를 10개씩 적은 뒤, 그중 3개를 추천한다. - 언급된 주제: 리틀맘, 장애아동, 독거노인, 약물중독, 게임중독, 버킷리스트, 번아웃, 성·정조관념, 빈익빈 부익부, 진로문제, 부부싸움, 가출, 입시문제, 입양문제, 보이스 피싱, 낭비벽, 조기유학, 우울증, 스트레스, 정신질환, 마약, 빈곤가정, 유기견, 군입대, 자살, 물질만능주의, 청년실업, 사교육문제 등 · 다른 사람의 발표를 들은 뒤, 각자 1개의 주제를 추천하면 칠판에 적고 투표한다. 최다 득표순으로 주제를 여러개 선정하여 몇차례 투표한 결과, 최종적으로 '이혼'이 선정된다. 각자 이혼이 일어날 수 있는 원인과 상황에 대해 이야기한다. · 토론을 통해 나온 내용은 다음과 같다. - 원인: 성격차이, 외도, 경제적 문제, 가정폭력, 알콜, 고부갈등,

		자식없음, 종교 차이, 가치관 차이, 여성순결, 질병, 의부증과 의처증, 결벽증, 양육문제 등 - 이혼시 문제상황: 경제적 문제, 아동심리불안, 사회적 편견[낙인], 친권, 양육, 새로운 배우자에 대한 두려움, 부모의 간섭, 외로움과 고독, 자존감 상실, 무시, 책임감[부담], 형제 떼놓기 등 - 재혼시 문제상황: 가족관계 부적응, 편견, 재혼가족과 성이 다름, 자식이 겪는 괴로움, 명절 때 어려움 등
2	소시오드라마1-사회문제 인식하기	· 사전검사: 이혼에 대한 생각 · 자기소개하기 장면설정: 이혼이 발생할 수 있는 상황을 집단원이 이야기하면, 그것을 칠판에 적고, 투표를 통해 최종적으로 네 장면을 선정한다. * 막장드라마처럼 불륜·폭력·근친상간이 나옴 · 등장인물 설정: 남편, 아내·불륜녀·아이1·아이2·시어머니·시누이 · 등장인물의 성격규정: 이름·나이·외모·학력·직업·성격·사회적 역할 등 인물을 구체화함 · 역할배정: 자발적으로 역할을 선택하고 실연에 임함 · 진행방식: 토론을 통해 선정된 장면에 맞추어, 역할을 맡아 자발적으로 연기함 - 처음 선정된 장면에 맞추어 역할을 하며, 마치 연극을 하듯 줄거리를 따라감, 디렉터의 개입으로 역할교대· 독백· 이중자아 거울기법 등이 이루어져 집단원은 각자의 역할에 몰입하며 내면의 이야기를 함, 소시오드라마가 막장드라마로 흘러가는 경향이 있어 디렉터가 개입하여 현실성을 강조함 · 나누기: 느낌나누기
3	소시오드라마2-마음열기	· 워밍업: 형제 서열의 비애를 퍼포먼스로 표현하기 - 막내의 옷 물려받기, 맏이의 동생에게 양보하기 · 퍼포먼스: 이혼남·이혼녀·이혼가정의 아이 - 이혼남의 궁핍한 살림, 갑작스럽게 이혼당한 아내, 경제적으로 궁핍한 이혼녀, 극성스러운 교육열 때문에 이혼한 부부, 이혼가정의 자식에 대한 주위의 따가운 시선, 자식 양육을 기피하는 이혼부부, 부부갈등, 이혼남이 자식을 부양하는 어려움 등

		· 소시오드라마 - 주제: 불륜으로 인한 이혼 - 등장인물: 이혼녀·이혼남·불륜녀·자녀·이웃 등 - 첫팀 실연 후, 토론을 거쳐 수정하여 실연하고, 배역을 바꿔서 두 차례 더 실연함 · 마무리: 이혼에 대한 이미지를 그림이나 글로 표현하기 · 나누기: 현재의 느낌을 그림이나 글로 표현하기
4	소시오드라마3 -마음 담기	· 워밍업: '돼'와 '안 돼'를 반복하는 기싸움 · 역할훈련: 현장을 들킨 불륜남과 불륜녀, 재산을 빼돌려 도망간 남편과 아내 · 소시오드라마1: 불륜으로 인한 이혼 - 등장인물: 이혼녀·이혼남·불륜남 · 소시오드라마2: 가정폭력으로 인한 이혼 - 등장인물: 이혼녀·이혼남·이웃·아이 · 마무리: 왼손과 오른손, 이혼찬성과 이혼반대에 대한 이유적기, 이혼으로 연상되는 단어적기, 글짓기, 협동화그리기
5	소시오드라마4 -마음 키우기	· 워밍업: 자신을 허구화시켜 소개하기 - 특성: 고위직 경호원, 고(高)수입, 유명연예인, 명문대 출신, 거부(巨富) · 이중자아 놀이1: 500원짜리 동전을 주운 상황 연출하기 - 착한 이중자아, 빈정거리는 이중자아, 끼가 있는 이중자아 등 · 이중자아 놀이2: 이혼상황 - 남편 박봉, 시집살이의 어려움, 이혼하면 눈치 보이니 잠깐 나갔다 반성기미가 보이면 돌아올 생각임, 남편을 믿고 같이 삶, 잘 해주니까 같이 삶, 비난받는 것이 두려워 맞바람 못 핌 등 · 소시오드라마1: 재판극 형식의 소시오드라마 2편 - 이혼소송청구건 · 소시오드라마2: 토론극 형식의 소시오드라마 - 이혼을 요구하는 쪽과 이혼을 거부하는 쪽 · 마무리: 이혼에 대한 이미지를 지점토로 표현하기 · 나누기: 소시오드라마 종료에 대한 소감

〈표3〉에서 드러나듯이, 1회기에 소시오드라마의 주제를 정하고, 2회기부터 5회기까지는 소시오드라마를 실연했다. 2회기는 전통적인 소시오드라마 진행방식에 따라, 장면설정·등장인물 설정·등장인물의 성격규정·역할배정·실연·나누기 순으로 진행했다. 본 프로그램은 2회기에서 5회기로 가면서 '사회문제 인식하기→ '너'와 '나'의 참만남하기→ '나'를 통한 '너' 구현하기→ '너'의 정당성 수용하기'로 이혼문제에 대한 인식의 정도가 깊어지는 양상을 보인다. 구체적으로 말하자면, 2회기는 이혼으로 발생할 수 있는 문제상황을 소시오드라마로 만들어봄으로써, 이혼이 개인문제가 아니라 사회문제라는 것을 인식하는 단계이며, 3회기는 이혼가정의 사람들이 겪는 아픔을 공유하는 단계고, 4회기는 이혼하는 사람들이 자신의 정당성을 주장하는 단계며, 5회기는 이혼하는 사람들의 정당성을 공론화하는 단계다.

첫 회기는 소시오드라마를 위한 예비작업이고, 2회기는 집단원의 몰입정도가 약해, 집단역동이 그다지 일어나지 않았다. 따라서 본고는 3회기에서 5회기까지 집단원들이 소시오드라마를 통해 표출되는 '너'와 '나'간의 경계정도를 중심으로 살펴보고자 한다.

3. 소시오드라마의 치료원리

1) 마음 열기

3회기는 집단원 중 한 명이 리더가 되어, 집단이 상의해 장면을 설정하고, 각자가 선택한 역할을 자발적으로 창조하는 형태로 진행되었다. 첫 실연 후, 토론을 거쳐 수정된 형태로 실연했고, 집단원끼리 극중역할을 교체해 두 번 더 실연했다. 그렇게 해서 세 팀에 의해 4회에 걸쳐 실연된 소시오드라마의 구체적인 내용은 다음과 같다.

〈표 4〉 3회기 소시오드라마 내용 및 진행과정

3회	1차	1차 수정	2차	3차
이혼녀	불: 남편에게 당당하고, 이혼하면서 전(全) 재산을 위자료로 받음	불: 섬세해짐	달: 전 재산을 가지고 떠남	해: 조용함
이혼남	해: 이혼남이 아내에게 재산을 다 뺏기고 쫓겨남. 이웃의 부당한 대우에 항의함	해: 부드러워짐	별: 집을 빼앗기고 쪽방에서 생활함, 양육의 어려움으로 이혼한 아내를 그리워함	물: 섬세해짐
불륜녀	강: 이혼남이 위자료로 전 재산을 날리자 떠남	강: 섬세해짐	산: 이혼남이 무일푼이 되고 아이를 양육해야하는 상황이 되자 떠남	불: 이혼남이 전처에게 전 재산을 차압당한 것으로 설정함, 불륜남이 위자료 때문에 전 재산을 날린 것을 알고 떠남
아이	물: 당당하게 엄마를 데리고 오라고 떼 씀	물: 연기가 디테일해짐 별: 조용함	해: 동생에게 김치 먹으라고 함 강: 끓인 라면의 갯수에 불만을 나타내며, 엄마를 그리워함, 컴퓨터 사달라고 떼 씀	산/달: 배고프다고 소동을 일으킴

이웃	엘리베이트 안에서 이혼남을 보고 뒤에서 수근거림	산: 연기가 디테일해짐 달: 연기가 디테일해짐. 이혼남이 아이를 학대한다며 경찰에 신고하려고 함. 역할이 확대됨	엘리베이트 안 불: 부부싸움 때문에 땅값이 떨어진다고 불만을 토로함 물: 이혼남이 자녀양육을 제대로 못한다며 비난함	강: 적극적으로 이혼남의 집을 방문하여 항의함, 트집을 잡고 늘어짐

〈표4〉에서는 드러나지 않지만, 2회기의 소시오드라마와 3회기의 소시오드라마 간에는 등장인물의 성격 면에서 많은 차이를 보인다. 2회기의 소시오드라마에서 이혼녀의 성격은 핍박받는 불쌍한 캐릭터로 그려졌는데, 3회기의 소시오드라마에서 이혼녀의 성격은 당당한 캐릭터로 그려졌다. 또한 2회기에서 기세등등하던 이혼남은 위자료로 전 재산을 빼앗겨 경제적 어려움을 겪게 되고, 이웃으로부터 '이혼남'이라는 낙인이 찍혀 비난받는 것으로 그려진다. 현실에서는 이혼협상을 할 때, 남편의 권력수준은 3.89점(1점-아내 우위, 3점-균등, 5점-남편 우위)으로 아내에 비하여 상대적으로 더 많은 권력을 가지고 협상에 임한다고 한다(김수정, 2003: 431). 그럼에도 불구하고 〈표3〉과 같이, 3회기의 소시오드라마는 일반적인 사회현상이나 고정관념에 반하여 아내가 힘을 행사하는 형태로 진행되었다. 이러한 성격변화는 두 가지 영향에서 비롯된다. 하나는 집단원의 성격에 의해 새로운 역할이 창조된 것이고, 다른 하나는 '이혼녀=버림받은'이라는 편견에서 벗어나고자 하는 욕구가 반영된 것이다. 두 경우 모두, 이혼녀에 대한 고정관념을

바꾸고자 하는 의도에서 비롯되었다. 이러한 현상은 스탠버그와 가르시아의 “소시오드라마는 역할 탐색, 역할연습 그리고 역할 확장에 초점을 맞춘다.”는 주장과 합치하는 것이다 (Patricia Sternberg et al., 1999: 28). 역할훈련을 통해 새로운 역할을 시험해 보거나 이미 하고 있는 역할을 더 나은 방식으로 실험할 수 있다고 한다(Patricia Sternberg et al., 1999: 53).

3회기에서 두드러지는 점은 이웃의 역할창조다. 2회기에서 등장하지 않았던 이웃은 3회기에서 이혼가정을 바라보는 사회적인 시선 역할을 담당했다. 구체적으로 살펴보면, 이혼남을 보며 수근거림, 이혼남의 아이학대를 신고, 부부싸움 비난, 양육의 미숙함 비난, 소동에 대한 항의 등이다. 이처럼 사회는 이혼남을 볼 때, 미숙하고 문제를 야기하는 사람으로 바라보는 경향이 있었다. 또한 이혼남이 가진 것이 없을 때, 불륜녀가 떠나는 것으로 설정함으로써, 불륜은 순간적인 감정에 그친다고 보았다. 이러한 설정은 이혼을 부정적으로 받아들이고 있는 집단의 역동이 반영되어 나타난 것이다.

다음은 3회기 소시오드라마에 참가한 집단원의 소감이다.

〈표 5〉 3회기 이혼에 대한 생각과 소감나누기

성명	이혼이란? (그림 or 글로 표현)	소 감	편안한 역할 & 불편한 역할
강			역할: 불륜녀-자녀1-이웃2 이혼녀의 역할을 할 때, 성이 달라서 힘들었다고 함. 성역할에 대한 경계가 분명함
	아이는 외톨이가 되어, 주위 사람들로부터 손가락질 당하는 것을 그림. 아이의 처지를 헤아리고 있음	이혼에 대해 알게 되어 재미있음	
달			역할: 이웃1-이혼녀-자녀1 평소에 책임이 무거운 상황임. 평소와 다르게 책임감에서 벗어날 수 있어서 좋았음
	이혼은 천둥 번개를 맞아 가정이 파괴되는 것임	소시오드라마에 대한 '감'을 잡음	
물	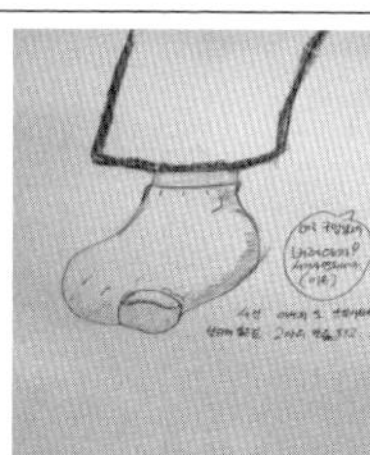	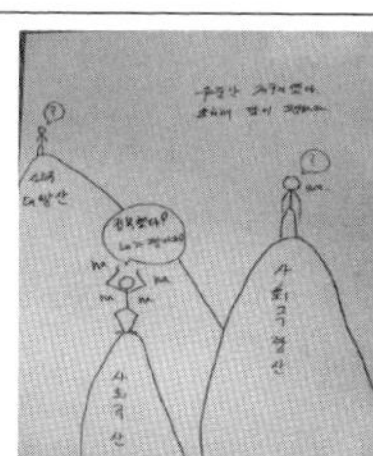	역할: 자녀2-이웃1-이혼남 역할교대를 하면서 새로운 것을 느낌. 자신에 대해 반성하게 됨
	이혼은 낡은 양말을 버리듯 타인에 대한 배려가 없는 것임	자신이 최고라고 생각했는데 다른 사람의 존재감을 느끼게 됨	

불	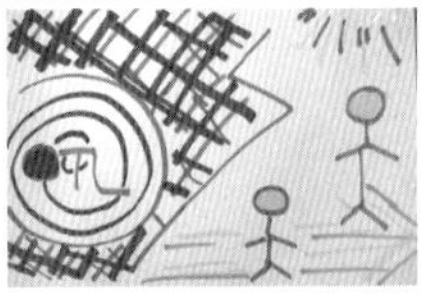		역할: 이혼녀-이웃2-불륜녀 불륜녀와 이혼남에게 직접 욕하고 비웃는 역할을 함. 비난받던 입장에서 비난하는 입장이 되어봄
	이혼을 밝은 세계와 단절된 절망으로 봄	거울은 빛의 각도에 따라 사물이 달라보이듯 이혼을 바라보는 것도 각도에 따라 다름	
산	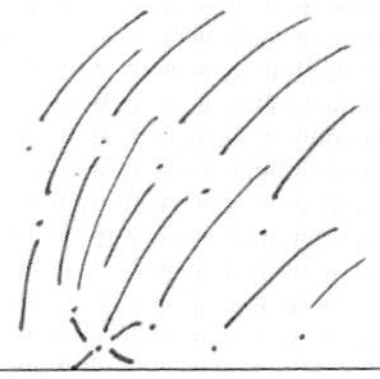	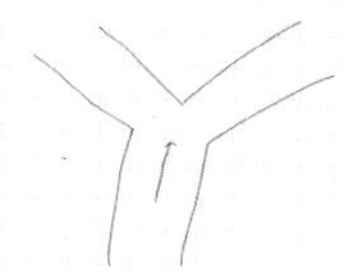	역할: 이웃2-불륜녀-자녀2 이웃 역할을 할 때, 제일 편했음
	이혼은 비오는 날처럼 암울함. 이혼에 대해 부정적인 생각을 가지고 있음	갈림길처럼 혼란스러움	
별	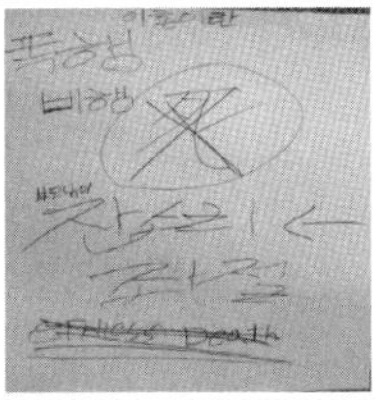		역할: 자녀1-이혼남-이웃1 자녀 역할이 제일 편했음
	이혼으로 생활이 방탕해지고, 자녀 비행으로까지 이어짐	아무 것도 없는 절망임	
해	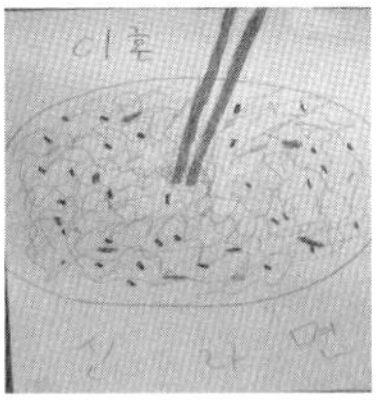		역할: 이혼남-자녀2-이혼녀 이혼녀 역할이 좋았음
	이혼은 라면으로 끼니를 때우는 생활을 연상시키는 실패한 인생임	아이들은 천둥 번개치는 것과 같은 좌절과 막막함을 느낌	

〈표5〉와 같이, 그림 그리기와 글쓰기 형태로 이루어진 나누기에서 '이혼'은 상당히 부정적으로 표현되었다. 집단은 이혼이라는 단어를 듣고, 파괴·버림·단절·암울·타락·실패·아이의 막막함 등을 연상했다. 단어의 성격은 공통적으로 어두운 색채를 띠고 있는 것으로 보아, 집단원의 '이혼'에 대한 생각은 사회적 편견을 그대로 답습하고 있는 것으로 드러났다. 또한 '산·별·해'는 이웃 역할과 자녀 역할을 하며 편안함을 느꼈다고 하는 것으로 보아, 익숙한 역할에 편안해 하는 것으로 나타났다. 이웃역할을 한 '강'과 '불'은, 공감나누기에서 이혼한 사람에 대해 '대놓고 수근거리다' 보니, 이혼한 사람의 심정을 알게 되었다고 했다. '물'은 '역할을 바꾸니 새로운 느낌이 난다'고 했다. 이처럼 역할교대를 통해 '나'에게만 머물던 세계가 '너'에게로까지 확장됨으로써, '너'를 수용할 수 있게 한다(윤일수, 2012: 102). 이처럼 소시오드라마는 역할교대를 통해 다른 사람이 되어봄으로써. 다른 사람의 아픔을 헤아리도록 하는데 탁월한 효과가 있었다. 그 결과 이혼한 사람에 대한 편견을 경감시킬 수 있었다. 이것은 '너'와 '나'의 역할교대를 통해 '참만남'이 이루어짐으로써 '너'와 '나'의 경계가 허물어져 세계를 새롭게 바라보게 되었음을 의미한다.

2) 마음 담기

4회기는 소시오드라마를 두 편 실연했는데, 그중 하나는 외도로 인한 이혼에 관한 것이고, 다른 하나는 가정폭력으로 인한 이혼에 관한 것이다. 한국가정법률상담소의 이혼관련 상담 통계에 의하면, 2003년도 이혼사유는 성격차이 45.3%, 배우자 부정 7.4%, 신체적 정신적 학대 4.3%라고 한다(신영화, 2005: 129). 또한 인천여성의 전화에 의하면, 6개월간 이루어진 상담 중, 구타상담 20.37%, 외도상담 16.44%를 차지하고, 구타와 외도가 병행하는 상담도 20.60%를 차지한다고 했다(김예숙, 1994: 250). 외도와 가정폭력은 구체적으로 드러나는 주요 이혼 사유이므로, 두 가지 이혼사유를 소재로 삼아 소시오드라마를 했다. 진행방법은 집단원별로 역할을 정한 뒤, 각자 자신의 역할을 즉흥적으로 연기하도록 하는 형식이다. 소시오드라마가 진행되는 과정에, 필요에 따라 디렉터가 개입하여 역할교대·거울기법·독백 등을 사용했다.

먼저, 외도가 원인이 되어 이혼한 사례이다.

〈표 6〉 4회기 외도로 인한 이혼 소시오드라마 내용 및 진행과정

4회기 Ⅰ	첫 장면	역할교대1	역할교대2	역할교대3
이혼녀	솔: 사랑을 찾아 떠남, 그동안의 힘듦에 대해 위자료를 청구함	강: 남편이 노름을 해서 그렇다고 함, 남편의 호소에 마음이 짠해짐 *거울: 남편에게 정이 떨어지니까 애원해도 마음이 안 감	솔: 불륜남을 사랑하기 때문에 남편의 애원에도 마음이 안 흔들림, 좋아하는 사람은 속으로 생각이 남	물: 잘못된 선택으로 인한 결혼으로 많이 울었고 힘들었음, 남편에 대한 미움을 토로함, 남편에게 불쌍하니 집착하지 말라고 충고함, 원래 감정까지 사라지게 함

이혼남	강: 부유함, 아내에게 무심함, 빚을 아내에게 떠넘김	솔: '니가 쓰는 돈 내가 벌어왔다.'며 자신의 역할을 강조함, 체면이 손상된다고 이혼을 안 해줌, 불륜을 저지른 아내가 돌아오면 받아줄 것임, 미안하고 사랑하고 있음 *거울기법: 아내를 사랑하니까, 초라해보여도 잡고 싶음	물: 외도는 누구나 할 수 있는 실수니, 지나왔던 시간을 생각해서 돌아오길 바람 *진짜 울 것 같음, 아내가 불륜남을 사랑하는 지극함에 폭탄이라도 던지고 싶음, 아내에게 폭력을 가함 해: 평생 아내한테 맞추며 살았는데 어떻게 해야할 지 모르겠음	솔: 아내와의 결혼생활이 행복했음, 돌아오면 받아주겠음, 자신이 부족한 8을 채운다면 아내와 합칠 수 있을 것 같음 *관객: 합칠 수 없을 것 같음
불륜남	물: 남편이 아내에게 소홀했던 부분을 채워줌, 애인이 자신의 아기를 가졌기 때문에 결혼해야 함	물: 이혼녀를 향한 남편의 애틋함에 눈물이 남 *나를 믿어주고 사랑해주고, 그러는 게 고맙고 죽을 때까지 같이 살았으면 좋겠음	솔: 행복하게 해줄 수 있음	물: 행복하게 해줄 수 있음

앞서 살펴본 2-3회기의 피드백에서 지적되었듯이, 이혼녀는 지나치게 당당하고, 과도하게 위자료를 청구하는 양상을 보였다. 그런데 4회기에 접어들면서 이혼녀는 더 이상 결혼생활에 집착하지 않고 사랑을 찾아서 떠나는 것으로 변했다. 또한 위자료도 명분이 분명한 부분에 대해서만 청구하는 당당함을 보였다. 3회기의 소시오드라마에서, 집단은 이혼을 연상시키는 것으로 초라·단절·방탕

·비난 등의 단어를 들었지만, 4회기에 접어들면서 선택·새 출발이라는 단어를 들었다. 이러한 결과는 집단의 이혼에 대한 생각이 상당히 긍정적으로 바뀌었다는 것을 나타내는 것이다.

또한 종전까지 외도하는 쪽을 남편으로 설정했는데, 4회기에서는 외도하는 쪽을 아내로 설정했다. 또한 종전까지 외도는 순간적인 감정이라는 시각이었으나, 4회기에서는 외도 역시 진지한 감정일 수 있다는 시각으로 바뀌었다. 재판이혼제도는 혼인법에 근거하여 외도한 배우자와 배우자의 외도상대를 단죄하고 있다(김예숙, 1994: 254-255). 그런데 남편과 외도 상대여성은 혼인법보다 사랑이 우선한다는 가치관을 가지고 있고, 법적 부인은 사랑보다는 혼인법이 우선이라는 가치관을 가지고 있다(김예숙, 1994: 256). 이처럼 가치관 차이에서 비롯된 문제를 행위화로 해결방안을 모색하도록 하는 것이 소시오드라마다. 통찰은 행위를 하면서 일어나기 때문에(Patricia Sternberg et al., 1999: 52), 행위를 하지 않는 상태에서 알 수 없기 때문이다. 종전까지 집단원들은 이혼한 사람들에게 규격화된 잣대를 들이대며 비난했으나, 소시오드라마를 통해 이혼한 사람의 역할을 해봄으로써, 이혼한 사람들의 감정을 그대로 느끼게 되었다. 그 결과 이혼한 사람도 그 나름대로 사연이 있으므로, 그 자체를 존중해주어야 한다는 감정을 가지게 되었다. 진화심리학자에 따르면, 남성은 다른 남성의 유전인자를 물려받는 자녀에게 투자하는 손실을 막기 위해 파트너의 성적 외도를 경계하며, 여성은 자신이나 자녀양육에 필요한 자원 손실을 막기 위해 파트너의 정서적 외도를 경계한다고 한다(고원경·양동욱·윤가현,

2010: 165). 배우자의 외도에 대한 분노·스트레스·상처 등은 관계의 질에 위협을 느끼는 데서 오는 반응이라는 것이다(고원경 외, 2010: 164). 이런 관점에서 보았을 때, 소시오드라마에서 외도한 남편이 비참한 결말을 맞도록 설정하는 것은, 부도덕함에 대한 응징이기도 하지만, 배우자의 심리상태를 반영한 것으로 나타난다. 또한 4회기 초반, 남편은 체면손상을 이유로 이혼할 수 없다는 입장이었으나, 후반으로 가면서 아내에게 소홀했던 것에 대한 미안한 마음을 갖고 애정을 표현하는 것으로 바뀐다. 그 과정에 남편역을 맡았던 '물'은 여러 차례 눈물이 난다고 호소했다. 이것은 '물'이 완전히 남편 역에 몰입하여, '물'과 '남편'과의 경계가 모호해진 것에서 비롯되었으며, 남편 역할에서 아내와의 경계가 모호해져 아내가 느끼는 감정을 그대로 느낀 것에서 비롯되었다. 이처럼 소시오드라마는 진행과정에 다양한 사람과 역할교대를 통해, 상대의 입장이 되어봄으로써 그 사람을 이해하게 되고, 그것을 통해 문제를 해결할 수 있는 방안을 찾을 수 있다.

나누기는 실연에서 탐색된 문제들에 대한 대안적 해결책이 나타나는 시기다. 다양한 해결책들을 선택하는 기준이 우리의 성격특성과 대인관계 유형에 따라 다르다는 것을 깨달음으로써 참여자들은 사람들 사이의 차이점들에 대해 더 관대해진다(Patricia Sternberg et al., 1999: 48). 소시오드라마를 실연해 본 결과, 집단원은 이혼을 쌍방의 책임으로 보게 되었고, 그 결과 배우자를 사랑하는 마음과 용서하는 마음을 갖는 것이 이혼을 예방하는 것이라는 결론을 도출해냈다. 즉, 이혼은 나쁜 것이라는 시각에서 벗어나,

이혼도 선택이므로 존중해주어야 한다는 시각으로 바뀐 것으로 나타난다.

두번째 소시오드라마는 가정폭력으로 인한 이혼문제를 다룬다. 가정폭력이란 가정구성원 사이의 신체적· 정신적 또는 재산상 피해를 수반하는 행위나(가정폭력 범죄의 처벌 등에 관한 특례법 제2조 제1호) 그 폭력성으로 국가 개입이 불가피하게 된 경우를 지칭한다(김인선·이금옥, 2005: 79). 가정폭력으로 인한 이혼문제를 다룬 소시오드라마의 내용은 다음과 같다.

〈표 7〉 4회기 가정폭력으로 인한 이혼 소시오드라마 내용 및 진행과정

4회기II	첫 장면	역할교대1	역할교대2
남편	해: 집에 왔을 때 술이 없으면 욱하고 성질이 올라가 폭력을 가함	해: 아내에게 위자료를 못 주겠다고 함	솔: 아내가 달려드니 짜증난다고 함, 아내에게 나가라고 함 솔: 전업주부들이 직업이 없어서 이혼 못하는 게 답답함 강: 배운 것도 없는 데 고마워해야 한다고 함
아내	달: 돈이 없어서 어쩔 수없이 맞고 산다고 함 *억울해요, 자꾸 감정이 올라와 역할 못함, 다른 역할로 교체함	솔: 나갈 수 있게 돈을 달라고 함, 남편보고 나가라고 함	해: 남편의 음주행위를 비난함, 온몸에 멍이 듦, 죽고 싶고 매일매일 긴장하고 삶, 남편에게 술이 깨면 들어오라고 함 솔: 가정폭력 상황에서 벗어날 수 없는 것을 창피해함, 남편이 협조를 안 해줌, 반복됨 * 남편·자식·돈 자랑만 하는 친구에게 마음을 터놓지 못 함, 아내를 못 믿는 남편, 아빠에게 맞아서 얼굴이 엉망인 아이
아이	솔: 아빠가 술 마시고 들어와서 다른 사람에게 피해준다고 생각함	솔: 조용함	솔: 조용함

이웃	강: 집값 떨어진다고 비난함, 옆집사람이 이혼한다고 소문 냄	강: 섬세해짐	상담사(물): 내담자가 감정이 격한 상황인데 멈추게 하는 방법을 몰라서 때리고 싶다고 함 *기법 모름, 컨트롤 못함, 변하고 싶도록 하는 방법을 모름, 스스로 변하고자 하는 욕구가 없는 사람을 끌여 들여야 하는 것이 어렵다고 함

〈표7〉과 같이, 가정폭력으로 인한 이혼을 다룬 소시오드라마에서 배역을 맡은 사람은 모두 자신의 입장만 주장하고 있다. 상담사 역을 맡았던 '물'에 의하면 '내담자가 감정이 격한 상황인데 멈추게 하는 방법을 몰라서 때리고 싶었다.'고 한다. 또한 역할교대2에서 남편 역을 맡은 '솔'이 '아내가 달려드니 짜증난다.'고 했다. 이러한 현상으로 보았을 때, 폭력은 의사소통이 원활하게 일어나지 않는 상황에서 문제해결을 위해 동원되는 경향이 있음을 알 수 있다. 즉 의사소통의 미숙함에서 비롯되는 것이다. 문화이론에 따르면 가정폭력의 주 원인은 가부장적 태도, 보수적 성향 때문이라고 한다. 그중 아내에 대한 폭력은 가부장적 문화와 여성의 낮은 사회적 지위 때문에 발생한다는 것이다. 또한 피해자인 여성에게 구타원인을 찾으려는 피해자 유발론에 의하면, 갈등 상황에서 아내의 무시, 말대꾸 또는 자극적인 대화패턴이 폭력을 자극한다는 것이다(김미애, 2011: 190-191). 이러한 현상으로 봤을 때, 문제해결을 위한 의사소통 기술훈련이 필요한 것으로 나타났다.

마지막으로 협동화그리기 나누기에서 대부분의 집단원들은 각자 자기 앞에 있는 공간만을 활용하여 그림을 그렸다.

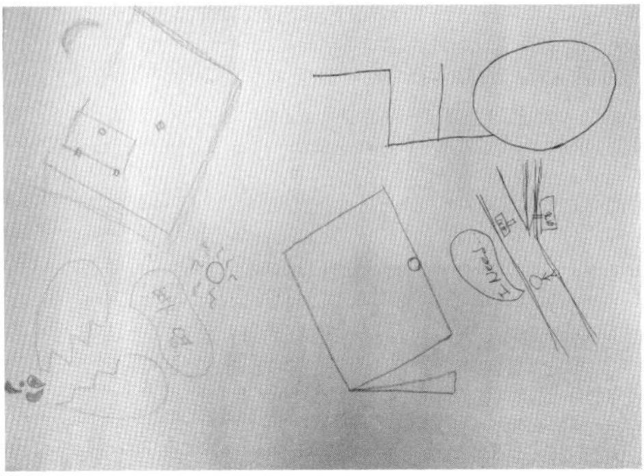

〈그림 15〉 4회기 이혼에 대한 생각 협동화

〈그림15〉에서 알 수 있듯이, 집단원 중에서 다른 사람의 그림에 덧그림을 그린 사람은 '물'과 '강' 두 사람뿐이다. '물'은 '강'의 깨어진 하트에 붉은 핏방울을 그렸으며, '강'은 구멍뚫린 벽을 사이에 두고 '물'이 그린 '해' 반대편에 '반달'을 그렸다. '물'이 깨진 하트에서 핏방울이 떨어지는 모습을 그린 것은 '강'의 아픔을 함께 느낀다는 공감의 표현이다. 또한 '강'은 벽 너머에 '해'가 떠있는 것을 보고, 벽 반대편에 '반달'을 그려 넣었는데, '반달'로 대치될 수 있는 인물과 소통하고자 하는 소망을 반영하는 것이다. 이러한 현상으로 보아, 몇몇 집단원은 소시오드라마를 통해 '너'와 '나'의 경계를 무너뜨리고 있는 것으로 드러났다.

다음은 집단원별로 그린 그림은 다음과 같다.

〈표 8〉 4회기 이혼에 대한 생각 및 소감나누기

성명	찬성 & 반대	단어+글	진단
	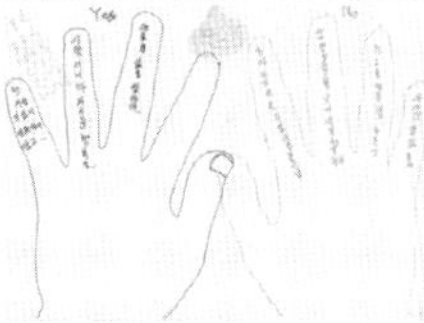		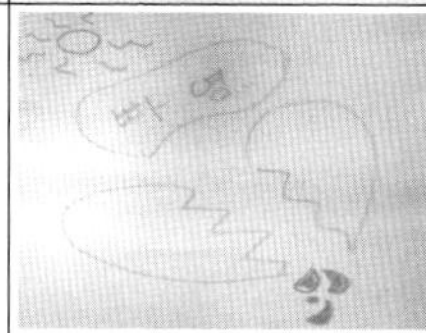
강	Yes(왼): 한 사람의 삶이 영원하지 않고… 사람이니까 자신의 행복을… 새로운 삶을 찾아야… No(오): 혼자 나가서 살 수 없다는 불안감 집안의 생활 보다 밖에서의 권위 학교 동창들의 자존심 아이의 양육문제	단어: 알코올릭, 여자, 도박, 게임중독, 싫증 글: 하지 말아야 할 것들…	보라색: 깨어진 하트 이혼은 사랑이 깨진 것으로 보며, 사랑을 깨지 않기 위해 조심해야 한다는 생각을 가지고 있음 '물' 첨가: 많은 희생이 따를 것 같아 피를 그림
		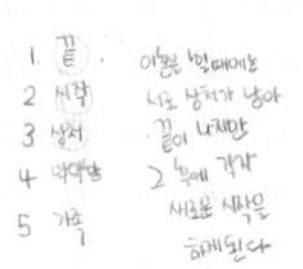	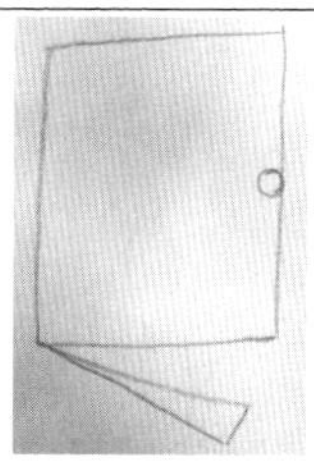
달	해야 되는 이유(왼): 1. 인간의 기본적인 권리·존엄성 이런 게 하나도 지켜지고 있지 않다. 2. 계속 살면 여자가 제 풀에 못 이겨 병 얻는다. 3. 남편이 평생 저 잘 난 줄 알고 산다. 4. 애도 배우는 게 없다. 안 해야 되는 이유(오):	단어: 1. 끝 2. 시작 3. 상처 4. 막막함 5. 가족 글: 이혼을 할 때에는 서로 상처가 남아 끝이 나지만 그 후에 각자 새로운 시작을 하게 된다.	검정: 문 열린 문을 통해 새로운 곳으로 나아갈 수 있음을 보여주는 것으로 보아, 이혼을 긍정적으로 받아들이고 있음

	1. 경제적 2. 앞으로 사람들의 시선을 어떻게 받고 살 것인지 3. 살다보면 괜찮아지겠지		
	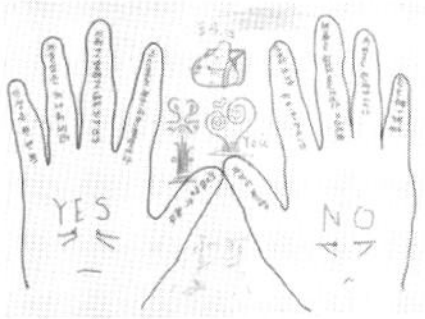	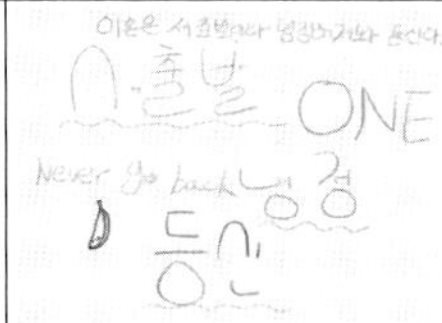	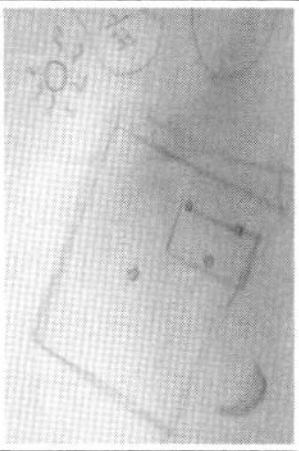
물	YES(왼): 인생은 한번뿐 자존심은 개나 줘 버려 이러고 살려고 태어난 거 아냐 스스로도 부끄러운 줄 알아라 엄마 생각 해라 NO(오): 자식이 불쌍 그나마 나니까 저 인간과 산다 변화는 쉽게 오는 게 아냐 기다려 봐 희망은 언제나 있다 위기는 위험+기회이다.	단어: 새 출발, ONE, Never go back, 냉정, 등신 글: 이혼은 새 출발이다 냉정해 봐 등신아	빨강: 담장과 문 담장과 문에 구멍을 뚫어 놓고 내다볼 수 있도록 만듦으로써, 이혼을 새로운 출발로 보고 있음 '강'의 추가분: 보라색 반달
솔	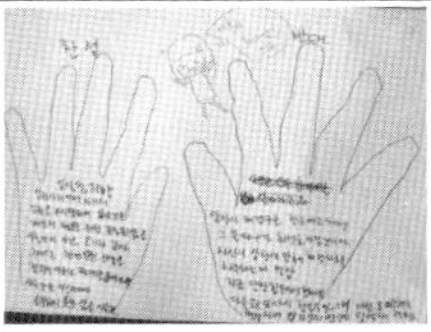	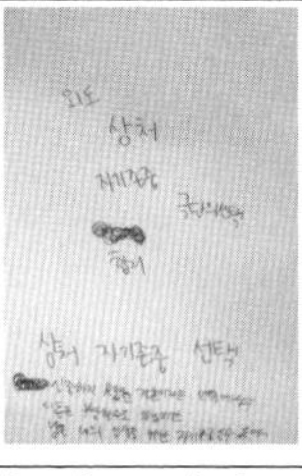	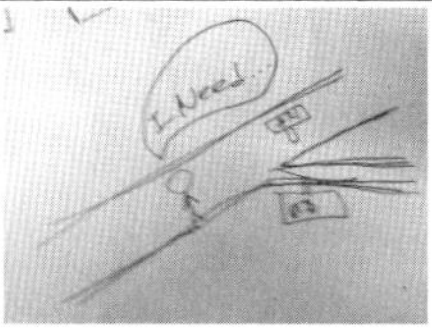
	찬성(왼): 평등지향. 인	단어: 외도, 상처, 자기	보라: 갈래길에선 사람

	간사회에서 자기의 인권을 무시당하며 사는 것은 개인의 행복을 위한 존중된 삶을 사는 것이 아닌 포기와 같다. 그러므로 한번뿐인 인생을 헛되이 이유와 핑계를 붙여가며 사는 것은 자신에게 솔직하지 못한 삶을 사는 것 반대(오): 당장의 해결구를 찾는다고 해서 그 돌파구가 최선은 아닐 것이다. 자신의 상황에 맞추어 해결하도록 노력하는 게 정답. 지금 당장 힘들어서 벗어나도 다른 일로 또다시 힘들 수 있으니 매번 도피보다는 해결하며 자신의 현실에 당당해져야 함.	존중, 극단의 선택, 합리글: 신중하지 못했던 결혼이라는 선택에서의 이혼은 부당할 수도 있겠지만 남은 나의 인생을 위한 자기존중일 수 있다.	의 'I Need…' 나그네가 갈래길을 선택할 수 있듯이 이혼도 선택으로 봄으로써 긍정적으로 받아들임
	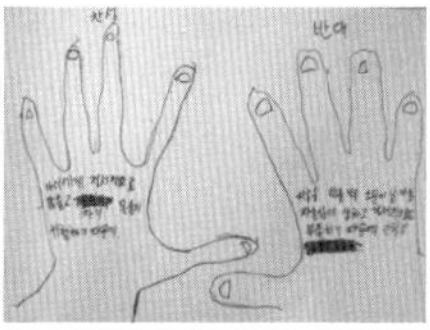	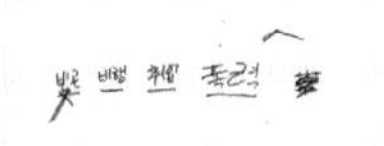	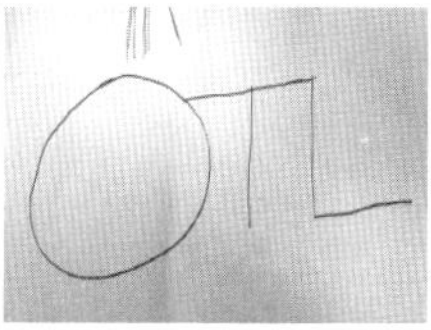
별	찬성(왼): 아이에게 정서적으로 안 좋고 자기 목숨이 위험하기 때문에 반대(오): 이혼을 했을 경우 소문이 날까 봐 자존심이 상하고 경제적으로도 부족하기 때문에 안 될 것	단어: 빈곤. 비행, 취업, 폭력	검정: OTL 이혼을 좌절로 표현함으로써 부정적으로 보면서도 이혼에 찬성하는 양가감정을 보임

해		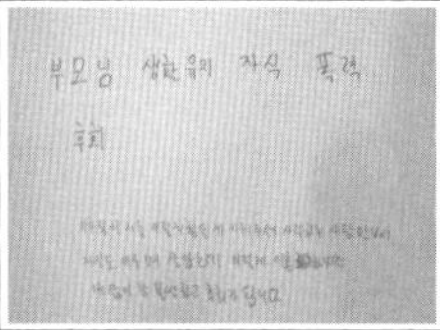	
	이혼×(왼): 이웃에 눈치가 보이고 이렇게 가정 폭력으로 이혼하게 됐다는 사실들이 탄로났을 때의 나는 이렇게 웃지도 울지도 못하는 표정. 만남도 못하는 다른 세계에 있을 것 같습니다. (살고 있지 않은 상태) 이혼○(오): 눈치가 보이고 나의 인생에 큰 상처로 남을지라도 이제부터라도 이혼해서 다른 사람들처럼 가족끼리 외식도 가고 친구들도 만나서 '나 이제 정말 행복하다.'라고 말해주면서 떳떳한 사람으로 살고 싶습니다.	단어: 부모님, 생활유지, 자식, 폭력, 후회 글: 부모님이 저를 이렇게 힘들게 키워주셔 사랑하는 사람 만나서 자식도 키우며 살았는데 이렇게 이혼하니깐 내 삶이 참 불쌍하고 후회가 됩니다.	형광: 빛과 그림자 이혼을 그림자로 표현함으로써 부정적으로 보고 있음

〈표8〉과 같이, 이혼에 관한 찬반을 묻는 나누기에서, 집단원 대부분[강·달·물·솔·별]이 왼손모형에 이혼에 찬성하는 이유를 적고, 오른손모형에 이혼에 반대하는 이유를 적었다. 예외적으로 '해'는 오른손모형에 이혼에 찬성하는 이유를 적고, 왼손모형에 이혼에 반대하는 이유를 적었다. 집단원들은 대체로 이혼에 찬성한다는 입장이었는데, 왼손에 이혼에 찬성하는 내용을 적은 것으로 보아 오른손/왼손의 긍정/부정의 의미보다, 그것을 어느 손으로 행하는가에 더 큰 의미를 부여하고 있는 것으로 나타났다.

집단원의 이혼에 찬성하는 이유와 반대하는 이유는 다음과 같다. 먼저, 이혼에 찬성하는 이유는, 행복과 새로운 삶 찾기·기본권 존중받기·한번 뿐인 삶·평등지향·떳떳한 삶 등과 같이 행복한 삶과 존중받은 삶을 위해 이혼을 한다는 경우도 있고, 목숨 위험·자식에게 정서적 악영향을 미침 등과 같이 어쩔 수 없는 선택인 경우도 있었다. 반면, 이혼에 반대하는 이유는 양육문제·경제적 문제와 같이 현실적인 문제로 이혼을 반대하거나, 타인의 시선·자존심 손상과 같이 외부적인 이유로 이혼을 반대하거나, 배우자에 대한 연민·해결책 모색과 같이 상대에 대한 애정[연민]이나 상황개선에 대한 희망으로 인해 이혼을 반대하고 있었다.

두번째, 집단원들은 이혼을 연상시키는 단어와 문장으로, 이혼의 원인이 되는 것[강], 이혼하려는 상황[달·물·솔], 이혼한 상황[별·해] 등을 적었다. '강'은 이혼을 부정적으로 생각하고 있는 것으로 나타났으며, '달'과 '물'은 부정적으로 생각하지만 동시에 새로운 시작이라고 생각하고 있는 것으로 나타났고, '솔'은 부정적으로 생각하지만 이혼도 선택임을 인정하는 것으로 나타났다. 이처럼 집단원은 소시오드라마를 이혼을 부정적으로만 보지 않고, 열린 시각으로 보려는 자세를 가지게 된 것으로 드러났다.

집단원의 그림은 메시지의 성격에 따라, 부정적·중립적·긍정적인 것으로 나누어 볼 수 있다. 먼저, 부정적인 것으로 '강·달·별'은 깨진 하트·검은 문·OTL(좌절을 의미하는 이모티콘) 등을 그려, 사랑이 깨어짐·힘듦·좌절 등을 표현했으며, '솔·해'는 갈래길·빛과 그림자를 그려, 선택의 문제임을 표현했고, '물'은 코르크 마개가 달린 담장과 해를 그려 희망을 표현했다. 아직까지 이혼을 부정적인 것으로 받아들이는 집단원도 있지만, 그중 일부는 이혼도 하나의 선택이며, 새로운 출발로 받아들이고 있다. 이러한 양상은 3회기까지 이혼을 부정적으로 보던 사고가 대체로 긍정적으로 바뀌고 있는 것으로 보아, 이혼에 대한 편견이 경감되고 있다. 그렇지만 '별'은 'OTL(좌절)'을 그린 것으로 보아 이혼에 대한 편견이 경감되지 않은 것으로 나타난다. 이것은 현재 자신이 처해 있는 상황에서 오는 불안한 심리를 반영하고 있는 것으로 드러난다.

3) 마음 키우기

5회기는 재판극 형식의 소시오드라마 두 편과 토론극 형식의 소시오드라마 한 편을 실연했다. 재판극 형식의 소시오드라마·Ⅰ은 아내가 이혼을 원하는 상황이고, 재판극 형식의 소시오드라마·Ⅱ는 남편이 이혼을 원하는 상황으로 설정했다.

먼저, 재판극 형식의 소시오드라마·Ⅰ의 내용은 다음과 같다.

〈표 9〉 5회기 재판극 형식의 소시오드라마Ⅰ 내용 및 진행과정

재판1	상황	진행1	진행2
남편	아내를 구타함	다른 집도 똑같이 싸움	매일 밤 폭력을 행사함, 아내가 바람을 핌, 아이 때문에 이혼 못함 *이웃에서 시끄럽다는 항의가 있음
아내	남편에게 맞음	월급의 50%를 양육비로 지급할 것을 요구함	의처증이 있음 검: 남편과 둘째 아이가 정신장애 있음, 들어볼 필요도 없음

재판극 형식의 소시오드라마 · I 은 아내가 바람을 폈다는 이유로 이혼위기에 이른 상황이다. 한국여성개발원(2000)이 발표한 가정폭력의 사회적 통념에 대한 조사결과에 의하면, 남편들은 폭력의 원인을 아내 탓으로 돌리는 경향이 있으며, 아내들은 남편의 가정환경에서 그 원인을 찾는 경향이 있다고 한다(이경숙, 2006: 218). 다시 말하면 가정폭력이 일어나는 상황은 서로에게 책임을 전가하기 때문에 발생한다는 이야기다. 〈표9〉와 같이, 소시오드라마는 '부부'가 '서로'의 기대를 충족시키지 못하는 것으로 표현되었다. 이것은 '나'의 기대나 잣대에 '너'가 부응하지 못하는 것에 대해 '나'가 분노감정을 느끼기 때문에 발생하는 것이다. 이처럼 이혼하는 사람은 문제 상황에 직면했을 때 그것을 해결하는 태도에 미숙함이 있는 것으로 나타났다.

다음, 재판극 형식의 소시오드라마·Ⅱ의 내용은 다음과 같다.

〈표 10〉 5회기 재판극 형식의 소시오드라마Ⅱ 내용 및 진행과정

재판2	상 황	진행1	진행2
남편	무역 일때문에 만나는 사람을 바람폈다고 아내가 오해함	아내가 맞바람을 핌, 아내구실을 못함, 게임중독에 빠져있음, 게임 정모에서 부킹함, 호텔증거사진 제출함	아내와 이혼하고 싶음, 아내와 나이 차이가 많이 남, 아내가 집안일에 소홀함
아내	다른 여자와 바람폈기 때문에 절대 이혼 못 해줌	맞바람피지 않았음, 게임할 줄 모름, 남편이 출장이 잦아서 쌍둥이 남동생과 같이 살고 있음 *해석상의 오류가 발생해서 조율이 안 되었음 -쌍둥이 남동생과 호텔에 갔음 -사진 속 인물은 내가 아니라 쌍둥이 동생임	우울증이 심해서 외로움을 달래기 위해 게임을 했고, 집안 일을 소홀히 함

재판극 형식의 소시오드라마·Ⅱ에서 남편과 아내는 모두 자신에게 잘못이 없다는 입장이다. 두 사람은 각각 자신의 성(城) 안에 살면서 타인이 자신의 성으로 들어오지 못하게 밀어내고 있다. 그러다 보니 상대방의 말을 자기 나름대로 해석하여 의사소통에 문제가 발생했다. 사람들이 피해자를 자신과 다른 동물들처럼 다루는 것은, 바로 그 피해자들이 진짜로 그러한 동물이 되었기 때문이다(Alain Badiou, 2001: 18~19). 바꾸어 말하면, 상대의 존엄성을 인정하지 않고, 타자화시킨다는 의미다. 따라서 역할교대를 통해 상대방의 입장이 되어봄으로써, 상대방의 입장을 헤아리게 됨으로써, 문제해결을 위한 방안을 찾을 수 있을 것이다.

다음은 토론극 형식의 소시오드라마이다. 토론극[토론연극]은 보알(A. Boal)이 발달시킨 연극 방법이다. 토론극[토론연극]은 관객이 연극의 줄거리 전개와 그 연기에 직접 간섭한다. 따라서 일상에서 벌어지는 수많은 갈등에 대한 리허설로 토론극이 활용된다(강진우, 2011: 394~395). 본 프로그램에서 토론극 형식의 소시오드라마는 이혼을 원하는 쪽과 이혼을 반대하는 쪽으로 나누어, 각 편은 자신의 입장을 주장하는 형태로 진행되었다. 구체적인 내용은 다음과 같다.

〈표 11〉 5회기 토론극 형식의 소시오드라마 내용 및 진행과정

이혼 찬성	이혼 반대
남편(강): 아내는 게임중독에 빠져, 정모 때 만난 사람과 외도함 남편(불): 나이 차이 많이 나고 집안일 안함 남편(불): 무역 일 때문에 바빠서 아내를 돌볼 시간이 없음. 앞으로도 회사 일로 바쁠 것이므로 아내를 위해 이혼을 원함, 다른 사람 만나길 바람 남편(불): 내쫓는 것이 아니라 위자료 2억 줌 남편(불): 아내는 우울증이 너무 심함 남편(불): 아내 23살로 아직 젊음 남편(학): 처음부터 싫었음	아내(달): 남편 부유함, 20살 많아 만족시켜주지 못함, 늦게 귀가함, 공부하고 싶음, 반감금 생활을 함, 이혼에 대한 안 좋은 시선 때문에 이혼 거부함, 어린 나이에 결혼한 탓에 외로움 때문에 우울증이 생김. 대안으로 게임을 하다 보니 집안일을 소홀히 함, 20대초에 이혼녀가 됨, 내쫓기는 상황임, 돈이 중요한 것이 아니라 삶이 중요함, 아내(솔): 아내에게 필요한 것은 남편의 사랑과 관심임, 돈으로 살 수 있은 것이 아님, 해결해 나갈 문제임, 아내(달): 정신착란이 일어났다고 남편이 저를 버리는 것임 아내(솔): 바라는 것은 남편의 태도지 돈이 아님 아내(달): 어린 여자와 결혼했으면 책임을 져야지, 시들해졌다고 떠나겠다는 것은 용납 못함 아내(솔): 나를 어린애로 봐서 이혼 요청하는 것은 옳지 못함

〈표 11〉과 같이, 토론극 형식의 소시오드라마는 재판극 형식의 소시오드라마보다 이혼에 대한 책임을 상대방에게 전가하고, 자신의 입장만 내세우는 양상이 좀 더 강하게 나타났다. 상대방을 입장을 이해하려는 자세가 없는 상황에서는, 문제해결을 위한 방안을 이끌어낼 수 없다는 것을 극명하게 보여주고 있다. 그 결과 디렉터는 재판극 형식의 소시오드라마와 토론극 형식의 소시오드라마에

서 집단원들로 하여금 이혼으로 인해 발생할 수 있는 갈등을 해결할 방안을 모색하도록 유도하지 못했으며, 프로그램이 억눌린 감정을 분출하는 수준에 머무는 결과를 가져왔다.

5회기에 대한 나누기는 다음과 같다.

〈표 12〉 5회기 이혼에 대한 생각 및 소감나누기

성명	지 점 토	설 명	진 단
강	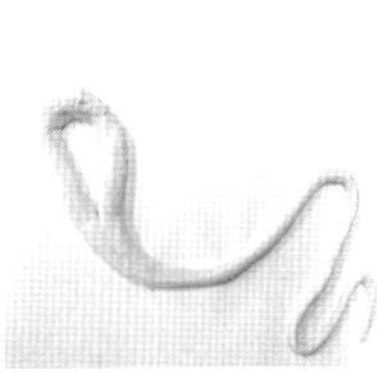	쌍두뱀이 뇌가 두 개임. 몸은 붙어있는데 내 의견이 좋니 네 의견이 좋니 하며 자기를 따라오지 않는다고 서로 잡아먹는 것. 결국 어느 한쪽이 잡아먹히는데 자기가 자기를 먹는 것임	이혼은 서로에게 피해를 주는 것으로 보고 있음
달	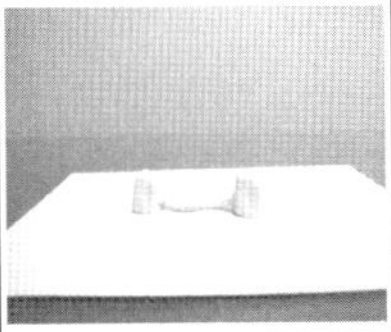	이혼을 강자와 약자 관계라고 파악함. 목소리 큰 사람이 유리하다고 봄	이혼을 힘의 논리로 이해하고 있음
불	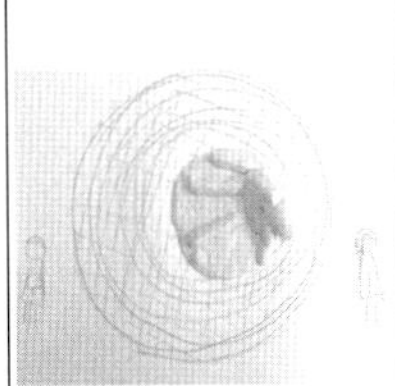	부모 입장만 생각해서 이혼을 하니까, 아이는 심장이 뚫려 있고, 몸은 붙어 있지만 사지가 떨어져 나간 것으로 표현함. 붉은색은 피, 골뱅이를 점점 안쪽으로 가는 것으로 그려 답답한 것을 표현함. 부모가 있는 바깥은 하늘색으로 칠함. 서로 외면하고 있음	이혼으로 인해 상처받는 아이의 처지를 표현함
산	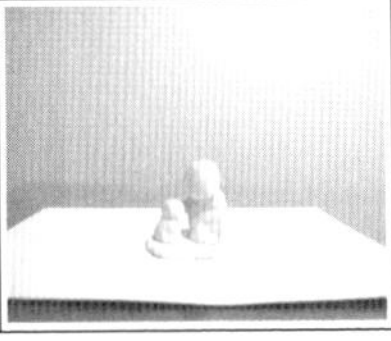	혼자서 감당해야 되는 것으로 표현함	이혼을 홀로서기로 받아들임

솔		집을 그림. 두 사람은 정답을 알고있음. 서로 맞닥뜨리고 싶지 않아 소홀해지니까 식물이 말라죽음. 서로에게 물을 주는 것은 어려운 일이 아닌 데 감정이 시들해져 있음	서로에게 관심을 갖고 애정을 표현하면 해결될 수 있는 것으로 봄
별	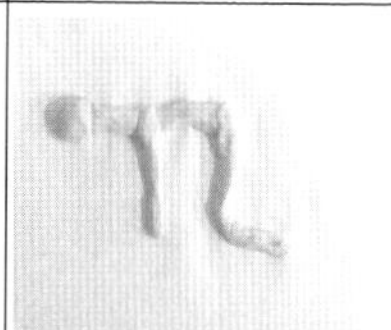	부모님이 이혼하면 재혼할 때가 있을 것임. 재혼을 하더라도 안 좋은 기억이 남을지 몰라 안 좋았음	부모님의 이혼으로 좌절한 아이의 심정을 표현함
해	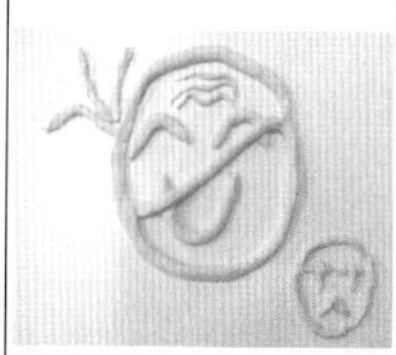	표정만 표현 했는데, 아내는 웃는 모습인데도 웃지 못하는 것임. 처음에는 좋아서 결혼해 행복하게 지내다가 나중에는 웃지 못하는 것을 표현함, 작은 것은 아기인데 엄마 아빠가 떨어지는 것에 대한 아기의 감정을 표현함	이혼을 부정적으로 받아들이며, 이혼으로 상처받게 된 아이의 심정을 표현함

〈표 12〉와 같이, 이혼에 대한 이미지를 지점토로 만드는 나누기에서, 대부분의 집단원은 이혼을 배우자나 가족과의 관계 속에서 파악했다. 구체적으로 살펴보면, '강'과 '달'은 자신을 보호하기 위해 상대에게 배려해야 한다고 보며, '불'과 '솔'은 상대를 살리기 위해 배려해야 한다고 본다. 바꾸어 말하면, 상대방을 생각하고 배려하는 마음이 있다면, 이혼문제가 발생하지 않을 것이라는 입장이다. 그 외에 '산'과 '해'는 자식과의 관계를 표현함으로써, 자식이 받을 상처에 무게를 두고 있었으며, '별'은 시종일관 'OTL(좌절)'로 표현함으로써 자신의 문제에서 벗어나지 못하고 있었다.

이처럼 집단원 중 일부는 5회기에 걸쳐 소시오드라마에 참여하면서 이혼에 대한 편견이 상당히 사라졌으며, 이혼도 선택이라는 수용적인 자세를 가지게 되었다. 구체적으로 언급하면, '불'은 프로그램 초반에는 엄마가 이혼했다는 사실에 속박되어 있었으나, 프로그램이 끝난 뒤에는 재혼했다는 사실에 무게를 두게 되었다. 더 이상 과거 상처에 연연하지 않고, 현재 상황에 의미를 두었다. 이러한 현상은 소시오드라마를 통해 이혼에 대한 사회의 편견에서 자유로워진 데서 비롯된 것이다. 또한 '달'은 프로그램의 초반에 부모의 이혼 사실을 밝히지 않았으나, 프로그램이 끝난 뒤에는 부모의 이혼 사실을 밝혔다. 이러한 현상 역시 부모의 이혼으로부터 '달'이 자유로워졌기 때문에 가능했다. 반면, 부모가 별거상태에 있는 '별'은 나누기에서 시종일관 'OTL(좌절)'로 일관했다. 이혼위기에 처해 있는 부모의 영향으로 인해 소시오드라마 프로그램에 '별'의 이혼에 대한 편견을 경감시키는 데 도움이 되지 못한 것으로 나타났다.

4. 소시오드라마 실연의 성과

본고는 대학생들을 대상으로 이혼에 대한 편견을 경감시키고자 하는 목적에서 이루어진 소시오드라마를 연구대상으로 삼았다. 따라서 프로그램 참가자와 일반 대학생들의 이혼에 대한 생각을 비교해 보았다. 질문 내용은 다음과 같다.

질문1: 이혼한 사람은 성격에 문제가 있다.

질문2: 이혼은 개인적인 문제 때문이다.

질문3: 이혼은 성장과정의 문제 때문이다.

질문4: 이혼 후 가장 큰 어려움은 경제문제다.

질문5: 이혼한 사람은 또 이혼한다.

이상의 질문을 선정하게 된 이유는 다음과 같다. 질문1은 이혼 사유 중 '성격차이'(여성=12.8%, 남성=23.7%)가 가장 큰 비중을 차지하기 때문이다(공정자 외, 2005: 565~566). 질문3은 질문1과 관련되는 것으로, 아내들이 가정폭력의 발생원인을 남편의 가정환경에서 찾는 경향이 있기 때문이다(이경숙, 2006: 218). 질문2는 질문1과 질문3과 대립되는 것으로 이혼이 개인문제가 아니라 사회문제라는 관점이다. 질문4는 IMF이후 경제문제로 인한 이혼이 4배 이상 증가했다는 것을 반영한 것이다(신영화, 2005: 130). 질문5는 이혼에 대한 편견을 알아보기 위해 선정했다. 참가자들에게 다섯 가지 질문에 대해, 전혀 그렇지 않다 1점, 대체로 그렇지 않다 2점, 보통이다 3점, 대체로 그렇다 4점, 항상 그렇다 5점 등으로 표시하게 했다.

본 연구를 위한 설문조사는 2011년 후반에 대학생을 대상으로 조사했으며, 조사분석은 SPSS 20을 사용했다. 조사대상은 총 441명으로 남성 170명, 여성 271명이다.

질문별 응답 내용은 다음과 같다.

〈표 13〉 '이혼에 대한 생각' 질문별 응답결과

	N	합계	평균		표준편차
	통계량	통계량	통계량	표준오차	통계량
질문1	439	1291.00	2.9408	.04764	.99824
질문2	439	1389.00	3.1640	.04493	.94143
질문3	439	1149.00	2.6173	.04815	1.00876
질문4	440	1282.00	2.9136	.04486	.94099
질문5	439	1114.00	2.5376	.04522	.94739

이처럼 각 문항별 응답평균은 질문1(2.94), 질문2(3.16), 질문3(2.61), 질문4(2.91), 질문5(2.53) 등으로 질문1·질문2·질문4 등이 평균(2.83)보다 높게 나타났고, 질문5가 가장 낮게 나타났다. 즉, 이혼한 사람은 성격에 문제가 있으며, 이혼을 개인문제로 보며, 이혼 후 가장 큰 어려움은 경제문제라는 데 동의하는 비율이 높았다. 이에 비해 이혼한 사람은 또 이혼한다는 데 동의하는 비율은 낮았다.

다음은 본인이 처한 가정환경과 이혼에 대한 생각과의 상관관계를 살펴보았다. 가정환경은 부모결혼유지, 부모이혼, 부모사별, 기타(부모별거) 등으로 나누었더니, 부모결혼유지[405명], 부모이혼[23명], 부모사별[6명], 기타(부모별거)[4명], 결측값[1명] 등으로 나타났다.

그 결과는 다음과 같다.

〈표 14〉 가정환경과 이혼에 대한 생각의 상관관계

질문1	질문2
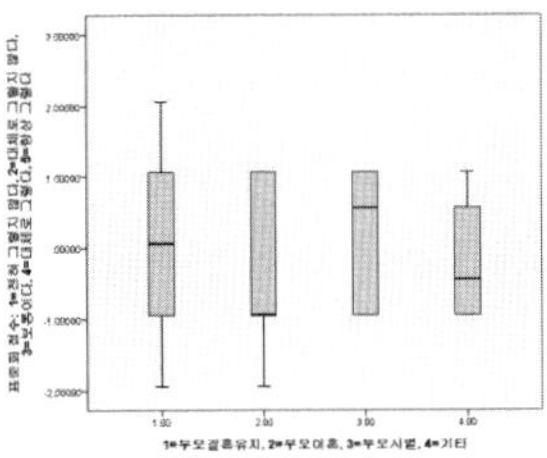	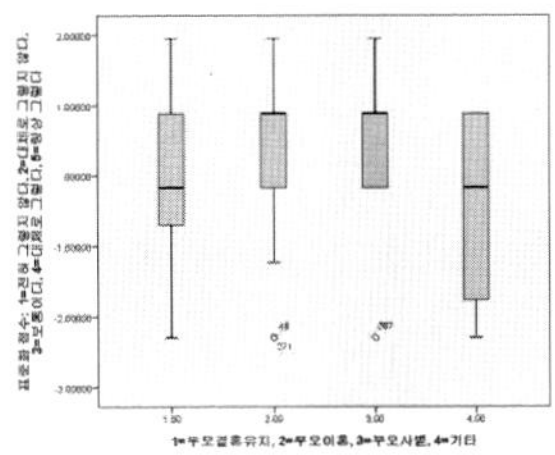
질문3	질문4
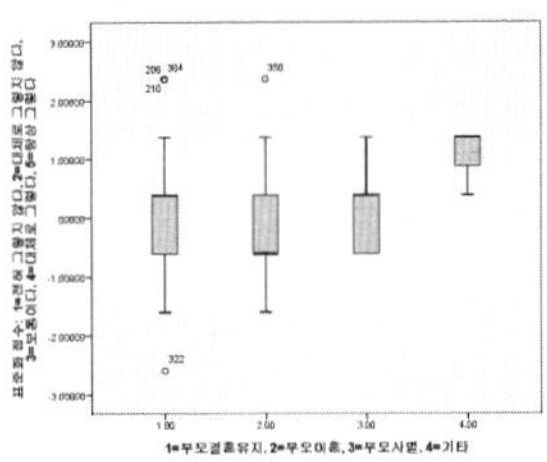	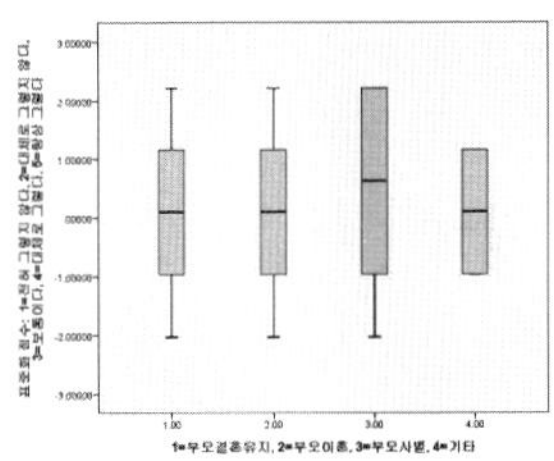
질문5	
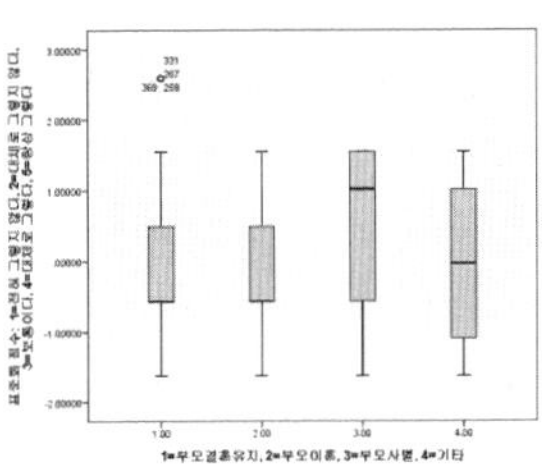	

먼저, 질문1로 '이혼한 사람은 성격에 문제가 있다.'는 항목이다. '부모결혼유지'는 중위수를 기준으로 고른 균형잡힌 분포를 보이는데 비해, '부모이혼'과 '부모별거'는 중위수보다 높은 수치에 집중적으로 분포되어 있다. 반면 '부모사별'은 중위수보다 낮은 분포

를 보이고 있다. 이러한 결과로 보아, 부모가 이혼을 했거나 별거 중인 경우 '이혼한 사람은 성격에 문제가 있다.'고 보는 것으로 나타났다.

둘째, 질문2로 '이혼은 개인적인 문제다.'는 항목이다. '부모결혼유지'는 이혼을 개인적인 문제로 보는 비율이 중위수보다 높은 데 집중되어 있고, '부모이혼'과 '부모사별'은 중위수보다 낮은 데 편중되어 있다. '부모별거' 또한 중위수보다 낮은 데 높은 분포를 보이고 있다. 이러한 결과로 보아, '부모결혼유지'를 제외한 '부모이혼', '부모사별', '부모별거' 등은 이혼이 개인적인 문제가 아니라고 보는 것으로 나타났다. 즉, 사회문제라고 보고 있었다.

셋째, 질문3으로 '이혼은 성장과정의 문제 때문이다.'는 항목이다. '부모이혼'은 모두 중위수보다 높은 데 편중되어 있는데 비해 '부모결혼유지', '부모사별', '부모별거' 등은 모두 중위수보다 낮은 데 편중되어 있다. 이러한 결과로 보아 '부모이혼'만 이혼을 성장과정의 문제로 보고 있었다.

넷째, 질문4로 '이혼 후 가장 큰 어려움은 경제문제다.'는 항목이다. '부모결혼유지', '부모이혼', '부모사별', '부모별거' 등 모든 집단이 중위수를 중심으로 균형잡힌 분포를 보였다. 즉, 이혼 후 가장 큰 문제가 경제적 문제라고 보는 사람과 경제적 문제가 아니라고 보는 사람이 비슷한 분포를 보이고 있다.

다섯째, 질문5로 '이혼한 사람은 또 이혼한다.'는 항목이다. '부모결혼유지'와 '부모이혼'은 모두 중위수보다 높은 데 편중되어 있는데 비해, '부모사별'은 중위수보다 낮은 데 편중되어 있으며, '부모별거'는 중위수를 기준으로 비슷한 분포를 보이고 있다. 이러한 결과로 보아, '부모결혼유지'와 '부모이혼'만 이혼한 사람은 또 이혼한다고 보고 있다.

집단원들이 소시오드라마에 참가하기 전후, 이혼에 대한 편견이 경감되었는지를 살펴보았다. 참가자 중 사전·사후 검사에 모두 응한 사람은 '강·달·물·불·별' 5명이다. 그 내용은 다음과 같다.

〈표 15〉 집단원의 '이혼에 대한 생각' 사전·사후

		대응차			t	자유도	유의확률(양쪽)
		평균	표준편차	평균의 표준오차			
질문1	사전-후	.20000	.44721	.20000	1.000	4	.374
질문2	사전-후	.80000	1.64317	.73485	1.089	4	.338
질문3	사전-후	-.60000	.89443	.40000	-1.500	4	.208
질문4	사전-후	.00000	.70711	.31623	.000	4	1.000
질문5	사전-후	.00000	.70711	.31623	.000	4	1.000

		N	상관계수	유의확률
질문1	사전 & 사후	5	.986	.002
질문2	사전 & 사후	5	-.408	.495
질문3	사전 & 사후	5	.600	.285
질문4	사전 & 사후	5	.	.
질문5	사전 & 사후	5	.808	.098

이처럼 모집단의 평균과 비교해보면, 질문1[모집단 평균 2.94/ 사전검사3.40 / 사후검사 3.20], 질문2[3.16/ 3.40/ 2.60], 질문3[2.61/ 2.20/ 2.80], 질문4[2.91/ 4.00/ 4.00], 질문5[2.53/ 2.60/ 2.60] 등과 같이 표본집단은 질문1[성격에 문제 있음], 질문4[경제적 어려움], 질문5[또 이혼] 등이 사전·사후 모두 모집단 평균보다 높게 나타났으며, 질문2[성장과정에 문제 있음]는 사전검사에서 모집단 평균보

다 높았으나 사후검사에서는 모집단 평균보다 낮게 나타났다. 따라서 표본집단이 모집단보다 질문2를 제외한 문항에서 높게 나타나, 표본집단의 편견이 모집단보다 높게 나타났다. 그렇지만 이것은 이혼문제를 다룬 소시오드라마 프로그램에 참가함으로써, 이혼한 사람들이 겪는 편견에 대해 민감해졌기 때문이다.(사생활 보호에 대한 경각심을 자각시키기 위한 영화치료 내지 영화감상에 참가한 사람들이, 프로그램에 참가하기 전보다 '떠도는 소문을 화제로 삼은 정도'가 증가하는 것으로 나타났다. 이러한 현상은 영화감상 직후에 바로 사후검사를 실시해서 다른 요인이 끼어들 겨를이 없었음을 고려해볼 때, 다른 사람의 이야기를 화제로 삼는 것에 대한 자각이 높아졌기 때문에 나타난 현상이다. 이혼에 대한 편견이 높아진 것도 그런 자각에서 비롯된 현상과 같은 의미다. (윤일수, 2011: 197)) 이러한 현상은 앞서 언급한 바와 같이, 부모가 결혼생활을 유지하는 집단보다 부모가 이혼[별거]한 집단에서 이혼에 대한 편견이 더 높게 나타난 것과 같은 의미다. 본고는 표본집단의 표본수가 작고, 프로그램이 종료된 지 6개월 후에 사후검사를 실시한 까닭에 역사적인 요인이 개입했을 가능성도 있어서 신뢰성이 떨어지지만, 모집단과 비교집단이라는 점에서 의미를 찾는다.

참고문헌

1. 단행본

강진우, 『마당 교육극의 정립과 실천』, 연극과 인간, 2011.

최헌진, 『사이코드라마 이론과 실제』, 학지사, 2003.

Alain Badiou, *L' ÉTHIQUE: Essai sur la conscience du Mal*, Paris: Hatier. 1993(이종영 역, 『윤리학』, 서울: 동문선. 2001)

Gilles Deleuze,·Félix Guattari, *Mille Plateaux: capitalisme et schizophrénie* 2, Paris: Les Éditions de Minuit 1980(김재인 역, 『천개의 고원』, 새물결출판사. 2003)

Patricia Sternberg & Antonina Garcia, *SOCIODRAMA: WHO'S IN YOUR SHOES?*, Westport, Ct, USA: Greenwood Publishing Group. 1989 (조성희·김광운 역, 『소시오드라마를 통한 우리들의 만남』, 학지사. 1999)

2. 논문

고원경·양동욱·윤가현, 「외도에 대한 질투 및 죄책감에서의 성차: 진화심리학 vs 사회문화이론」, 『사회과학연구』, 21권 2호, 충남대학교 사회과학연구소, 2010, 163-181쪽.

공정자·구훈모·조성숙, 「'성격차이'와 이혼」, 『2005년도 한국사회학회 전기사회학대회』, 한국사회학회, 2005, 563-584쪽.

김미애, 「가정폭력 유발원인의 척도개발 연구」, 『지역사회연구』, 19권 2호, 한국지역사회학회, 2011, 187-209쪽.

김수정, 「이혼 남성과 여성이 이혼협상 과정에서 경험한 이혼 갈등에 관한 연구」, 『신학과 목회』, 20집, 영남신학대학교, 2003, 413-445쪽.

김예숙, 「외도-결혼제도의 그림자인가」, 『철학과 현실』, 22호, 철학문화연구소, 1994, 250-264쪽.

김인선·이금옥,「가정폭력의 실태와 대책-전남 동부지역을 중심으로-」,『교정연구』, 27집, 한국교정학회, 2005, 79-96쪽.
신영화,「이혼 전 상담에 대한 탐색적 연구」,『상황과 복지』, 21집, 비판과 대안을 위한 사회복지학회, 2006, 121-154쪽.
옥선화·남영주·강은영,「이혼자들의 이혼 인식에 관한 질적 연구」,『한국가정관리학회지』, 24권 1호, 한국가정관리학회, 2006, 223-235쪽.
윤일수,「사생활 보호에 대한 경각심을 자각시키기 위한 영화치료 사례연구-강석범 감독의 〈정승필 실종사건〉을 중심으로-」,『한민족어문학』, 58집, 한민족어문학회, 2011, 169-208쪽.
윤일수,「사이코드라마의 개입과 효과」,『드라마연구』, 37집, 한국드라마학회, 2012, 1-31쪽.
이경숙,「가정폭력 보도의 틀 짓기 분석-연예인 가정폭력사건 보도를 중심으로-」,『한국방송학보』, 20권 1호, 한국방송학회, 2006, 211-248쪽.

※ 이 글은 필자의 논문「이혼에 대한 편견을 경감시키기 위한 소시오드라마의 활용」(『공연문화연구』 25집, 2012.8.30)을 수정·보완한 것이다.

부록

> 안녕하십니까? 설문조사에 응해주셔서 감사합니다. 본 설문지는 '이혼에 대한 사회적 인식'을 조사하기 위한 목적으로 실시하는 것입니다. 또한 본 연구 이외의 다른 목적으로 활용하지 않을 것임을 약속합니다. 강원대학교 인문과학연구소 HK사업단 HK연구교수 윤일수 드림 (yoon9525@hanmail.net, ☎ 010-6866-9525)

♠ 인적사항

1. 성별 : ① 남 ② 여
2. 연령 : (세)
3. 전공 : ( )대학 ( )학과
4. 가족 : ① 부모결혼유지 ② 부모이혼 ③ 부모사별 ④ 기타 ( )

♠ 다음 문항들을 읽고, 자신의 생각과 같다고 생각되는 문항에 체크한 후, 그 이유를 적으시오.

번 호	질 문	전혀 그렇지 않다	대체로 그렇지 않다	보통이다	대체로 그렇다	항상 그렇다
1	이혼한 사람은 성격에 문제가 있다.					
	이유:					
2	이혼은 개인적인 문제 때문이다.					
	이유:					
3	이혼은 성장과정의 문제 때문이다.					
	이유:					
4	이혼 후 가장 큰 어려움은 경제문제다.					
	이유:					
5	이혼한 사람은 또 이혼한다.					
	무엇:					

Ⅲ 재사회화와 인문치료

재소자 대상 스토리텔링 인문치료의 사례와 가능성

여성결혼이민자의 치유의 글쓰기

미혼모의 긍정성 향상을 위한 인문치료

재소자 대상 스토리텔링 인문치료의 사례와 가능성

이 민 용

1. 글을 시작하며: 활동의 필요성과 목적 및 목표

이 글에서는 교도소의 재소자를 대상으로 스토리텔링 인문치료를 했던 사례를 밝히려고 한다. 교도소라는 폐쇄된 공간에서 재소자라는 특별한 신분의 사람들을 대상으로 인문치료를 했던 것이기 때문에 일반 상담치료 현장과는 다른 특수한 제한점들이 있다. 재소자들에게는 독서를 통한 취미활동과 같은 다른 활동의 이름으로 자연스럽게 접근하는 것이 보통이다. 그래서 그들에게 일반 상담치료의 형식에 맞는 사전사후 검사나 치료활동을 드러내놓고 펼치기는 어렵다. 이 글에서는 재소자들에게 자연스럽게 접근하여 활동한 결과물로서 스토리텔링 인문치료의 사례를 밝히고 그 가능성에 대해 다루기로 한다.

사회는 갈수록 복잡해지고 그 속에서 갈등도 많아진다. 사람들이 물질과 욕망의 노예가 되는 경우도 줄지 않고 있다. 이런 가운데에서 범죄는 날이 갈수록 증가하는 추세에 있다. 경찰청 통계에 따르면 2011년에 우리나라에서 발생한 범죄는 무려 175만 2,598건이었고 그 중에서 78.9%인 1,382,463건, 1,902,722명이 검거되었다고 한다. 이 가운데에서 구속자는 1.3%인 2만 4689명이다. 인구 대비 범죄 발생 건수도 30년 전에 비해 3배 가까이 증가하였다. 21세기에 들어와서도 범죄 발생은 2001년 1,860,187건에서 2008년 2,063,737건으로 꾸준히 증가하였지만 그 이후 지속적으로 감소하여 2011년에는 앞서 말한 범죄 발생 건수로 범죄가 발생하였다고 한다. 그러나 이것은 주로 범죄 발생에서 가장 많은 비율을 차지하는 교통범죄의 발생이 줄었기 때문이며 강력범죄와 절도 범죄는 지속적으로 증가하는 추세에 있으며 폭력범죄와 지능범죄는 2007년부터 2009년까지 증가하였다가 일시적으로 2010년 잠깐 감소했지만 2011년 다시 증가했다.

2011년의 경우 검거된 범죄자 1,815,233명 중에서 전과가 없는 초범이 그 중의 53.1%인 964,589명이고 전과자가 46.9%인 850,644명이라고 한다. 강력범죄에서는 전과자 비율이 54.1%이다. 전과자의 경우 1범이 23.9%, 2범이 16.4%, 3범이 12.3%, 4범이 9%이지만 5범 이상이 38.5%로 제일 많아서 상습 범죄가 제일 큰 비중을 차지하고 있는 것으로 나타났다. 2011년 조사에 따르면 교정시설 출소자의 3년 이내 재복역률은 22.3%이었으며 2012년 조사에서는 22.2%였다고 한다. 이런 점에서 재소자들을 대상으로 인문학을 치유적으로 활용함으로써 이들이 교도소에서 우울증이나 좌절감 등을 떨쳐버리고 건강한 삶의 의지를 굳게 다지고 새롭게 변화된 인성으로 출소해서 다시는 범죄를 저지르지 않아서 본인과 사회 모두에 도움이 될 수 있도록 할 필요가 있다.

그런데 재소자들은 일반인들과는 다른 특성을 가지고 있다고 볼 수 있다. 그래서 재소자들의 심리적 특성을 잘 이해하고 거기에 맞는 방법으로 치유적으로 접근해야 할 것이다. 재소자들은 크게 보아 범죄인의 특성과 수감자의 특성을 모두 가지고 있다. 범죄자의 공통적인 심리 특성으로는 이기적이고 반사회적인 성향, 낮은 자아 존중감, 감정이나 욕구의 표현 능력 부족, 인간관계 능력 부족, 자기통제력 결여, 공감과 이해 능력 부족, 신경증적 경향 등을 들 수 있다. 한편 재소자들은 범죄의 대가로 형기를 채우기 위해 폐쇄된 공간에서 통제를 받으며 살아 갈 수밖에 없다. 그래서 그들에게서는 수감자의 특성도 찾아볼 수 있다. 이러한 수감자로서의 특징으로는 수동적 비주체적 사고, 부정적 사고와 정서, 낮은 자아 존중감과 낙인감, 폭력성, 신경증적 경향, 성관계 문제 등이 있다.(서경숙, 2010: 8-17).

이러한 재소자들의 특성을 잘 고려하여 그들의 부정적인 면과 그들이 안고 있는 심리적 문제의 구조를 잘 개선해 줄 필요가 있다. 그래서 그들이 사회에 나가서 다시 범죄를 저지르지 않아서 사회와 시민들에게 피해를 끼치지 않고 본인들도 교도소에 재수감되어 자유를 박탈당하는 일이 생기지 않도록 하는 것이 재소자 대상 인문치료의 목적이 될 것이다.

필자는 2012년 10월부터 8주 동안 00교도소에서 재소자들을 대상으로 스토리텔링 인문치료 활동을 하였다. 인문치료는 인문학 정신으로 인문학을 통하여 인문학적인 방법으로써 치료하는 것이며, 스토리텔링 치료는 인문학의 기본 바탕을 이루는 내러티브의 치유적 속성을 마음 건강과 삶의 행복에 활용하는 방법이다. 그 구체적 내용을 이러한 활동의 근거를 이루는 이론과 방법, 활용 자료들과 함께 다음 장에서 논의해보기로 하되, 우선 스토리텔링 인문치료의 배경이 되는 내러티브의 치유적 속성과 그 활용 이론에 관해 살펴보자.

2. 이론적 배경

사람들은 태어나서 유아기 때는 부모와 나눈 이야기를 통해, 그리고 좀 더 커서부터는 친구를 비롯한 세상 사람들과의 이야기를 통해 세상을 이해하고 설명하며 자신의 정체성을 정립한다. 이런 면에서 인간은 '호모 나랜스 Homo Narrans (이야기하는 사람)'라고 할 수 있다. 우리는 예로부터 이야기를 통해 세상을 이해하고 정보를 얻었으며 삶의 의미와 가치를 찾았다. 사람들은 자신의 이야기를 내면에 품고 그것을 삶의 시나리오로 삼아 거기에 근거해서 세상을 살아간다고 볼 수 있다. 그래서 사람들은 내면에 받아들이고, 내면에 심고, 내면에서 발전시키는 이야기가 무엇이고 어떠한가에 따라 자신의 삶이 달라질 수 있다. 그런가 하면 이야기는 사람들이 삶의 행복을 위해 특히 마음의 문제들을 해결하고 마음의 고통을 치유하는 데에도 중요한 역할을 하여왔다.

그런데 이야기(narrative)에 관한 학문인 서사학(narratology)에서는 내러티브를 스토리(story)와 서사담화(discourse) 두 층위로 나눈다. 스토리가 이야기의 짜임새 있는 줄거리로서 이야기의 핵심 내용이며, 인물·사건·모티프·시간·공간 등을 기본 요소로 하는 것이라면, 서사담화는 스토리를 이야기로 표현하는 것으로서 구체적인 인칭과 시점, 관점, 심리적 거리, 표현하는 시간·장소 등을 기본 요소로 하고 있다. 우리가 내면에 품고 삶의 강을 건너는 견인줄로 삼는 마음속 자기 스토리(I-stories, self stories)는 마음속에 하나만 있는 것이 아니고 여럿 있을 수 있으며, 그 중에는 그 사람의 정신을 지배하는 스토리도 있고 마음속 어느 구석에서 약화된 형태로 있는 스토리도 있다. 그래서 어느 사람이 건전하고 건강한 삶을 살기 위해서는 내면의 지배적 스토리가 건강하고 튼튼한 것이어야 한다. 우리는 세상에서 나아갈 때 잡초, 가시덤불, 자갈, 바위가 있는 곳보다는 주로 길이 있는 곳을 따라 인생길을 간다. 이때 이런 인생의 오솔길 같은 것이 이야기 스토리이다. 세상을 안내하는 오솔길 같은 역할, 마음이 흐르는 수로(水路)와 같은 기능을 하는 것이 마음속 이야기의 스토리이다.

앞에서 범죄인의 심리적 특성으로 반사회적인 성향, 낮은 자아존중감 등을 언급했었는데 범죄인에게는 내면의 자기 스토리가 바로 이러한 경향을 나타내는 근원 같은 역할을 한다고 볼 수 있다. 범죄인이 주로 이기적이고 반사회적이라는 것은 그의 내면을 지배하는 스토리가 이기적인 스토리, 반사회적인 스토리이기 때문이다. 내러티브(이야기, 서사)는 스토리가 구체적인 맥락에서 구체적인 매체를 통해서 표현된 것이다. 이런 면에서 보면 범죄인의 삶은 범죄인이 내면에 품고 있는 자기 스토리가 구체적인 현실에서 구체적인 행동을 통해서 표현된 것이라고 할 수 있다. 그래서 여기서 범죄인의 삶이 하나의 내러티브라면 그의 내면에 품고 있는 자아정체성, 자기 이미지, 신념, 각오 등은 그의 삶에서 핵심 줄거리로 제시되는 스토리라고 할 수 있다. 그래서 인생의 오솔길을 갈 때, 어느 길을 가느냐 하는 것도 중요하다. 인생의 함정이나 나락으로 떨어지지 않을 길을 찾아 가는 것이 중요하다. 이럴 때 어느 길이 좋은지는 자기 내면의 수많은 길에서 발견하는 것이 중요하고, 외부에서 추천받아 발견할 수도 있을 것이다. 치유적 스토리의 인문학과 치유적 서사담화 방식을 통한 스토리텔링 인문치료가 필요한 이유가 여기에 있다.

한편 인생의 오솔길을 갈 때, 어느 길을 가느냐 하는 것도 중요하지만, 같은 길을 가더라도 어떻게 가는가 하는 것도 중요하다. 같은 인생 길을 가더라도 무엇에 쫓긴 듯 허겁지겁 헉헉대며 가면서 넘어지고 다른 사람들을 치고 밟고 가는 것과 다른 사람들과 어울려 길가의 꽃과 나무들을 즐기며 행복하게 가는 것은 아주 다르다. 같은 스토리를 표현하더라도 서사담화가 중요한 이유가 여기에 있다. 이것은 같은 스토리라도 시로 표현할 때와 만화로, 연극으로, 영화로, 뮤지컬로 표현했을 때 구체적인 표현이 많이 달라지는 것과 비슷하다. 이런 면에서 범죄인들의 또 다른 특성인 감정·욕구의 표현 능력 부족, 인간관계 능력부족, 자기통제력 결여, 공감과 이해 능력 부족, 신경증적 경향 등도 인문학을 통해 스토리텔링 프로그램을 진행함으로써 긍정적인 방향으로 극복될 수 있을 것이다.

이야기의 치유적 속성을 체계적인 방법으로 정립하려고 한 것들로는 내러티브 테라피, 서사 중심의 문학치료, 스토리텔링치료가 있다. 이 중에서 스토리텔링치료는 스토리를 텔링하여 치유적 효과를 얻는 것이다. 스토리텔링은 스토리와 텔링으로 나눌 수 있고, 텔링은 다시 디스코스(discourse, 서사담화)와 매체 표현으로 나누어 볼 수 있다. 그리고 스토리는 인물, 사건, 모티프, 시간과 공간 등의 구성요소로, 디스코스는 인칭, 시점과 관점, 심리적 거리, 서술 시간과 서술 공간 등의 구성요소로 다시 나누어 볼 수 있다. 한편, 텔링은 말로 하는 것만을 의미하는 것이 아니라 다양한 방식과 매체로 텔링하는 것을 포함한다. 그래서 스토리텔링치료는 이 스토리텔링의 구성 요소들을 치유적으로 잘 활용하는 방법이다. 이런 면에서 스토리텔링치료에는 물론 이야기 스토리텔링치료가 중심이기는 하지만 시 스토리텔링치료, 사진 스토리텔링치료, 영화 스토리텔링치료, 음악 스토리텔링치료 등도 포함된다고 할 수 있다.

이러한 스토리텔링치료에는 스토리텔링이 치유적 효과로 나아가는 요인이나 원리가 있다. 그것들로는 여러 가지가 있을 수 있지만 특히 필자가 재소자 대상 활동에서 염두에 둔 스토리텔링치료의 원리는 보편성, 객관성, 통찰, 추체험 등이다.

3. 스토리텔링 인문치료 프로그램 활동의 내용

필자가 법무부와 교정기관의 위임을 받아 교도소를 찾아가 재소자들을 만나기 시작한 것은 5년 전부터이다. 처음에는 주로 인성교육 프로그램으로 참여해서 강연의 형식으로 만났다. 그러나 40~50명의 많은 사람들을 대상으로 강의실에서 칠판과 시청각 자료를 통해 교육과 같은 방식으로 하는 활동은 스스로도 기대에 만족스럽지 못했다. 그래서 차츰 보통 10명 내외의 재소자들과 함께 하며, 서로 얼굴을 마주 보며 같이 연결된 테이블에서 직접 대화를 나누면서 프로그램을 진행하는 방식으로 전환하게 되었다. 이 프로그램이 처음 실시되었을 때는 매주 2시간씩 12주 동안 하는 프로그램이었지만 최근에는 8회기 프로그램으로 줄었다. 이러한 활동으로 필자는 몇 차례 남자 재소자들을 대상으로 한 경험도 있지만 이 글에서는 여자 재소자들을 대상으로 실시한 프로그램에 대해 논의하겠다.

대상자들은 00교도소에 있는 재소자 8명이었으며 1년에서 15년까지 다양한 형기를 살고 있는 분들이었다. 이들과 함께 한 프로그램도 8회기 분량의 활동이었다. 이 활동에서 사용한 자료는 톨스토이의 단편인 「사람은 무엇으로 사는가」, 「세 가지 물음」 외에도 동양의 고전인 『장자』·『도덕경』·『채근담』, 심리학 힐링 책으로 유명한 이무석의 『30년만의 휴식』, 스테디셀러인 트리나 폴러스의 『꽃들에게 희망을』, 베스트셀러인 코엘료의 『연금술사』를 다루었다. 이 외에도 이상·윤동주·서정주·도종환·강지연·이해인의 시와 양희은·박강수의 노래를 활용하였다. 그러나 8회기 분량으로는 준비한 자료의 양이 많아서 7, 8회기 때는 여러 자료를 간략하게 핵심만 전달하고 추후에 개인적으로 접근할 수 있도록 안내하는 수준에 머문 경우도 있었다. 8회기 동안의 프로그램에서 전체적으로는 스토리텔링 인문치료의 이론과 방법이 자연스럽게 실현되도록 노력하였다. 개별 자료들 모두 스토리텔링의 핵심인 스토리에 치유적 속성이 많이 들어 있는 자료들을 선정하였고, 이것들을 구체적인 프로그램 활동에서 스토리텔링 인문치료의 방법으로 활용하려고 노력하였다. 각 회기별로 활동 내용을 살펴보면 다음과 같다.

1회기

첫 1회기에는 재소자들과 처음 만나는 시간이어서 우선 활동의 기본 바탕과 분위기를 조성하기 위해 상호 신뢰감과 친밀감을 쌓는 데에 일차적인 목표를 두었다. 그래서 간략한 인사 후에 프로그램을 소개하고 그 취지를 설명하였다. 그리고 종이를 한 장씩 나눠준 후 8회기 동안 모임에서 불리고 싶은 각자의 별칭을 지어서 종이 명패에 적고 그 의미를 설명하도록 해서 서로를 잘 이해하는 시간을 가지려고 했다. 참여자들은 스스로 지은 별칭과 그것을 설명하는 과정에서 이미 나이와 성격, 감정 상태, 심리 상태 등을 잘 드러내주고 있어서 서로의 내면에 품고 있는 자기 스토리들을 이해하는 좋은 출발점이 되었다. 또한 이번 활동에서 얻고 싶은 것에 대해 이야기를 나눔으로써 기대와 공동의 목표를 확인하고 다짐하는 시간을 가졌으며, 지켜야 될 것이라고 생각하는 것에 대해 이야기를 나눔으로써 프로그램을 원활하게 진행하는 데에 필요한 약속들을 자연스럽게 마음에 둘 수 있도록 했다. 그리고 양희은의 노래 〈아름다운 것들〉을 함께 나누었다. 우선 노랫말을 읽어가며 거기에 담긴 아름다운 감성과 스토리를 나누고 함께 노래를 부름으로써 모두가 하나가 되는 분위기를 조성하였다.

이어서 이번 회기의 남은 시간에는 세상을 살아갈 때 신체적 건강과 신체적 근력을 키우는 것에 못지않게 마음의 건강과 마음의 근력을 키울 필요성에 대해 얘기한 후 마음의 회복탄력성에 대해 이야기를 나누었다. 그리고 도서 『회복탄력성』(김주환 저, 위즈덤하우스, 2011)을 소개한 후 그 속의 회복탄력성 검사지를 활용하여 각자 테스트를 하도록 하였다. 테스트가 끝난 다음에는 자신의 점수를 채점한 후 서로 자신의 경우를 이야기하고, 마음의 회복탄력성을 잘 유지할 수 있는 방법에 대해 이야기를 나누었다. 회복탄력성은 자기조절능력, 대인관계능력, 긍정성의 세 가지 점수의 총합이라는 것을 설명하고 자기조절능력에는 감정조절력, 충동통제력, 원인분석력 등이 있으며, 대인관계능력에는 소통능력, 공감능력, 자아확장력 등이 있고, 긍정성에는 자아낙관성, 생활만족도, 감사태도 등이 있다는 것을 설명하였다. 그리고 우리나라 사람들의 회복탄력성 평균점수와 회복탄력성을 높이기 위해 노력해야 하는 점수 및 사소한 부정적인 사건에도 쉽게 영향을 받는 나약한 존재가 되기 쉬운 점수도 알려주었다. 그러면서 회복탄력성을 유지해야할 필요성과 그 방법에 대해 이야기를 나누었다. 앞으로의 활동도 마음의 회복탄력성을 잘 유지하는 것과 관련이 깊다는 이야기를 함으로써 1회기를 종료하고 앞으로의 활동에 방향성 있는 기대를 갖도록 유도하였다.

2회기

이 시간에는 『나의 사직동』(한성옥, 김서정 저, 보림, 2003)이라는 책을 같이 읽어가며 유년시절의 이야기를 나누는 시간을 가졌다. 서울의 사직동에서 살던 어린 주인공이 그 지역이 재개발되면서 함께 정붙이고 살았던 따뜻한 친구와 이웃들을 떠나보낸 후 아파트가 들어서 새롭게 변한 마을에 다시 살게 된 이야기를 같이 따라 읽어 가면서 참여자들이 각자 유년 시절에 간직하고 있던 고향이나 친구, 유년 시절의 경험들을 나누었다. 이어서 유년시절의 고향이나 추억에 관한 그림을 그리도록 한 후 그것을 가지고 서로 이야기와 정서를 나누도록 하였다. 그럼으로써 서로를 이해하고 앞으로 같이 프로그램을 진행할 수 있는 공감대를 마련하도록 하였다. 여자 재소자들이어서 그런지 어린 시절 추억들을 나누는 과정에서 때로는 웃음을, 때로는 눈물을 함께 나누면서 감정표현이 풍성한 방식으로 공감을 나누는 모습이 인상적이었다.

이어서 서정주의 시 〈자화상〉과 윤동주의 시 〈자화상〉, 이상의 시 〈거울〉을 함께 읽고 거기서 마음에 와 닿는 부분을 밑줄로 표시한 후 발표하고 그 이유를 설명하게 함으로써 자신의 근원에 있던 자기 스토리들을 돌아보고 다른 참여자들의 자기 스토리들을 들여다보며 새롭게 서사담화를 펼쳐낼 수 있도록 하였다. 특히 서정주의 시에 참여자들이 많은 반응을 보였다. 이 시를 통해 유년시절과 가족에 대해 서로 풍성한 이야기를 나눌 수 있었기 때문이다. 어느 참여자는 이상의 시에 자극받아서 마음의 거울에 비친 자신에 관한 시를 멋들어지게 지어서 발표하였다. 필자가 참여자들의 시를 받아와서 예쁜 그림이 배경으로 깔린 종이에 깔끔한 글씨체로 입력해서 칼라로 프린트해서 가져다주었더니 참여자 모두 아주 좋아하셨다.

3회기

3회기 때에는 스테디셀러인『꽃들에게 희망을』(트리나 폴러스 글·그림 / 김석희 역, 시공주니어, 2005)을 같이 발췌해서 읽고 피드백과 쉐어링 하는 방식으로 프로그램을 진행하였다. 애벌레들의 사랑과 삶의 의미, 목적도 모르고 서로 짓밟고 올라가는 모습 등을 인생의 의미와 견주어 애기를 나누었다. 미리 배포된 독서시트를 중심으로 내면의 이야기를 끌어내서 작품의 내용과 연관시켜서 이야기 하였다. 나비가 되는 것의 의미에 관해 이야기를 나누었다. 자신과 남을 이끄는 혁명가가 되는 것, 자유로운 인간이 되는 것, 높은 경지의 종교인이 되는 것 등의 의미와 연관시켜 이야기가 오고갔다.

나비가 될 수 있는 힘과 나비가 되는 방법에 대해서도 이야기하였다. 나비가 될 수 있는 힘은 간절히 바라고 행동하는 것이고, 나비가 되는 방법은 사랑하는 사람이나 선각자의 인도에 따르고 자신을 버리고 인내하고, 결단이 필요하다고 애기하였다.

4회기

4회기 때에는 지난주에 발췌해서 같이 읽었던 책『꽃들에게 희망을』에 대한 후속 프로그램을 계속했다. 이 책의 주인공들에 관해 얘기를 나누며, 이 책의 애벌레는 세상에서 누구와 비슷하다고 생각되는지 얘기를 나누었다. 그리고 애벌레들이 서로 짓밟고 올라가는 기둥의 의미는 무엇인지, 그 기둥의 꼭대기에는 무엇이 있었는지에 관해 서로 얘기를 나누었다. 기둥 꼭대기에 있다고 세속적인 애벌레/인간들이 생각하는 돈, 권력, 명예 등에 관해 얘기를 나누었다. 그리고 이러한 애벌레들의 세상을 초월하는 자유로운 존재가 된 나비에 관해 의견을 나누었다. 고양된 삶을 사는 존재가 되는 길을 애벌레가 나비가 되는 길과 비교하며 논의했다.

이 책에서 감명 깊게 읽었거나 가슴에 와 닿은 구절에 대해 발표하며 얘기를 나누었다. "꼭대기에 오르려면 (상대방을 짓밟고) 기어오르는 게 아니라 날아야 하는 것이었습니다"와 같은 구절들을 서로 나누었다. 줄무늬 애벌레와 노랑 애벌레의 관계를 삶의 이상이나 고양의 측면으로 보는 것 외에 남녀의 사랑, 인간과 인간의 사랑의 관점에 살펴보고, 이와 연결해서 도종환의 시 〈벗 하나 있으면〉과 강지연 시집의 〈이런 사람이 내게도 있었으면 좋겠다〉를 함께 읽고 피드백하고 쉐어링했다.

5회기

이 시간에는 지난주에 나누어 주었던 도종환의 시 〈벗 하나 있었으면〉에 대한 개작시 쓰기를 하였다. 각자 희망하는 벗과 같은 사람으로 애인, 남편, 삐에로, 마음의 상처에 약 발라주며 “다시는 아프지 마라” 하고 말해주는 사람, 어린 친구 혹은 동반자 같은 딸, 비오는 날 우산 씌워주는 엄마 같은 사람을 주제로 하는 시를 발표하며 박수를 나누었다.

이어서 『톨스토이 단편선』 속의 「사람은 무엇으로 사는가」를 읽어 와서 인물, 사건, 모티프, 시간, 공간 등을 고려하여 스토리를 재구성한 후, 핵심 내용에 관해 이야기를 나누었다. 하느님이 미하일에게 알아서 깨달아 오라고 한 세 가지 질문에 대해 얘기를 나누었다. 그러면서 사람 속에는 무엇이 있다고 생각하는지, 사람이 가지고 있지 못한 것은 무엇인지, 사람은 무엇으로 사는지에 관해 서로 얘기를 나누었다. 그리고 이와 연관해서 미하일이 미소를 지은 세 상황에 관해 얘기하며 그 의미를 살펴보았다.

6회기

『톨스토이 단편선』 속의 「세 가지 질문」을 읽고 함께 이야기했다. 이야기의 핵심 요소들인 인물, 사건, 모티프, 시간, 공간 등을 고려하여 스토리를 재구성한 후, 중요한 내용에 관해 이야기를 나누었다.

사람이 살아가는 데에 제일 중요한 때, 제일 중요한 일, 제일 중요한 사람은 무엇이라고 할 수 있을지에 관해 톨스토이의 단편에서 확인하였다. 지금 이 순간에, 함께 있는 사람에게, 선한 일을 하는 것이 제일 중요하다는 작품 속 이야기를 함께 나누었다. 그리고 이와 연관되는 다른 경우들에 관해 개인적인 경험 이야기들을 나누었다. 삶에서 가장 중요하다고 생각해서 톨스토이가 제시한 스토리들을 접하고서 각자 자신이 인생에서 중요하게 생각하는 스토리를 점검하고 다른 참여자의 내면의 스토리들과 비교하고 그 스토리들을 서사담화로 표현하는 태도와 방식들을 서로 나누고 훈련하였다.

아울러 톨스토이의 다른 단편들, 「사람에겐 얼마만큼의 땅이 필요한가」 등에 관해 이야기하며 인간의 욕망에 관해 이야기를 나누었다.

쉬는 시간과 마지막 시간에는 박강수의 노래 〈다시 힘을 내어라〉를 활용하였다. 이 노래에 담긴 희망과 용기를 불어넣어 주는 스토리를 밝은 리듬에 실어 가수 박강수의 힘찬 목소리로 함께 감상한 후 참여자들 모두 노래를 불렀다.

7회기

『30년 만의 휴식』(이무석 지음, 비전과리더십, 2010)을 같이 읽고 이야기를 나누었다. 마음의 구조에 대해 알아보고 책 속의 사례들을 중심으로 우리들의 내면에 들어 있는 미성숙한 아이들을 살펴보았다. 특히 내면 속의 〈분노하는 아이〉를 중심으로 개별 사례와 그 원인 및 치유 방법 등에 관해 얘기를 나누었다. "분노의 원인이 무엇이든 나를 작게 느끼게 하기 때문에 분노가 생기는 것이다"라는(111쪽) 말에 여러 분들이 많이 공감했다. "이럴 땐 '작아지지 말자'라고 스스로 격려해야 한다. 그리고 자기를 작아지게 하는 심리적 배경을 분석해야 한다. 상대가 정말 '거인인가'도 따져볼 일이다"라는 말이 가슴에 와 닿는다고 하는 참여자도 있었다. 몇몇 참여자 분은 "나를 작게 만드는 사람에게 나를 판단할 전권을 주지 말라. 나는 다른 사람의 평가에 관계없이 온 우주에 하나밖에 없는 소중한 존재이다"라는 말이 좋다고 하였다.

이어서 도가 사상과, 노자, 『도덕경』에 대해 간단히 설명한 후, 『도덕경』에서 발췌한 내용의 프린트물을 함께 읽으며 생각들을 나누었다. 도(道)란 무엇인가, 도(道)와 가까운 것으로 물(水)과 비움 등을 예로 들며 우주와 삶의 도리에 대해 이야기를 나누었다. 희망과 용기를 불어넣어 줄 수 있는 박강수의 노래 〈다시 힘을 내어라〉와 다른 노래들을 다함께 감상하고 같이 부르는 것으로 이번 회기를 마무리했다.

8회기

지난 시간에 다 하지 못한 노자의 『도덕경』을 정리하며 살펴보았다. 도(道)와 덕(德)에 대해 이해를 나누었다. 이어서 장자를 노자와 비교하고 도가 사상, 도교에 대해 간단히 설명한 후, 『장자』에서 발췌한 내용의 프린트물을 함께 읽으며 생각들을 나누었다. 그중에서 〈나비의 꿈〉과 비교해서는 신과 피조물, 영화 〈매트릭스〉, 〈인셉션〉 등을 비교하며 이야기를 나누었다.

『채근담』에서 발췌한 텍스트를 가지고 함께 얘기를 나누며 삶에서 중요하게 여겨야 할 가치나 기준 등에 관해 얘기를 나누었다. 그리고 마지막 시간이어서 그동안 다루지 못한 책들인 『연금술사』, 『시크릿』도 핵심적인 것들 위주로 설명한 후 서로 의견을 나누었다.

그리고 이번 프로그램을 총정리하는 의미에서 지금까지 다룬 8권의 책을 관통하는 기본 스토리들을 추출해서 삶과 연관시켜 이야기를 나누었다. 내면의 힘, 무의식의 잠재력, 삶의 간절한 의지 등을 강화시키고 현실의 도(道)와 세상의 표지(標識), 삶의 지혜를 통찰해서 자신과 일치시키는 것이 중요하다고 결론을 모았다.

마지막 정리 모임 때는 재소자들이 활동 소감과 다짐을 정성들여 그림을 곁들여 글로 써와서 전달해 주었다. 어느 분은 편지지 2장에 빼곡하게 편지글을 적어 주셨다. 재소자들이 돈을 모아 빵과 과자, 우유를 사와서 송별 파티를 열어주었고 대학생 제자들 주라고 과자를 싸주기도 하셨다. 거의 결석하지 않고 모두 열심히 참여해준 재소자들에게 나도 편지지와 메모지 등을 나눠주며 고마움을 표했다.

4. 스토리텔링 인문치료 활동의 효과와 평가

지금까지 스토리텔링 인문치료를 교도소의 재소자들을 대상으로 실시한 내용을 회기별로 재구성해서 논의하였다. 도서를 공통적으로 선택해서 미리 문화관광부에 신청해서 교도소에 보내주도록 하여 그 책으로 같이 활동을 하였다. 하지만 프로그램에 들어가서는 이 책 외에도 각자 읽고 싶은 책들을 신청 받아서 대학 도서관 등에서 구해서 가져다 주고 읽도록 하였다. 법정 스님의 『무소유』, 그리고 당시 극장가에서 인기를 얻고 있었던 영화의 원작 관련 책이나 언론에서 비중있게 다루었던 베스트셀러 책들이 바로 그것이었다.

앞에서 이론적 배경으로 설명한 것처럼 스토리는 사람들의 내면에서 삶의 각본이나 시나리오 역할을 한다. 그리고 그런 스토리는 다른 사람들의 마음 속에도 있고, 문자, 언어, 노래, 그림책 등의 다양한 매체로 옮겨져서 구체적으로 표현되어 포함되어 있기도 한다. 그래서 우리는 자신의 삶을 견인하는 스토리들을 건강하게 유지하기 위해 스스로 내면에 잠재된 스토리를 발굴하고 강화할 필요도 있고 다른 사람의 내면의 스토리에서, 특히 인문학 고전, 그리고 이것이 다른 매체로 표현된 영화나 노래 등에서 치유적 스토리를 찾아 충전할 수도 있다. 한편 이러한 스토리를 건강하게 해석하고 생산하는 능력을 기르는 것이 더욱 중요하다.

본 프로그램은 사회적 낙인에 민감한 재소자들을 대상으로 하였기 때문에 치료적 세팅을 드러내서 사전사후 평가지를 사용할 수는 없었다. 그러나 재소자들의 반응이나 교도관들의 평가를 통해 어느 정도 프로그램의 결과를 가늠할 수는 있었다. 마지막 회기에 재소자들이 자발적으로 먹을 것을 사서 송별연을 해주면서 그림을 그리고 채색하여 선물한 종이에 적힌 문구나 편지봉투에 담아서 전해준 글에서 확인할 수 있었고, 8회기 동안 동참하였던 교도관이나 접견실에서 강의실까지 매번 인도하셨던 교도관의 언급에서도 어느 정도 프로그램의 결과를 짐작할 수 있었다.

본 프로그램에서는 참여자들에 대한 사전 사후 평가의 일환으로 회복탄력성 검사를 실시하였다. 그러나 실제 평가를 해보니 1회기 검사에서 어떤 참여자는 점수가 아주 낮아서 본 프로그램을 통해 회복탄력성을 높여주고 싶은 목표로 잘 설정되는 것 같았으나, 어떤 참여자는 회복탄력성 지수가 아주 높아서 본 프로그램 활동을 통해 더 이상 그 지수를 높일 필요가 없어 보이는 분도 있었다. 회복탄력성은 본인의 평소 성격이나 성향과도 연관이 클 것 같았다. 회복탄력성 지수가 낮았던 분은 나이도 좀 드셨고, 내성적이고 침울한 성격이었고, 그 지수가 높았던 분은 젊고 예쁘고 활달한 성격이셨다. 회복탄력성 지수 평가가 재소자 대상 활동에서 평가 도구로 적절한 것인지는 조금 더 두고 연구해 볼 필요가 있다고 생각된다.

참고문헌

김주환 저, 『회복 탄력성』, 위즈덤하우스, 2011.

남운, 「'담론 Diskurs' 개념과 이론의 스펙트럼」, 「독어교육」 제49집, 2010. 12.

레프 톨스토이 원작 / 글공작소 편, 『공부가 되는 톨스토이 단편선』, 아름다운사람들, 2012.

론다 번 저 / 김우열 역, 『The Secret 시크릿 : 수 세기 동안 단 1%만이 알았던 부와 성공의 비밀』, 살림Biz, 2007.

박성희, 『동화로 열어가는 상담 이야기』, 이너북스, 2007.

번즈(George W. Burns) / 김춘경 (옮김), 『마음을 치유하는 101가지 이야기. 은유를 사용한 심리치료』, 학지사, 2009.

브렛, 도리스 / 김인옥 (옮김), 『은유적 이야기치료』, 여문각, 2009.

서경숙, 『재소자의 '영원한 아이' 시 치료 경험에 관한 연구』, 평택대학교 박사학위논문, 2010.

양유성, 『이야기 치료』, 학지사, 2004.

오닐, 패트릭 / 이호 (옮김), 『담화의 허구』, 예림기획, 2004.

이무석, 『30년만의 휴식 : 마음의 평안과 자유를 얻은』, 비전과리더십, 2006.

이민용, 「내러티브를 통해 본 정신분석학과 내러티브 치료」, 『문학치료연구』, 2012. 10.

이민용, 「서사 담화와 스토리텔링 치료 - 강박증치료 스토리텔링을 중심으로」, 『뷔히너와 현대문학』, 2011. 5., pp. 281-302.

인제대학교 인문의학연구소 (편), 『인문 의학 - 고통! 사람과 세상을 만나다』, 휴머니스트, 2008.

장자 저 / 오강남 편, 『장자』, 1999.

전우택·김상현·오승민, 『인문사회의학』, 청년의사, 2010.

트리나 폴러스 글·그림 / 김석희 역, 『꽃들에게 희망을』, 시공주니어,

2005.

파울로 코엘료 저/최정수 역, 『연금술사』, 문학동네, 2001.

포스터, 에드워드 모건 / 이성호 (옮김), 『소설의 이해』, 문예출판사, 1993.

한성옥, 김서정 저, 『나의 사직동』, 보림, 2003.

홍자성 저 / 김성중 역, 『채근담』, 홍익출판사, 2005.

EBS 다큐프라임 이야기의 힘 제작팀: 『이야기의 힘 (매혹적인 스토리텔링의 조건)』, 황금물고기, 2011.

Polkinghorne, Donald E. / 강현석 (번역) : 『내러티브, 인문과학을 만나다』, 학지사, 2009.

Brooks, Peter: Psychoanalysis and Storytelling, Oxford: Blackwell, 1994.

Brooks, Peter: Reading for the Plot. Design and Intention in Narrative, Cambridge : Harvard University Press, 1992.

Chatman, Seymour: Story and Discourse, Narrative Structure in Fiction and Film. Ithaca: Cornell University Press, 1978. [채트먼, 시모어 / 한용환 (옮김): 『이야기와 담론』, 푸른사상, 2003.]

Spence, Donald P., Narrative Truth and Historical Truth, New York: W. W. Norton, 1982.

White, Michael. Maps of Narrative Practice, New York, London: W.W. Norton Publication 2007.

여성결혼이민자의 치유의 글쓰기

정 성 미

1. 들어가며

국제결혼은 국내 총 혼인 건수의 11%(2008년 기준)를 차지할 정도로 늘어나는 추세이고(정경운, 2009:91), 매년 국제결혼 증가 추세도 2003년 8.4%, 2004년 11.4%, 2005년 13.6%에 달한다(임은희, 2008:219). 국제결혼 건수가 해를 거듭할수록 증가 추세인 것을 고려하면 한국 사회도 다문화 사회로 진입했다고 볼 수 있다.

2010년 결혼이민자 중에서 한국 남자와 외국 여자의 결혼은 외국 남자와 한국 여자의 결혼보다 6.6배 정도(2010년 기준 여:123,093 / 남:18,561) 많은 것으로 나타났다(출입국·외국인정책본부, 2010:26). 이러한 결혼이주의 여성화 현상은 결혼이민자의 문제를 여성들의 상황에서 조명해야 할 필요성을 보여 준다.

여성결혼이민자들은 이민과 결혼이라는 인생의 큰 변화에 적응하기 위한 여러 가지 스트레스와 갈등을 겪고 있다. 여성결혼이민자들의 겪고 있는 문제들은 한국어 소통능력의 부재, 문화적 차이에 의한 부적응(김이선·김민정·한건수, 2006), 부적응에 따른 심리적 압박감, 자녀양육 문제, 경제적인 문제(박은미·이곤수, 2009), 사회적 편견과 차별 경험 등을 들 수 있다(정기선·한지은, 2009:88).

여성결혼이민자들이 겪는 다양한 갈등은 우울과 무기력감 같은 정신적, 정서적 건강에 문제를 일으키기도 한다(임은희, 2008:229). 정기선·한지은(2009)에서는 여성결혼이민자들의 문화적응 과정을 스트레스 유발 생애사건으로 간주하였고, 양옥경·김연수(2007)에서는 여성결혼이민자들은 정신병리가 유발될 가능성이 높은 위험 집단에 속한다고 하면서, 결혼기간, 문화적응 스트레스, 가족생활 스트레스, 가정폭력 경험, 자아존중감, 가족관계가 우울에 유의미한 영향을 미친다고 하였다. 또한 그 중에서 가장 큰 변인은 문화적응 스트레스, 가족생활 스트레스, 가정폭력 경험 등의 스트레스 관련 변인이라고 하였다.

여성결혼이민자들의 행복한 결혼, 이민 생활을 위한 대책이 필요하다. 김희경(2010)에서는 여성결혼이민자의 스트레스 유형을 인식하여 맞춤형의 개별화된 정책과 스트레스 유형별 맞춤형 스트레스 관리 프로그램이 개발되어야 한다고 제안하였다. 또한 김이선·김민정·한건수(2006)에서는 문화적 갈등을 극복하고 소통을 위해 문화적 차이와 다양성에 대한 사회 전반의 수용성을 증진시켜야 한다고 하였다. 또한 사회통합 지원을 체계화하고, 쌍방향 소통기반을 조성하며, 문화적 다양성에 대한 적극적 가치를 부여함으로 여성결혼이민자의 사회참여 확대를 위한 제도 마련을 주장하고 있다.

이러한 대책은 여성결혼이민자의 주체적인 참여가 결여된 상태에서 외부적인 대책 마련에 더 주력하는 경향을 보여 준다. 자신의 삶의 주체자로서 여성결혼이민자 스스로 결혼, 이민에 따른 부적응, 갈등에 대해 자신의 생각을 정리하고, 자신과의 소통을 통해 자기주도적인 해결 의지를 가질 때 외부적인 대책들과 합쳐져 더 좋은 결실을 보일 수 있을 것이다.

이 글은 이민과 결혼으로 인한 갈등, 스트레스를 극복하기 위해 내적 소통의 한 방법인 글쓰기를 활용하여 여성결혼이민자들이 자신의 삶의 문제를 조망하고, 정리하고 해결책을 탐색하도록 돕는 프로그램을 진행한 후에 그 사례를 정리한 것이다.

이러한 시도와 연관성이 있는 연구에는 정성미(2010), 원진숙(2010)을 들 수 있다.

정성미(2010)에서는 한국어교육에서 한국어 교사의 상담자적 역할을 확인하고 한국어교육과 상담을 겸해서 진행할 수 있는 글쓰기치료에 대하여 소개하였다. 또한 기존 여성결혼이민자를 위한 교재의 쓰기 주제에 대한 검토를 통해 글쓰기 교육에서 글쓰기치료의 적용 가능성을 살펴보았다. 그러나 이 연구는 한국어교육에서 글쓰기치료의 가능성에 대한 연구로 한국어교육과 교재에 한정된 소재를 활용한 것이 한계라고 할 수 있다.

원진숙(2010)은 여성결혼이민자를 대상으로 하여 글쓰기를 자아정체성 형성과 연관시켜 진행한 글쓰기 프로그램이라는 점에서 의의가 있다. 원진숙(2010)에서는 13개국 출신의 결혼이주여성들 70명을 대상으로 10주 동안 자신의 삶을 주제로 한 한국어 쓰기 워크숍 프로그램을 구안하고 이를 실제 교수 학습 현장에 적용하여 그 교육적 효과를 검증하였다.

한국어 쓰기 워크숍 프로그램은 '도입(warm-up)→이야기하기(small-talk)→미니레슨(mini-lesson)→초고쓰기(drafting)→공유하기(sharing)→마무리(follow-up)'의 절차에 따라 학습자들이 자신의 삶을 주제로 한 자기 표현적 쓰기 경험을 통해 쓰기 기능을 신장시키고 건강한 자아 정체성을 확립할 수 있도록 하는 데 목표를 둔 프로그램이다. 이 프로그램을 통하여 이주 여성들의 한국어 쓰기 능력의 신장하였고, 삶의 이야기를 나눔으로써 소통과 치유, 문화적 차이로 인한 혼란을 극복하고 긍정적인 자아 정체성을 형성하였다고 하였다.

그러나 이 연구도 글쓰기치료적인 측면보다는 교육적인 면에 더 치중해서 진행되었다는 한계를 지닌다.

첫째 이 프로그램의 목표는 쓰기 기능 신장과 건강한 자아정체성 확립이다. 프로그램의 목표가 기능 강화와 정체성이라는 두 목표이다 보니 서로 상충되는 면이 있다. 쓰기 기능 신장을 목표로 하게 되면 글쓰기 이론이 필요하다. 그래서 미니레슨을 통해 글쓰기 이론을 가르친다. 그 학습 내용은 정확한 어휘 사용, 문법적인 문장 사용, 주제를 뒷받침 하는 문단 구성 등 글쓰기에 필요한 이론으로 이론들을 통해 글쓰기 능력 배양에 초점을 맞추었다. 그러나 이러한 글쓰기 이론을 배우면서 이루어진 글쓰기가 삶을 소재로 한 글쓰기라 하더라도 글의 형식적인 면에 치중해서 자아정체성을 형성하는 데는 오히려 부정적인 영향을 줄 수 있다. 자아정체성을 형성하기 위한 글쓰기는 교육적인 접근으로는 한계점이 있다.

둘째 원진숙(2010)에서는 마무리하기 단계에서 교사가 발표한 여성결혼이민자의 글을 평가하고, 새로운 어휘나 표현, 꼭 알아야 할 만한 문법적 요소 등을 정리하여 명시적으로 전체 학생들에게 인지시켜 주는 시간을 가지는데, 이는 여성결혼이민자들에게 글을 잘 써야 한다는 부담감을 가중시켜서, 자기를 탐색하는 데 방해를 하게 된다.

셋째 원진숙(2010:145-146)에서는 삶을 주제로 한 쓰기 워크숍 프로그램의 네 가지 구성 원리를 제시하였다. 네 가지 구성 원리는 생태학적 교수 학습 환경의 구성 원리, 과정과 결과의 균형성 원리, 책임 이양 원리, 다면적 피드백 원리이다. 생태학적 교수 학습 환경의 구성 원리는 신뢰가 있는 담화 공동체 안에서 긍정적인 피드백을 통한 정의적 환경을 구성하는 것이다. 다면적 피드백 원리는 학습자들은 교사나 동료 학습자들로부터 적극적 지원을 통해 자신의 글을 반성적 시각에서 다시 보게 하는 원리이다. 이 중 과정과 결과의 균형성 원리와 책임 이양 원리는 글쓰기교육적인 측면의 원리이다. 과정과 결과의 균형성 원리는 과정으로서의 글쓰기와 글쓰기의 결과를 둘 다 중요하게 여기는 원리이다. 내적 소통은 글쓰기 결과보다는 글쓰기 과정을 통해 얻게 되는 것으로, 글쓰기 결과는 완성도 있는 글을 지향하게 하여, 글쓰기 과정에서의 내적 소통을 방해할 수 있다. 또한 책임 이양 원리는 교사가 쓰기 방법이나 모범적인 텍스트를 통해 쓰기를 가르치고 서서히 학습자가 자기주도적으로 과제를 수행할 수 있게 하는 원리이다. 이 원리도 모범적인 텍스트를 통해 쓰기를 가르치므로 글쓰기에 대한 부담감을 가중시키고, 모방하기와 같은 전략을 통해 자신의 내면을 반영하는 글을 쓰지 못하게 할 수 있다.

또한 이 프로그램은 이중언어강사양성과정에 들어온 결혼이주 여성을 대상으로 진행되었는데, 이 여성들은 대개 고학력자로 한국어로 의사소통하는 데 거의 문제가 없고 본국에서 교사, 간호사, 변호사, 공무원 등 전문직 경험을 가진 여성결혼이민자이다. 이들을 대상으로 고안된 이 프로그램은 한국어 능력이 낮고 학력 수준이 낮은 대부분의 여성결혼이민자들을 대상으로 실시하기에는 한계가 있다.

정기철(2010)에서는 글쓰기를 구체적인 '자기표현'에서 시작해야 한다고 하면서 글쓰기치료적인 방법을 교육에 접목하였다. 정기철(2010)은 사람들이 자기표현을 하지 못하는 것은 불안감·죄책감·열등감 때문에 '있는 그대로의 나'를 표현하지 못하고 유교적인 정서와 교사 중심의 주입식 교육도 나를 표현하지 못하게 한다고 하였다. 자기표현은 자기이해·자기실현·자기창조의 단계로 진행되는데, 이 과정을 통해 자아정체성을 갖게 되고, 건강하고 행복한 삶을 살 수 있게 된다고 하였다. 이 연구는 대학생들을 대상으로 한 연구로 글쓰기치료적인 접근을 하였다.

이 글에서는 여성결혼이민자를 위한 글쓰기치료적인 접근을 통해 여성결혼이민자들이 이민과 결혼생활에서 겪는 문제들을 극복하고 행복한 삶을 살게 하기 위해 진행되었던 프로그램 내용을 정리하였다.

2. 여성결혼이민자의 치유의 글쓰기 원리와 모형

1) 연구 대상

여성결혼이민자의 치유의 글쓰기 프로그램은 「찾아가는 다문화 학교」라는 이름으로 진행되었다. 이 프로그램에 참여한 여성결혼 이민자는 원주의 여성결혼이민자(14)와 춘천 여성결혼이민자(3)로, 원주다문화센터와 강원대학교 한국어문화원에서 진행되었다. 아래의 표는 참여한 여성결혼이민자들의 국적과 소재지이다.

번호	한글성명	소재지	국적
1	쩐●	춘천	베트남
2	느●	춘천	베트남
3	김●	춘천	베트남
1	허●●	원주	중국
2	걸●	원주	중국
3	유●	원주	중국
4	김●지	원주	중국(한국계)
5	보티투엣●●	원주	베트남
6	●●탄●●	원주	베트남
7	●●●히●●	원주	베트남
8	●●●튀●	원주	베트남
9	●●휘	원주	베트남
10	●라●	원주	캄보디아
11	김●숙	원주	중국(한국계)
12	●●튀●	원주	베트남
13	노●●	원주	필리핀
14	●●숙	원주	중국(한국계)

프로그램에 참여한 구성원들의 국적별 현황은 전국 여성결혼이민자의 국적 현황(출입국·외국인정책본부, 2010:26)과 비교해 볼

때 베트남 여성의 수가 많다는 특징을 지녔다. 춘천 「찾아가는 다문화학교」는 전원이 모두 베트남 여성이었고, 원주 「찾아가는 다문화학교」는 캄보디아, 필리핀 각 한 명, 중국(한국계 포함) 6명, 베트남 6명이었다. 전국 여성결혼이민자 국적 현황에서 중국과 한국계 중국인을 합한 숫자가 베트남의 두 배 정도인데(출입국·외국인정책본부, 2010:26), 춘천 「찾아가는 다문화학교」는 전원이 베트남이었고, 원주 「찾아가는 다문화학교」는 중국인과 동수이므로 「찾아가는 다문화학교」의 경우, 베트남 여성이 수적으로 우세하였다는 특징을 보였다.

국적 / 구분	계	중국	한국계 중국	베트남	일본	필리핀	캄보디아	타이	몽골	기타
전체	141,654	35,023	31,664	35,355	10,451	7,476	4,195	2,533	2,421	12,536
남자	18,561	3,594	7,605	164	848	204	7	39	55	6045
여자	123,093	31,429	24,059	35,191	9,603	7,272	4,188	2,494	2,366	6,491

국적 현황은 프로그램을 운영하는 데 약간의 영향을 주었다. 춘천 「찾아가는 다문화학교」의 경우는 단일 국적이었기 때문에 문제가 없었고, 원주 「찾아가는 다문화학교」의 경우는 중국인과 베트남인 간의 약간의 갈등의 소지가 있었다. 참여자의 나이 분포는 대부분 20-30초이었으나, 한국계 중국인의 경우는 50-60세 분포를 보여서 구성원 간의 나이에 의한 갈등의 요소도 있었다.

「찾아가는 다문화학교」의 구성원의 한국어 의사소통 능력은 일상적인 생활을 말하고 듣는, 기본적인 의사소통이 가능한 수준이었으며, 쓰기 능력의 편차가 심했다. 한국계 중국인의 쓰기 능력이 좋은 편이었고, 베트남과 중국, 필리핀, 캄보디아 여성의 쓰기 능력은 한국계 중국인에 비해 떨어졌다.

2) 이론적 배경

여성결혼이민자를 위한 「찾아가는 다문화학교」의 이론적 배경은 인문치료이다. 인문치료이론 중 글쓰기치료 이론과 의사소통이론, 한국어교육 이론이 이 프로그램을 구성하는 중심 이론이다. 한국 사회에서 활발한 상호작용을 통해 적응을 해야 하지만, 다양한 갈등과 스트레스 속에서 사회적 관계 통로 없이 가정에서 고립된 생활을 하는 여성결혼이민자가 대부분이어서 사회적 적응이 어렵고 대인관계능력이 저조한 상황이다(임은희, 2008:230). 그러므로 사회적 소통에 어려움을 겪는 여성결혼이민자들에게 비슷한 상황에 있는 사람들과의 소통을 제공할 수 있는 안전한 집단에서의 소통 기회는 여성결혼이민자들이 위축된 자기를 표현하고, 타인의 표현을 통한 타인이해와 자기 탐색을 하게 해서 여성결혼이민자들이 행복하고 건강한 결혼이민생활을 할 수 있게 도울 수 있다. 그러므로 「찾아가는 다문화학교」의 글쓰기와 말하기에는 치유적인 접근이 필요하다. 자기표현과 자기탐색, 타인이해를 꾀할 수 있게 구성된 글쓰기와 말하기를 통해 건강한 관계망을 형성할 수 있는 힘을 키울 수 있다.

(1) 글쓰기치료

글쓰기치료는 글쓰기를 도구로 해서 치료의 목적을 이루는 것으로, 글쓰기치료는 자기정의가 수반되어 자신을 명확하게 이해하게 한다. 글쓰기는 문자를 통해 이루어지기 때문에 기억을 보조해 주며, 타인에게 전달하기 쉽다는 장점이 있다. 글쓰기는 주관성, 개인성, 창조성 그리고 심미감 등 예술적인 특성과 객관성, 보편성, 구체성의 치료적인 특성을 지닌다.

글쓰기치료는 치료 계획이 설정되어야 하고, 치료를 받는 대상자가 있어야 하며, 훈련된 치료사가 있어야 하고, 글쓰기나 글쓰기 활동이 이루어져야 한다. 글쓰기는 넓게는 인생의 목표를 설정하거나 삶의 위기를 극복하기 위한 하나의 방법(채연숙, 2010:14-25)으로 다양한 글쓰기 기법들이 개발되어 있다.

페니베이커(2007:22)의 가장 기본적인 글쓰기 방법은 3-4일 동안 계속해서 하루 15분 내지 20분간 글을 쓰는 것이다. 캐서린 아담스(2006:77)에서도 다양한 방법을 사용하는데, 그 중 가장 기본이 되는 방법은 일주일에 세 번 정도 일기(저널)를 쓰는 것이다. 세퍼드 코미나스(2008)에서는 기본적인 글쓰기의 제시는 없고, 다양한 기법을 제시하였다. 셰퍼드 코미나스는 기법보다는 얼마나 지속적으로 쓰느냐가 더 중요하다고 하였다. 로제마리 마이어 델 올리보(2010:27)에서는 두려움 없이 글을 쓸 수 있는 가장 이상적인 방법으로 일기쓰기를 제시하였다. 일기쓰기를 통한 다양한 활동을 제시하였다.

제임스 페니베이커(2007)와 셰퍼드 코미나스(2008)의 글쓰기치료에서 제시된 글쓰기치료의 정신적, 정서적, 사회생활 면에서의 이점을 구분해서 살펴보면, 정서적 정신적 측면에서 글쓰기치료는 행복하고 부정적 감정을 덜 느끼게 하며, 우울증, 불안감을 감소시키는 경향이 있다고 한다.

셰퍼드 코미나스(2008)에서는 좀 더 구체적으로 제시하였는데, 첫째 글쓰기치료는 자기감정을 표현할 수 있는 안전지대를 제공한다. 둘째 미지의 것에 대해 글쓰기를 통해 예측하며 공포에 당당히 맞설 용기를 낼 수 있게 한다. 셋째 삶의 경험들에 대한 반성의 시간을 제공해 준다. 넷째 자아통찰을 통해 폭넓은 관점에서 자기 행동을 바라볼 수 있게 한다. 다섯째 생각의 혼돈을 정리하게 한다. 여섯째 문제 식별 능력을 주어 스스로 해결책을 모색하게 한다. 일곱째 직관으로 나가는 통로를 열어준다. 여덟째 자신의 인생을 더 주의 깊게 성찰할 수 있게 한다. 아홉째 좀 더 창조적으로 생활할 수 있게 도와준다. 열 번째 자기배려를 통해 인생을 내다보게 한다. 열한 번째 글쓰기는 고립감에서 벗어나게 도와준다.

사회생활 면에 있어서 제임스 페니베이커(2007)는 글쓰기치료가 사람들의 사회적 삶의 질을 향상시킨다고 하였다. 글쓰기 활동을 한 후 몇 주 후 다른 사람들과 더 많은 이야기를 나누고 더 많이 웃고 긍정적 단어들을 더 많이 사용하고 사회적으로도 더 안정되어서 좋은 친구가 될 수 있게 해준다(페니베이커 & 그레이빌, 2001).

소크라테스는 '검토하지 않은 인생은 살 가치가 없다' 하였다. 또한 하이데거는 '존재의 개명(開明)'이라고 하였는데, 이는 글쓰기가

'나'의 존재를 확인하는 동시에 '나'의 존재를 확인해가는 과정이라는 것이다(정기철, 2010:531). 글쓰기는 자기점검을 통해 자기의 존재를 확인하고 자아정체성이나 자존감을 확인하는 내적소통의 좋은 방법이다. 벌코 외(2003:94)에서는 언어가 자아정체성이나, 자존심과도 관련을 맺고 있다는 데에 동의한 지 오래라고 하였다.

(2) 의사소통이론

의사소통은 음성적 또는 비음성적인 메시지로 표현된 느낌이나 생각을 주고, 받고 이해하는 의식적, 무의식적, 의도적, 우연적인 과정의 총체이다. 의사소통은 자신과의 의사소통(intrapersonal communication), 대인 의사소통(interpersonal communication), 대중적 의사소통(public communication)으로 구분한다.

자신과의 의사소통은 행복에 강력한 효과가 있다고 한다. 내면에서 자기와의 대화, 자신의 내부에서 일어나는 인지과정인 사고도 포괄한다. 행동, 느낌, 자부심은 자신과의 의사소통에 의해 영향을 받는다고 한다(벌코 외, 2003:36).

자신과의 의사소통에서 부정적인 내면의 소리를 인지하고, 긍정적인 자기 인식을 하도록 하면 자아정체성, 자존감, 행복감에 긍정적인 영향을 끼치게 될 것이다.

또한 대인 의사소통은 고독과 싸우게 하고 자아개념을 형성시키고 경험을 확실하게 하며, 내적 성장을 새롭게 한다. 또한 우리가 누구이며, 다른 사람들과 어떻게 관계를 맺는가를 이해하는 데 도움을 주고(벌코 외, 2003:158), 친밀한 관계를 형성하는 데도 매우 중요하다(이경우 · 김경희, 2006:56).

여성결혼이민자의 의사소통에서 하나 더 중요한 의사소통은 문화 간 의사소통이다. 문화 간 소통 능력을 키우기 위해서는 이문화에 대한 이해를 높이는 것이 중요하다. 이문화에 대한 태도는 문화가 근본적으로 동등하다는 것을 전제로 한 개방성과 수용성이다(정현숙, 2007:41). 문화적 장애는 어떤 집단만이 옳다는 태도에서 나타난다. 이를 보완하고 극복하기 위해서는 타문화의 문화적 배경에 대한 이해가 선행되어야 한다(이경우 · 김경희, 2006:107).

(3) 한국어교육

정성미(2010b)에서 한국어교육의 말하기, 듣기, 읽기, 쓰기는 인문학적인 활동 방법과 동일하다. 그러나 한국어교육의 교육목표는 한국어 의사소통능력 증진이고, 인문치료 목표 중 하나는 의사소통을 통한 관계 회복이다. 그러므로 인문치료에서는 한국어교육에서의 기능주의적 의사소통능력 증진과 글쓰기에 대한 평가를 배제한다.

다음의 표는 한국어교육에서 이루어지는 글쓰기교육과 인문치료에서의 글쓰기의 차이를 정리한 것이다.

	목표	주제제시	의사소통관련여부	글쓰기 이론	평가 특성	오류 수정
글쓰기 교육	글쓰기능력 기능 강화	교사가 지시하거나 교재에 제시된 주제	의사소통과 관련 별로 없음	제시	평가가 있다	검열(오류 수정)

인문치료에서의 글쓰기	자기 탐색, 자기 발견, 자기이해, 정신 건강	내담자 중심(치료사가 제시하는 경우도 있음)	의사소통과 관련 있음(내적소통, 대인관계에 대한 정리 및 객관화)	비제시	평가가 없다	무검열(오류수정 안함)

인문치료에서 글쓰기의 목표는 글쓰기 기능 강화가 아니다. 자기탐색과 자기발견, 그리고 자기이해와 수용 등 정신건강이 글쓰기의 목표이다. 또한 글을 쓰는 과정에서 의사소통 과정이 없을 수 없지만, 내적 소통과 대인 소통을 적극적으로 하는 글쓰기라야 치유적인 효과를 거둘 수 있다. 또한 인문치료에서의 글쓰기는 아무도 그 글에 대해 평가하지 않고 글을 잘 써야 한다는 부담을 버리는 것이 중요하다. 글쓰기 이론을 의식하지 않는 글쓰기, 오류수정 등의 내부 검열, 외부 검열에서 자유롭게 해방된 글쓰기, 자신을 정직하게 드러내고 감정을 배설하는 글쓰기라야 치유적일 수 있다.

제임스 페니베이커(2007:35)는 표현적 글쓰기의 긍정적인 효과는 어떤 언어로 글을 쓰든지 효과가 나타난다고 하였다. 즉 여성결혼이민자의 경우, 글을 자기 모국어로 쓰든지, 한국어로 쓰든지 효과가 나타난다는 것이다.

그러나 양옥경·김연수(2007:88)에서는 언어사용 능력이 미숙할수록 우울 증상의 수준이 더 높아지고, 정신건강을 증진하는 보호요인으로 한국어 능력을 포함시켰다. 또한 정성미(2010b)에서는 여성결혼이민자의 생활수기 47편을 분석하여 부적응의 문제들을 분류해 보았는데, 이때 결혼과 이민으로 인한 새로운 관계 맺기는 새로운 정체성과 연관된다고 하였다. 새로운 관계 맺기의 통로는 모국어가 아닌 한국어이다. 즉 한국어는 여성결혼이민자들에게는 부담이면서 적응의 잣대이다.

이런 점을 고려하면 여성결혼이민자를 대상으로 글쓰기를 할 때 교육적인 측면의 접근은 아니지만, 자료면에 있어서는 한국어능력을 고려한 세심한 자료가 제시되어야 글쓰기를 효과적으로 진행할 수 있다. 여성결혼이민자를 대상으로 하는 글쓰기치료에서는 한국어교육에서의 자료보다는 등급이 낮은 자료를 활용해야 더 효율적이다. 또한 글쓰기로만 하는 것이 아니라, 말하기, 여성결혼이민자의 모국어, 그림, 몸짓(비언어) 등 표현수단을 다양하게 활용해서 한국어 소통의 한계를 보완해야 한다.

3) 운영원리

「찾아가는 다문화학교」 프로그램의 치료 목적은 자기와의 내적 소통을 통한 건강한 소통관계 형성이다. 이를 위하여 「찾아가는 다문화학교」 프로그램의 치료 목적은 네 가지 원리 안에서 운영되었다.

첫째 공감을 전제로 한 안전한 소통 환경의 원리이다. 안전한 테두리로서의 생태학적 환경의 구성 원리이다.

여성결혼이민자는 거의 가족 중심의 생활을 하기 때문에 사회적으로 고립되어 있고, 가정 내에서도 의사소통이 잘 이루어지지 않아 심리적으로 외로움을 호소한다. 이런 여성결혼이민자들에게 자신의 삶의 이야기를 쓰기와 말하기를 통해 표현하게 하고, 참여자들이 적극적인 주의를 기울이는 치유적 경청와 지지의 피드백을 통해 그 과정에서 정서적 지지를 얻을 수 있게 한다. 내적 소통, 대인 소통이 이루어질 수 있는 환경은 구성원들에게 안전한 자기 탐색과 타인을 수용하는 공간을 제공할 수 있다.

둘째 지금-여기의 과정 중심 원리이다.

여성결혼이민자의 과거 혹은 미래의 문제들을 현재적 시각에서 다룰 수 있게 하는 것으로 결과보다는 쓰기 과정 자체에서 참여자들 스스로 느끼는 정서적인 체험이 중요하다. 글쓰기의 결과가 완성된 글로 나타나게 유도는 하지만, 결과보다는 과정에서의 경험을 더 중요하게 다룬다.

셋째 참여자의 자발성 원리이다.

참여자의 자발성이 중요하다. 참여자가 특별한 상황에서 참여를 원치 않는 경우가 생기면 참여하지 않은 것 자체를 그의 표현으로 간주하고, 자발적인 참여가 있을 때까지 강요하지 않는 것을 원칙으로 한다.

넷째 글쓰기와 말하기 보완의 원리이다.

여성결혼이민자의 경우는 말하기, 듣기, 읽기, 쓰기 네 가지 영역 중에서 쓰기능력이 가장 떨어진다. 그러므로 글쓰기가 지닌 장점에도 불구하고, 글쓰기 자체만으로는 어려운 점이 있다. 그러므로 글쓰기를 중심으로 말하기와 그림 그리기, 몸으로 표현하기 등 글쓰기로써 충분하지 않은 점은 다른 방법으로 보완해서 표현하는 것이 중요하다. 글쓰기능력의 차이가 글쓰기에 대한 부담이 될 수 있어서 다양한 매체 사용을 통해 글쓰기에 대한 부담감을 덜어주는 것이 필요하다. 또한 심리적 외상에 대한 치유에는 말하기와 글쓰기 둘 다 도움이 된다고 하였다(제임스 페니베이커, 2007:35).

4) 운영 모형

이 프로그램의 진행 단계는 1단계 준비단계는 긴장을 완화시키는 단계이다. 2단계 글쓰기 단계에서는 글로 표현하는 단계이다. 3단계에서는 나누기 단계이다. 4단계는 정리하기이다.

준비단계 : 라포 형성 단계
↓
글쓰기 단계 : 내적 소통 단계
↓
나누기 단계 : 대인 소통에 의한 지지 단계
↓
정리 단계 : 새로운 목표 설정 단계

준비 단계는 글쓰기 전 단계로, 글쓰기에 대한 부담을 없애고, 그림, 음악듣기, 명상, 동작 등 간단한 워밍업을 통해 참여자 간의 관계를 형성하고 긴장을 완화시키는 과정이다. 조용히 자기 삶을 반추하는 시간으로 구성된다.

글쓰기 단계는 제시된 주제나 자유 주제로 자기의 삶에 대해 글을 쓰는 단계이다. 한국어 쓰기능력이 다르기 때문에 개별적인 수준에 따라 그리기를 보완하거나, 모국어를 사용해서 자유롭게 진행한다.

나누기 단계는 쓴 글을 읽거나, 글을 더 보충해서 말하기를 하는 시간과 피드백 시간으로 구성된다. 피드백을 통한 정서적 지원을 받게 된다.

정리 단계는 활동을 통해 얻은 내용을 통해 의미를 부여하고, 새로운 목표를 설정하게 하는 단계이다.

3. 프로그램 내용

「찾아가는 다문화학교」는 말하기, 글쓰기, 미술치료, 의사소통 통합 프로그램으로 「찾아가는 다문화학교」는 한국어, 한국문화, 다문화에 대한 이해를 통해 외국인으로서 한국에서 건강하고 행복하게 살아갈 수 있도록 돕는 인문치료 프로그램이다. 회기 주제를 살펴보면 다음과 같다.

회기	주제
1	세계 여러나라 인사하기 -다양성 속에 유사성 찾기
2	자기 고향 소개하기
3	나의 명절
4	은유로 말하기
5	영화 보고 이야기 나누기
6	나의 감정 알아차리기
7	문화적응 스트레스 날려 보내기

8	내가 원하거나 필요한 것 20가지
9	나에게 보내는 편지
10	클로스터링
11	미래의 꿈 나누기

1) 세계 여러 나라 인사하기

이 활동은 세계 여러 나라 인사를 몸으로 나누면서 관계를 형성하는 활동이다. 이 활동은 여러 나라의 인사를 몸으로 따라하면서 문화의 다양성을 몸으로 인지하는 것이다. 또한 문화의 다양성 속에서 반가움을 표현하는 문화의 동질적인 면을 바라보게 함으로써, 이민생활의 적응 의지를 높이는 것이다.

각국의 인사말의 예는 아래와 같다.

국 적	인사말과 인사행동
한국	허리를 굽히고, 두 손을 모아 "안녕하세요, 반갑습니다"
네팔	합장하고 기도하는 것 같이 하면서 "나마스테"
중국	양손 팔꿈치를 잡고 무릎을 살짝 구부리며 "니하오마?"
티베트인	자신의 귀를 잡아당기며 혓바닥을 길게 내민다.
인도	손끝을 입에다 붙였다 떼면서 "오! 살로모어"
베트남	팔을 감싸고, "야" 하거나 "신짜오"
캄보디아	(어른에게) 기도하듯이 손을 모아서 "쭘립쑤어" (친구 사이) "쑤어쑤라이"라고 말한다.

활동을 하면서 자기나라 인사를 직접 다른 나라 사람들에게 보여주고 따라하게 하는데, 이는 민족적 정체성과 자국에 대한 자긍심에 긍정적인 영향을 끼칠 수 있다.

2) 자기 고향 소개하기

여성결혼이민자들은 한국어, 한국문화에 대한 적응에 대한 부담감이 있어서, 한국어와 한국문화는 여성결혼이민자들에게는 스트레스이면서, 이민, 결혼생활에 적응하는 데 뛰어넘어야 할 대상이다. 적응에 대한 부담감을 완화시키고, 자국어와 자국문화에 대한 자긍심을 갖게 하는 것은 여성결혼이민자의 자아정체성에도 긍정적인 영향을 줄 수 있다. 자국문화를 소개하는 글쓰기와 말하기를 실시하였다.

저는 호치민도 LONGAN시에서 태어나 줄곧 고향에서 자랐습니다. 제가 사는 고향은 아름답고 갈 곳이 참으로 많지요. 꾸찌땅굴과 한기둥의 사원 특히 가보고 싶은 곳은 산과 들판에 있는 원숭이를 볼 수 있는 공원이 있습니다. 아주 재미있습니다. 언제 베트남에 가면 꼭 한 번 구경하세요. 베트남에서 특별한 음식이 쌀국수예요. 외국 사람들이 아주 좋아해요.
제 고향은 필리핀입니다. 필리핀에서 가장 큰 도시입니다. 제가 필리핀에서 태어났어요. 많은 도시가 아름다웠는데 여행을 많이 안 다녔습니다. 보라카이가 너무 아름다워요. 거기에 한국 사람들이 여행을 많이 가요. 지금 필리핀 가고 싶어요. 그런데 남편은 2012년에 가자고 했어요. 나중이 가면 남편과 아들 필리핀 부모님과 함께 여행을 같이 가고 싶습니다.
제 고향은 베트남 간터입니다. 간터는 베트남 남쪽에 있는데 옛날에는 베트남의 수도였습니다. 베트남에서 가장 큰 도시입니다. 저는 간터에 태어나서 거기에서 자랐습니다. 간터 집에는 부모님과 언니 오빠들 있습니다. 제가 한국에서 온 지 2년 됐는데 한번도 고향에 못 가 봤어요. 엄마 아빠가 너무 보고 싶어요. 그래서 올해는 5월에 저랑 아기 아빠랑 아기랑 같이 가려고 합니다. 지금 기분 너무 좋습니다.
제 고향은 중국 연변입니다. 연변은 중국 길림성에 있습니다. 제 고향에는 조선족 사람 많이 살고 있습니다. 제 고향은 연변 장배산진지(?) 관광지로 유명해요. 연변 집에는 부모님과 동생들이 있습니다. 올해는 7월쯤 고향에 가고 싶어요. 이번에는 딸과 같이 가려고 합니다. 근처 제 고향은 특산 사과 배가 너무 맛있어요.

여성결혼이민자들은 '고향'에 대한 글을 써서 이야기를 나누며 고향의 좋은 점들을 자랑하였다. 또한 '고향'에 살고 있는 가족들에 대한 생각과 고향 방문에 대한 이야기들을 많이 나누었다. 고향에 대한 이야기를 나누며 여성결혼이민자들의 표정은 매우 밝았고, 전체적인 분위기도 고조된 분위기였다.

3) 나의 명절

이 활동은 자국문화에 대해 글 쓰고 이야기하는 활동이다. 명절은 각국의 문화를 보여주는 중요한 날이다. 명절에는 자국의 문화에 대한 그리움이 생기게 된다. 자국의 문화를 말로 표현함으로써, 자기문화에 대한 상실을 위로하고, 자기문화에 대한 소개로 자긍심을 고취시켜 건강한 문화적 정체성을 가지게 해 주는 활동이다.

우리나라에 봄마다 여자의 명철이 있다. 해마다 3월 8일에 다 남자들이 여자를 '3월 8일'이라고 말했다. 그렇지만 남자만 아니고 여자도 사랑하는 여자에게 선물을 준다. 보통 남자들이 꽃이나 금제품을 여자에게 준다. 그리고 저녁에 가족 같이 맛있는 음식을 먹는다. 한국 명절보다 우리 명절에 특별한 음식이 없다. 남자 명절도 있지만 여자날처럼 큰 명절이 아니다.
전 베트남 있을 때는 설날 참 힘들지만 행복했다. 빨래하고 대청소해서 개끗하게 준비한다. 일찍 일어나서 엄마와 동생이랑 같이 시장에 가서 맛있는 과일과 예쁜 꽃을 많이 산다. 그리고 동생이랑 같이 예쁜 옷을 사서 기분이 좋다. 오늘 날씨가 좋고 기분도 좋다. 일찍 일어나서 예쁜 옷을 입고 가족들과 함께 절 한 후에 부모님께 세배를 한다. 그리고 부모님한데 세뱃돈도 받는 후에 수박과 코코넛 잼을 먹는다. 그리고 친구들을 만나서 재미있게 논다.
우리나라에서 큰 명절은 음력 1월 1일 설날이에요. 설날에는 12월 마지막 날 밤 12시에 만두를 먹어요. 빨간 양말 신고 세배한다. 세뱃돈도 주신다. 밥을 먹은 다음에 마작 놀이 해요. 아침 밥을 먹은 후에 친척집에 가서 세배를 해요.

베트남 설날 음식은 텟코망, 떡(반떽), 음식은 텟코망 먹고, 할아버지, 할머니 차례도 지낸다. 카드놀이도 한다.
우리나라에 큰 명절이에요 12월 30일 12시에 사람들 안 자고 불꽃놀이해요. 아침에 일어나서 세배하고 세뱃돈도 받는다. 설날아침에 가족이 모여서 밥과 텟커도 먹는다. 나는 친구랑 같이 놀러 간다.
우리나라 아이들이 아주 좋아하는 명절이 추석이에요. 음력 8월 15일 하루만 아이들이 신나게 놀아요. 저녁 6시부터 9시까지 초등학교 아이들이 학교에 가서 놀고 선물도 받아요. 설탕이랑 과자랑 족풀(?) 많이 받아요. 학교 운동장에서 호롱불(탠롱) 놀이도 해요. 돈도 받고 선물도 받아요. 아이들이 노래해요. 탈과자(반롱)도 먹어요. 아주 맛있어요. 밤에 달 때문에 하늘도 환해요. 아이들이 아주 하루 행복해요.
우리나라에서 큰 명절은 추석과 설날이기도 하고 정월대보름도 큰 명절이기도 하다. 추석에는 달처럼 생긴 월병을 먹는다. 월병은 밀가루로 만든다. 월병 속은 다섯가지로 되었다. 월병은 달모양이어서 월병이라고 한다. 설날이 오면 그믐날부터 쉰다. 그믐날 저녁에는 온 가족이 모여 12시부터 만두를 삶아 먹고 아이들은 폭죽을 터뜨린다. 낮에는 어른들게 절을 하고 아이들도 세배하면 세뱃돈을 준다. 그리고 아이들같이 양걸이 구경을 간다. 정월 대보름날에는 왠쇼를 먹는다. 왠쇼는 찹쌀가루로 속을 넣어서 만든 것이다. 참 맛이 있는데 먹고 싶다.
우리나라에서 큰 명절은 4월 13일부터 16일까지 가족도 만나요. 음식도 만들어 같이 먹어요. 다음에 절에 가요. 오후에는 여러 사람들과 같이 어울려 온 밤 손을 잡고 춤을 춘다.

명절에는 명절 음식과 명절날 행사를 중심으로 글쓰기와 말하기가 이루어졌다. 음식을 묘사하는 것은 주로 말하기에서 이루어졌는데, 음식과 관련된 이야기, 그 음식과 연관된 사람, 명절날 행사를 떠올리며 본국에서의 경험들을 추억하는 시간이었다. 또한 자국의 명절에 대한 글을 발표하고, 말하기를 통해 자국 문화에 대해 새롭게 인식할 수 있는 기회가 되었다. 명절 음식이나 행사는 한국의 명절과 명절 음식과 유사점과 상이점이 있는데, 공통적인 부분

에 초점을 맞추어서 한국문화의 유사성에 대한 표현을 하기도 했다.

4) 은유로 말하기

은유로 말하기는 가까이 있는 사람들에 대한 생각을 간접적으로 표현하기 위한 방법이다. 아래는 활동지의 내용이다.

은유 활동지
우리 엄마는 ____________처럼 ____________
내 어릴 적 친구는____________처럼 ____________
우리 남편은____________같이____________
우리 아이들은____________처럼____________
인생은____________처럼____________

이 활동을 통하여 얻은 결과를 정리하면 다음과 같다.

	근원영역
엄마	친구, 불, 이불, 산, 소, 하늘, 소
친구	가족, 인형, 형제, 가족, 가족, 형제, 동생, 가족
남편	바다, 소, 바다, 바다, 바다, 오빠, 필리핀사람, 소
아이	장난감말, 애기나무, 토끼, 아기돼지, 달, 마음, 아빠
삶	딸, 그림, 천사, 나무, 구름, 나무, 차바퀴, 길 등

	근원영역 의미
엄마	친구(처럼 친해요), 불(처럼 마음이 뜨거워요), 이불(처럼 마음이 따뜻해요), 산(처럼 마음이 높아요), 소(처럼 부지런했어요), 하늘(처럼넓어요), 소(처럼 일 잘해요)

친구	가족(처럼 친해요), 인형(처럼 똑똑해요), 형제(처럼 사이가 좋아요), 가족(처럼 친해요), 가족(처럼 지냈어요), 형제(처럼 사이좋게), 동생(처럼 키가 커요), 가족(처럼 지냈어요)
남편	바다(처럼 마음이 넓어요), 소(처럼 부지런해요), 바다(처럼 마음이 넓어요), 바다(같이 마음이 넓어요), 오빠(같이 잘해줘요), 필리핀사람(같이 생겼어요), 소(처럼 일해요)
아이	장난감말(처럼 뛰어요), 애나무(처럼 쑥쑥커요), 토끼(처럼 귀여워요), 아기돼지(처럼 밥을 잘 먹어요), 달(처럼 마음이 밝아요), 마음이(처럼 따뜻해요), 아빠(처럼 똑똑해요)
삶	딸(처럼 예쁘요), 그림(처럼 풍부해요), 천사(처럼 행복해요), 나무(처럼 예뻐요), 구름(처럼 흔들렸어요), 나무(처럼 튼튼해요), 차바퀴(처럼 돌아요), 길(처럼 멀어요)

언어 표현을 통해 중요타인에 대한 자기의 생각을 정리하고, 중요타인이 자신의 삶에 갖는 의미를 찾게 하는 활동이다. 이 활동에서 얻은 결과를 통해 '엄마'에 대한 은유 표현에서는 관계, 마음, 근면함에 대한 의미를 살필 수 있었고, '친구'에 대한 은유 표현은 주로 관계의 의미를 표현하였다. '남편'의 경우는 성품, 근면함, 친근함(오빠, 필리핀사람)을 표현하고 있고, '아이'는 행동, 성장, 마음, 특성에 대하여 표현하고 있어서 가장 구체적이고 다양한 표현을 했다. '남편'의 경우도 '엄마'처럼 의지하고, 친근함을 표현하고 있는 것으로 보인다. '삶'의 경우는 예쁨, 행복함, 튼튼함, 풍부함과 같은 긍정적인 면이 대부분이지만, 돎, 멂에 대한 객관적인 관점의 표현과, 흔들림과 같은 부정적인 면을 보여준 표현도 있었다.

5) 영화보고 이야기 나누기

「파마」는 베트남에서 한국으로 시집 온 로안이 한국에 도착하자마자 시어머니와 함께 미장원에 가서 겪게 되는 이야기를 다룬 영화이다. 한국말을 모르는 그녀에게 뜻을 알 수 없는 시어머니와 미장원 주인과 이웃여자의 말은 당황스럽기만 하다. 여성결혼이민자가 한국에 와서 겪게 됨 직한 이야기를 섬세하게 그려낸 영화이다[1]. 이 영화를 감상하고 몇 가지 주제를 가지고 이야기를 나누었다.

영화 보고 이야기를 나눕시다
◆1 이 여자는 어떤 기분이었을까요?
◆2 여러분에게도 이와 비슷한 경우가 있었나요?
◆3 이 여자에게 뭐라고 말해주고 싶습니까?
◆4 이 영화를 보고 느낀 점을 써 보세요.

◆1의 문항은 같은 처지에 있는 영화 속 인물과 동일시를 통해 자기 삶을 돌아보게 하려는 것이다. ◆2 문항은 영화를 통해 유사 경험을 탐색하여 자기 문제를 살펴보게 하기 위한 것이다. ◆3은 유사한 상황에 있었던 자신이나 여성결혼이민자에게 격려하는 말하기를 통해 위로를 표현하는 것이다. ◆4는 영화를 통해 느낀 점

1) 제10회 서울국제뉴미디어페스티벌 경쟁부문 (2010, 서울), 제59회 멜버른국제영화제 경쟁부문 (2010, 호주), 제9회 미장센단편영화제 비정성시부문 (2010), 제26회 함부르크국제단편영화제 경쟁부문 심사위원상 (독일, 2010), 제33회 노르웨이단편영화제 국제경쟁부문 (2010, 노르웨이), 제12회 서울국제여성영화제 아시아단편경선부문 (2010), 제60회 베를린국제영화제 단편경쟁부문 (2010, 독일), 제35회 서울독립영화제 경쟁부문 (2009), 제14회 부산국제영화제 와이드앵글 부문 (2009)

을 나눠 봄으로써, 영화를 통해 자기 삶을 들여다 보게 하는 것이다. 다음의 문항에 대한 내용을 정리하였다.

◆1 이 여자는 어떤 기분이었을까요?

이 여자는 기분이 슬퍼요. 고향 다시 가고 싶어요. 마음이 많이 울을 것 같아요. 말 못해서 답답해요./ 이 여자는 너무 불쌍하고, 슬프고, 또 미워하고 속상하고요./ 너무 속상하고또 미워요./ 너무 속상해요. 처음에 한국에 왔을 때 아무도 모르고 마음이 너무 아파/ 기분 안 좋아요. 속상하고 고향이 많이 생각 나요./ 기분이 매우 불쾌하고 억울했어요./ 기분이 안 좋아요./ 이 여자는 말을 모르니 답답하고 자기의 마음과 같이 않으니 기분이 안 좋았어요. 무거운 설움에 눈물을 흘렸다./ 처음 한국에 왔어요. 말을 다 못해요. 마음 안 좋은데 답답하고 슬퍼요./ 기분이 안 좋아요. 마음에 답답하고 슬퍼요./ 말 못하고 답답해 죽을 것 같아요. 마음 안 들어도 할 수 없어./ 가슴에 답답해요./ 가슴이 답답해요. 말하고 싶은데 몰라요. 그래서 한국말 빨리 배우면 말하기가 안 힘들어요.

◆1에 대한 반응은 주인공 여자가 느꼈을 감정을 거의 동일하게 느껴서 집단의 구성원들의 기분, 전체적인 분위기가 부정적이었다. 구성원들의 표정들도 매우 어두웠다.

2 여러분에게도 이와 비슷한 경우가 있었나요?

한국에 처음 왔을 때, 사람 말도 몰라요 그래서 마음이 속상해요. 마음이 많이 아파요. 답답해요/ 처음 한국에 왔을 때 저도 똑같아요. 눈물도 많이 났어요. 그래도 저는 시어머니 사랑 받았어요 친엄마 같아요./ 저는 처음에 한국에 왔어요 한국말 몰라요. 많이 울었어요. 그래서 지금 한국말 조금 알아요. 남편, 아들, 딸 같이 살아요. 너무 행복해요./ 저도 처음에 왔을 때 말 못했어요./ 저도 비슷한 경우가 있었어요. 기분이 안 좋아요. 왜냐하면 처음에 여기 왔는데 한국말 잘 몰라요. 다른 사람 얘기하는데 좋은 말, 나쁜 말 몰라요. 그래서 너무 답답해요. 엄마가 보고 싶었어요. 많이 울었어요./ 일하면서 잘 알아듣지 못해서 아주 힘들었어요./ 나는 없어요./ 나는 일할 줄 몰라서 이와 비슷한 경우도 있었지만 세월이 흘러 새로운 시간은 지나갔어요. 지금은 많은 것을 알고 서로 잘해 주어서 고마워요./ 없어요./ 없어요./ 아무 것도 모르는 사람한테 시어머니가 잘해줘야지. 고향 떠나서 낯선 나라 와서 이렇게 해줘서 슬프다./ 한국에 와서 한국말 알아 듣지 못해서 뭐든지 시키면 하지 못해서 속상했어요./ 옛날에 시어머니도 미용실 데려 갔어요. 긴 머리하고 싶은데 어머니는 잘라 하고 말했어요. 머리 잘랐어요. 그래서 마음이 속상했어요.

◆2의 질문에 대한 반응은 자기 자신도 비슷한 상황에서 답답하고 속상하고 힘들었던 것을 표현하였고, 영화 속 주인공과는 다른 자신의 처지를 언급함으로써 자신은 더 좋은 상황에 있음을 표현하는 것도 보인다. 또한 그 당시 힘들었을 때 상태를 표현하기도 하였다. 특히 영화와 동일한 경험을 한 여성이 이야기를 할 때는 이미 집단에서 「파마」는 영화 속 이야기가 아니라, 여성결혼이민자들의 삶 그 자체였다.

3 이 여자에게 뭐라고 말해주고 싶습니까?

열심히 한국어 공부해요./ 앞으로 한국어를 열심히 공부하고 다음에 시어머니 말 잘 듣고 대답하세요. 힘 내세요./ 앞으로 공부 많이 열심히 해요./ 여자가 머리 자르기 싫어요 여권도 왜 어머니가 가지고 있어요 하고 말해요. 좀 답답해요./제가 머리 자르기 싫어요. 여권 제 거예요. 제 이름 말하고 싶어요. 엄마 옷 사러 같이 가고 싶어요. 가방이 너무 무거워요 좀 도와주세요. 제가 많이 힘들어요. 왜 집이 멀어요. 계단 왜 많아요. 힘들어요./ 빨리 한국문화에 적응하고 한글을 빨리 배워야 해요./ 힘내고 한국말을 빨리 배우라고 말하고 싶어요./ 참고 견디면 열심히 배우면서 시간 흐르면 꼭 행복한 날 올 것이에요. 파이팅!/ 속상하지만 그래도 잘 살아요. 한국말을 열심히 공부해야 한다. 앞으로 존엄을 쟁취하자./ 앞으로 강경하고 울지 마요. 한국말 열심히 공부해요 돼요. 잘 살아야 돼요./ 하루 빨리 한국어를 공부해야지. 자기 마음대로 일한다./ 힘들어요. 빨리 한글을 배워서 한국생활에 빨리 적응해야 해요./ 이 여자는 말하기가 힘들어요. 말하고 싶은데 한국말을 몰라요.

◆3은 주인공 여자에게 격려를 표현하는 것인데, 집단내에 동일 상황을 경험한 동료가 있고, 자신들도 유사한 상황을 경험했기 때문에, 여자주인공 로안에게 한 언어표현은 집단의 동료들이나 자신에게 말하는 효과를 볼 수 있었다.

영화 속 주인공이 겪는 어려움이 한국어를 못하고 문화에 적응하지 못한 것 때문에 비롯된 것으로 보았고, 그래서 한국어 공부를 권하는 내용이 주가 됐으며, 말을 하게 되면 자기표현을 솔직하게 하라고 하기도 했다. 또한 자존감과 정신력에 관한 표현도 보였다.

4 이 영화를 보고 느낀 점을 써 보세요.

영화보고 속상해요. 남편과 가족 잘해줘서 마음이 고마웠어요. 제가 열심히 잘 살을 거예요. 그 여자처럼 저도 잘못 살면 똑같아요. 지금 외국사람 힘들어요. 그래도 속상해 하지말고 열심히 공부하고 나중에 좋아질 거예요./ 답답하고, 시어머니 정말 나쁘다고 생각했어요. 왜 며느리 마음 몰라주고/ 마음이 조금 아파고 근데 시어머니가 못됐어요. 열심이 공부하고 힘내자./ 기분 답답하고 속상해요./ 고향 떠나 다른 나라에 와서 빨리 적응하여 뭐든지 열심히 빨리 배워야 되겠다고 느꼈어요./ 이 여자는 한국문화에 적응하지 않았기에 시어머님께서 더 자상하게 해주면 좋겠습니다./ 모든 일은 처음에 힘들고 시간이 흐르면 꼭 기쁜 날과 행복이 돌아 올 것이에요./ 나는 마음이 진짜 안 좋아요. 그런 사람 나도 만났어요. 그런데 얕보았어요. 외국사람은 어떡해요. 열심히 공부해요. 열심히 살아요./ 만약에 내가 같은 시어머니 있으면 절대 결혼 안 해요. / 이해하지 못하는 것이 있어요. 외국여자와 한국사람 같은 사람인데 왜 이렇게 못해요? 딸처럼 해 주면 얼마나 좋아. 따뜻한 마음 주면서 기분 좋게 살았으면 좋겠다./ 빨리 한글 배워서 열심히 살아요. / 이 영화를 보고 느낌이 너무 슬퍼요. 처음 왔을 때 나도 말이 안돼요. 가슴이 답답하고 속상해요. 그런데 지금은 살기가 괜찮아요.

◆4는 영화 속 주인공과 비교해보면서 자기 상황에 감사를 표현하거나, 과거와 달라진 현재의 좀 더 나아진 상황에 대해 긍정적인

평가를 내리기도 하고, 외국인으로서 한국에 적응을 잘해야 억울한 일을 당하지 않는다는 위기의식과 함께 외국인을 불평등하게 대하는 한국인에 대한 불만을 표현하기도 하였다. 특히 영화 속 시어머니에 대한 분노 표현이 많았다.

「파마」 영화는 여성결혼이민자의 삶을 직접적으로 보여준 영화이어서 영화를 보고 나서 글쓰기와 이야기를 나누면서 전체적으로 분노의 감정과 억울함을 호소하는 등 영화에 대해 여성결혼이민자들이 부정적인 반응을 보였지만, 현재의 자신의 삶의 상황을 인지하고 안도감을 느끼기도 하고, 한국에서의 삶에 대한 의지를 표현하기도 하였다.

6) 나의 감정 알아차리기

감정 알아차리기 활동은 자신의 감정을 살펴보기 위한 활동이다. 자기감정을 이해하는 것은 자기를 이해하는 과정에서 매우 중요하다.

감정		상황
부정적 감정	힘들어요	집에 식구들 올 때, 가족 누가 아플 때, 애 아플 때, 한국에 처음 왔을 때, 한국음식을 잘 못해서, 아이가 태어났을 때, 고향에 가고 싶을 때
	외로워요	한국에 처음 왔을 때, 혼자 집에 있으면, 고향이 생각나면, 한국에 처음 왔을 때 친구가 없어서, 집에 혼자 있으면, 친구 없으면, 여동생이 보고 싶을 때, 집에 혼자 있으면
	짜증 나요, 싫어요	남편이 늦게 집에 들어올 때, 아이가 말 안 들을 때, 남편이 늦게 와서 밥 해줘 할 때, 애기 말 안 들을 때, 너무 더울

		때, 남편이 술을 많이 마시면 건강이 안 좋을 것 같아서, 남편이 오토바이 타고 늦게 왔을 때, 마음에 안 들 때, 아기가 울면
	불안해요	한국말을 안 배울 때, 아이가 혼자 나갔을 때, 남편일 때문에 늦게 왔을 때, 남편이 늦게 퇴근할 때, 집에 혼자 있을 때, 집에 늦게 왔을 때 아기 때문에, 남편이 늦게 올 때, 남편 건강이 안 좋으면
	화가 나요	남편 매일 술 먹을 때, 남편 술 먹고 늦게 왔을 때, 애기 말 안 들을 때, 남편이 내 말 안 들으면, 아기가 장난할 때
	속상해요	아들 말 안 들을 때, 친정엄마, 아빠 아플 때, 음식을 만들었는데 남편이 안 먹을 때, 고향에 가고 싶은데 못 가게 하면, 남편이 나에게 믿음 없을 때, 남편이 말을 안 들을 때, 한국말 못해서, 남편이 담배 많이 피면
긍정적 감정	신이 나요, 즐거워요, 기뻐요	친구들과 여행을 갔다 왔을 때, 남편과 아이 같이 여행 갔을 때, 신랑같이 놀러갈 때, 고향에 갈 때, 저녁에 퇴근한 남편과 저녁밥 같이 먹을 때, 어머니께서 한국에 왔을 때, 딸과 같이 놀 때, 가족이 같이 있을 때

여성결혼이민자들은 긍정적인 감정보다는 부정적인 감정을 더 적극적으로 표현하는 경향을 보였고 감정은 부정적인 감정이나 긍정적인 감정이나 남편이 원인이 되는 경우가 대부분이었다. 육아로 인한 부정적 감정도 보인다. 긍정적인 감정도 가족, 남편, 친구, 친정엄마와 함께함에 행복해 하는 것을 볼 수 있다. 여성결혼이민자들의 삶에서 긍정적 감정, 부정적 감정은 관계적인 것과 깊은 연관을 갖고 있음을 볼 수 있었다.

아래의 표는 부정적인 감정을 해결하는 방법이다.

감정	해결 방법
기분 안 좋을 때	노래방에 간다, 밭에 나가서 바람 쐬고 쇼핑하는 게 좋아요,
힘들 때	고향 부모님께 전화한다, 울어요, 친구를 만나서 쇼핑을 가요, 동생한테 전화해요
외로울 때	친구집에 간다, 친구 만나요, 컴퓨터로 고향친구 만나요. 집에서 빨래하고 집 청소해요, 외출, 운동해요, 친구집에 가요,
화가 날 때	밭에 나가요, 게임해요, 남편을 설득해요,
속상할 때	울어요, 고향에 전화해요, 친구한테 전화해서 이야기해요, 고향에 전화하고, 컴퓨터로 가족 얼굴 봐요, 노래방 가서 노래해요, 고향가고 싶어요, 친구 만나요, 친구 만나고, 말 많이 해요, 친구 만나서 얘기해요
불안할 때	창문하고 문 다 잠그고, 음악을 큰 소리로 틀어요, 남편하고 밖에 나가서 한 바퀴 돌아요, 왔다갔다 걸어요,

가장 유용한 방법으로는 친구를 만나 이야기하거나, 가족에게 전화로 말하는 것이다. 그 외에 노래방, 쇼핑, 게임, 컴퓨터, 외출, 운동 등의 다양한 방법으로 부정적인 감정을 긍정적으로 바꾸려는 노력을 하는 것을 볼 수 있었다. 관계에서 오는 부정적인 감정을 긍정적인 관계를 통해 회복하려고 하는 노력이 가장 두드러졌다.

7) 문화적응 스트레스 날려 보내기

문화적응 스트레스 날려 보내기는 한국문화에 적응하는 과정에서 받은 스트레스를 푸는 활동이다. 이 활동은 종이에 한국문화, 한국인 등에서 스트레스 받는 것, 자기가 싫어하는 것을 종이에 쓰게 한 후에 그 종이를 원하는 방법으로 처리함으로써, 스트레스를 풀도록 하는 활동이다.

글쓰기 활동을 통해서 얻은 한국생활에서 받는 스트레스를 적은 내용들이다.

스 트 레 스
한국말 어려워요
한국음식 싫어요
한국전통하고 문화 싫어요
시어머니 같이 사는 거 싫어요, 나는 시어머니와 시집 식구들 같이 사는 거 싫어요.
겨울날씨 싫어요
한국 아이들이 '외국사람'하고 이야기하는 것 싫어요
한국날씨 싫어요
아침에 근처에서 청국장 요리해서 냄새를 피워요
남편이 약속했는데 할 수 없어요.
매일 일찍 일어나는 거 제일 싫어해요
남편이 담배 피우고 귀신 영화를 보는 것
친구들이 거짓말로 이야기해요
부모님과 있으면 좋지만 힘들어요
시어머님 자꾸 얘기 많아 싫어요. 시어머니가 잔소리 많이 했어요.
나는 청국장을 싫어해요.
사람들은 나보고 얘기하는 거 많이 기분 나빠요.
아침밥 싫어요.
나는 보신탕하고 회 하고 냉면 싫어해요.
베트남에서 음식 만들어 친정에서 먹는 거 보내 왔어요. 시어머니와 시집 식구들이 보면서 '이거 뭐야' 느낌 안 좋아요. 나는 너무 싫어해요.

'한국말, 한국음식, 한국문화'와 같은 포괄적인 면의 스트레스도 있었지만, 구체적인 스트레스를 표현하기도 했다. '한국음식' 중 싫어하는 음식으로 '청국장, 보신탕, 회, 냉면'을 제시하기도 했다. 시어머니, 시댁식구가 주는 스트레스가 가장 많았고 아침밥을 해야 하는 가사노동의 부담감과 관련 있는 항목도 있고, 날씨나 주변사

람들이 자기에 관한 이야기를 하거나, 놀리는 것에 대한 내용도 있었다.

위의 내용들을 적은 종이를 찢거나 구기거나, 밟아서 준비한 쓰레기통에 버리는 활동을 하였다. 서로 스트레스를 받는 것을 이야기할 때도 서로 자신의 이야기를 적극적으로 표현했으며, 이를 상징적으로 처리하는 활동에서는 실제 스트레스가 다 사라진 것 같다는 표현을 하기도 했다.

8) 내가 원하거나 필요한 것 20가지

이 활동에서는 빠른 시간에 쉬지 않고 내가 원하거나 필요한 것 20가지를 적게 하였다. 이러한 글쓰기 기법은 내가 원하는 것, 필요한 것 20가지를 쓰면서 의식하지 못했던 자신의 욕구를 발견하게 하는 것이다. 적게 쓰면 적게 쓴 대로, 자신의 욕구에 민감하지 못한 자신을 발견할 수도 있고, 제시한 것보다 더 많이 쓰게 되는 경우도 자신의 욕구에 민감한 자신을 발견하게 된다. 또한 20가지를 빠르게 적다 보면 반복해서 적는 경우도 있게 되는데, 반복은 욕구의 정도를 반영해 줄 수 있어서, 실수로 반복한 것을 보면서 자신의 욕구에 대한 점검도 다시 할 수 있게 된다.

활동을 하고 난 후 결과를 정리하였더니, 개인별로 항목 수의 편차(5-20이상)가 심하게 나타났다. 또한 목록을 반복해서 적은 예도 볼 수 있었다. 아래 표에 있는 두 사람의 목록을 비교해서 살펴보면 ★1의 경우는 한국어에 관련된 항목이 네 개이고, ★2의 경우는 여행에 관련된 항목이 네 개인 것을 볼 수 있다. 반복된 항목에 대해 나누기 단계에서 이야기하게 했더니, 자신에게 강한 욕구가 있음을 인정하였다.

★1 한국말을 잘 하고 싶어요, 글씨를 잘 쓰고 싶어요, 아기가 건강 잘 커서 좋겠어요, 시어머니 안 아프면 좋겠어요, 우리 남편 신경 써 주면 좋겠어요, 베트남 가고 싶어요, 국적 빨리 나왔으면 싶어요, 남편 담배 안 피우고 좋아요, 한국어 공부 잘 하면 좋겠어요, 다음 시험 합격하고 싶어요, 돈 잘 버려 하고 싶어요, 남편 돈 많이 있으면 좋겠어요.
★2 저는 고향 가 보고 싶다, 돈 잘 벌면 여행가고 싶다, 옷 사고 싶다, 친구 만나고 싶다, 우리 애들 공부 잘하면 기분 좋아요, 저는 놀러 가는 거 좋아해요, 여름이 오면 좋아요, 우리 가족 바다 가 보고 싶어요, 우리 부모님과 놀러 갔으면 좋겠다, 우리 가족이 오래 행복하면 좋겠다.

원하거나 필요한 것 20가지 목록을 모두 정리하여 빈도수를 살펴보았다. 이 중 두 개 이상 되는 항목을 정리하였다. 이 항목에서는 '여행에 대한 욕구〉한국어 배우기〉물건 소유〉양육〉친구와의 만남, 고향음식〉가족의 행복, 친정가족에 대한 보고픔, 고향에 가고 싶은 욕구〉 친정식구 초대, 일에 대한 욕구, 가족건강〉 주변 사람들에게 친절을 받고 싶은 욕구, 소통욕구' 순으로 나타났다. 특이사항으로는 '여행에 대한 욕구'가 가장 많이, 고르게 분포되어 있다. 이는 한국어에 대한 욕구보다 더 많은 빈도수를 나타내었다.

번호	내가 원하거나 필요한 것	빈도
1	여행 가고 싶어요.	26
2	한국어를 잘하면 좋겠어요. 빨리 배우고 싶어요.	24
3	돈이 있으면 집(물건)을 사고 싶어요.	23
4	애기를 잘 키우고 싶어요.	14
5	고향음식을 먹고 싶어요.	10
5	친구를 만나고 싶어요.	10
7	고향에 가고 싶어요.	9
7	가족들 보고 싶어요.	9
7	행복하게 살고 싶어요.	9
10	가족 모두 건강했으면 좋겠다.	8
10	일하고 싶어요.	8
10	친정 부모님(식구)들이 한국에 오면 좋겠어요.	8
13	시어머니께서(다른 사람들) 저한테 잘해 주면 좋겠어요.	7
14	남편 돈이 많이 벌면 좋아요.	6
15	남편의 건강.	5
15	운전하고 싶어요.	5
17	국적이 필요하다.	4
17	한국에서 빨리 적응하고 싶어요.	4
19	남편한테 사랑을 많이 받고 싶어요.	3
19	한국음식을 배우고 싶어요.	3
21	시부모님의 건강.	2
21	화법, 소통에 관련(예: 마누라 말을 들었으면 좋겠어요, 유머 같은 걸 잘 했으면 좋겠어요)	2
23	등산하고 싶어요	2

일 회 제시된 항목 중에서 개인의 특성을 반영하는 항목도 있었다. '술 마시고 싶어요, 딸을 데리고 공원에서 산책해요, 풍년이 됐으면 좋겠어요' 등과 같은 항목이다. 또한 '남편과 아이들이 베트남 문화 배웠으면 좋겠어요'라는 항목은 자기문화에 대한 자긍심의 표현으로 긍정적으로 평가되는 표현이다.

9) 나에게 보내는 편지쓰기

이 활동은 자신에게 위로하는 편지를 쓰는 활동이다.

●●에게 나 지금 한국어 공부하고 있어 처음에는 다닐 생각하니 너무 힘들었는데, 지금 너무 재미가 좋아. 다니고 보니 여러 나라 친구분들 만나고 배울 것도 많았어. 열심히 빨리 배워서 한국문화에 빨리 적응하고 싶어. 지금은 힘들지만 너는 해낼 수 있다고 믿는다. 힘내! 아자 아자 화이팅!
●●에게 안녕. 요즘 문화센터에서 한국어 배워서 어렵지만 힘내요. 더 많이 공부해야지. 나중에 딸에게 잘 가르쳐야 해. 그리고 한국요리하고 김치 담그고 또 열심히 공부합니다.
●●아. 힘내라. 네가 중국에 있을 때 오지 못하여 많이 속상했지? 지금 한국을 온 지 4년 시간이 되면서 많은 고생과 기쁜 일도 많았지. 지금은 곤란한 시간이 지나가고 마음이 편할 때도 있으니 괜찮지. 지금도 좋아.
●●야, 요즘에 많이 힘들지? 많이 힘들어도 힘내자. 너 남편과 아들도 있고. 열심히 살아라. 너 꿈 있었잖아. 애기 예쁘게 키우고 가족 오래오래 행복해
●●●야. 힘내라! 한국 온 지 4년. 힘들었지? 다 가족 때문이야. 남편과 아들 있잖아 열심히 살아라. 가족과 행복할 거야. 한국공부 많이 해 나중에 아들 가르쳐 주지. 지금 기다려 무슨 일 좋아질 거야. 히에우야! 사랑해. 파이팅. 다음 달 엄마 보잖아. 행복하지? 안녕.

자기 자신에게 편지를 쓰는 것은 자신과의 의사소통의 대표적인 방법이다. 자기 자신을 대상으로 하여 글을 씀으로써, 자신을 객관적으로 인지하고, 이해할 수 있게 되며, 직면하고 있는 문제나 어려움들을 헤쳐 나갈 수 있는 내면의 힘을 제공받을 수 있다.

자기 자신에게 쓰는 편지를 모두 자신의 이름을 부르면서 시작하고 있다. 이름은 정체성과 관련되어 있으므로(벌코 외, 2003:102)

자기 스스로 자신의 이름을 부르는 순간 새로운 자신과의 관계 맺음이 이루어진다. 또한 편지의 표현들은 '힘내!, 아자 아자 파이팅!'과 같은 구호나 '힘내라', '힘들지?' '행복하지?', '괜찮지', '속상했지' 등 감정 읽어주기와 같은 표현들, 그리고 자신의 대한 신뢰감의 표현인 '지금은 힘들지만 너는 해낼 수 있다고 믿는다' 등 긍정적인 혼잣말에 해당하는 것들이었다.

10) 클러스터링

클러스터링은 빠르고 쉽고 재미있게 할 수 있는 저널 기법이다. 마인드 맵 기법 또는 웹 기법이라고 한다(캐서린 아담스, 2006:119). 연상 작용에 의해 단어를 연상하는 활동이다. 연상어휘는 어휘의 자극에 즉각적인 반응을 해야 하므로, 무의식적인 면을 표출하게 된다(캐서린 아담스, 2006:123).

구성원들이 공통적으로 관심이 있어 하는 '여행'이라는 단어를 제시하고 네 개의 어휘를 연상하게 한 후 다시 그 단어가 연상시키는 단어를 적게 하였다. 그 결과는 아래와 같다.

노●●	① 친구-음식-맛있다-행복하다
	②가고 싶어요-제주도-아들-남편
	③ 부모-언니-동생-놀러가다
	④ 바다-재미있어요
속●●	① 재미있다-게 사다-새우 사다
	② 바다-물고기-먹어요-맛있다
	③ 음식-요리-매운탕-맛있다-회
	④ 남편-남편하고-저-딸

단●●	①재미있어요-놀고요-가고 싶어요
	② 구경-기쁘다-웃어요
	③ 먹다-게 먹었어요-맛있어요
	④자다-피곤하다-자고싶다-꿈 꾸고 싶다 *
유●	① 행복하다-아기, 남편같이-맛있게 먹다
	② 구경하다-구름 보다-생각 달리다-교수님 만나다
	③ 비행기 타요-중국 가다-친척 만나요-음식 먹다-살찌우다
	④ 힘들다-통하다-위안 좋아요-걱정하다-남편 한 달 월급 없어요 *
투●	① 힘들다-쉬고 싶다-자다*
	② 재미있다-놀다-구경하다-예쁘다
	③ 맛있는 음식 먹다-친구 만나다-얘기하다-재미있다-좋아하다
	④ 남편-아기-예쁜 옷 사고 싶다-엄마 선물하고 싶다-기분좋다
●	① 힘들다-쉬고 싶다-자다*
	② 예쁘다-옷 사다
	③ 재미있다-놀다-수영-축구-친구같이 노래
허●●	① 남편-아기-행복
	② 바다-배-음식-좋다
	③ 고향-비행기 타요-가족-음식-기분이 좋다
	④ 돈-제주도-관광지역-선물-좋다
한●●	① 아들-보고 싶어-맛있는 걸 사주고 싶어요
	② 남편-사진 찍고-고향에 보내고-엄마한테 보이고 싶어요.
	③ 바다에 가고 싶어요-회 먹고-경치 구경-배 타고- 외국 가요
	④ 기념품 사고-아들한테 주고-며느리한테 주고-어머니한테 주고-오빠한테 주고
히●●	① 사다-선물하다-베트남 가다
	② 먹다-맛있어요-배부르다-자고싶다
	③ 예쁘다-구경하다-사진 찍다-웃다-기쁘다
	④ 재밌다-아가와 노래하다-춤춘다-술 조금 먹다-놀다
거●	① 힘들다-돌아오면 쉬어요-다음에 또 가고 싶어요
	② 좋아요-기분 좋다-신나다-마음껏 놀아요
	③ 경치 좋다-공기가 맑아요-꽃이-바닷가-놀이동산
	④ 자가용차-편하다-쉽다-많이 볼 수 있어요-맛있는 음식을 먹다
김●●	① 맛있는 음식을 사가지고-도착하다-고기 잡아 술 먹었다
	② 차를 타고 가다-많은 곳을 구경-목적지에 도착-기분 좋았다
	③ 옷을 이쁘게-기분 좋다-노래를 불렀다-춤을 추면서-목적지 도착
	④ 조개고기 잡았다-바닷가에서 구워 먹었다-많이 먹었다-노래 춤-기쁜 맘으로 집으로 돌아왔다

●춘●	① 즐겁다-재밌다-신난다
	② 바다-파도소리 듣고 싶다-공기가 좋다-스트레스가 풀리다
	③ 회를 먹는다
	④ 남편-사진 찍다-물놀이하다-물고기잡기도 하다-일출도 보고싶다
푸●	① 예뻐요-웃어요
	② 재밌다-노래
	③ 집-청소하다-깨끗하다-좋다*

①②③④의 첫 단어가 '여행'이라는 단어에 대한 첫 번째 연상어휘이다. 그 다음에 연결되어 있는 단어들이 연상어휘에 대한 새로운 연상어휘이다.

내용을 분석해 보면, '여행'에 대해 긍정적인 어휘로 구성된 예와, 부정적 어휘가 함께 구성된 예가 있다. 부정적 어휘의 예를 보면 ④자다-피곤하다-자고싶다-꿈 꾸고 싶다(단●●), ④ 힘들다-통하다-위안 좋아요-걱정하다-남편 한 달 월급 없어요 (유●), ① 힘들다-쉬고 싶다-자다(투●), ① 힘들다-쉬고 싶다-자다(●)이다. 자극어휘가 '여행'이었지만, 연상어휘에서는 경제적인 걱정, 신체적인 피로감을 드러낸 것으로 분석할 수 있다. 연상어휘 속에서 사람관련어휘들을 통해 관계적인 면을 추측해 볼 수 있다. 연상어휘 속에 가족, 친구 등이 연상된 경우와 그렇지 않은 경우로 나눌 수 있다. 가족이나 친구에 대해 연상을 하지 못하는 것은 관계적인 면에 떠올리고 싶지 않은 원인이 있어서일 수 있어서 필요한 경우 개인상담을 해야 되는 경우도 있다.

11) 미래의 꿈 나누기

이 활동에서는 미래의 꿈을 단계적(몇 달 뒤, 1년 후, 5년 후, 죽기 전)으로 설정하여 쓰게 하였다.

김●●	몇 달 뒤	국적이 나왔으면
	1년 후	병을 고쳐서 건강한 몸으로 신랑 일손을 도울 것이다
	5년 후	건강한 몸으로 신랑과 행복하게 살 것이다
	죽기 전	한 마음으로 서로 돕고 오순도순 살다가 함께 저승 가려 해요
한●●	몇 달 뒤	공부를 끝낼 것이다
	1년 후	시험이 끝나면 좋겠다
	5년 후	한국 국적을 따다
	죽기 전	대한민국에서 잘 살고 싶다
●●	몇 달 뒤	나는 공부 많이 해야겠어요. 한국사람처럼 말하기를 잘 하고 싶다. 한국말 잘하면 회사에서 일학 싶어요
	1년 후	남편과 아들 건강하게
	5년 후	
	죽기 전	우리 아들 위해서 대학교 잘 보내고 끝까지 하고 싶어요.
●●	몇 달 뒤	한국말 많이 늘었으면
	1년 후	일 할 것이다
	5년 후	돈을 많이 벌어서 큰 아파트 살 거예요. 아이 공부도 잘 하게
	죽기 전	여행을 가고 싶다.
투●	몇 달 뒤	두환이 잔치 잘 할 것이다
	1년 후	예쁜 집에 이사가고 싶다.
	5년 후	차 사고, 집도 사고 싶다
	죽기 전	돈 많이 벌어 더 잘 살 거예요.
허●●	몇 달 뒤	일할 것이다
	1년 후	집을 사고 싶다
	5년 후	아기 공부 잘하게
	죽기 전	딸 시집 잘 가게
단●●	몇 달 뒤	친정엄마 초청, 열심히 공부해야겠어요, 돈 많이 벌어야 겠어요

	1년 후	운전 꼭 배워야겠어요
	5년 후	새집 만들어야겠어요, 남편 차도 바꾸고 싶어요
	죽기 전	행복하게 살아야겠어요.
히●●	몇 달 뒤	국적 꼭 딸 거예요, 친정엄마 모셔올 거예요.
	1년 후	
	5년 후	큰집에 이사할 거예요, 베트남 꼭 갈 거예요, 우리아들 초등학교 가기 전에 좋은 학원에 가고 싶어요.
	죽기 전	사람들이 사랑 바꾸고 건강한 행복 가족 만들 거예요, 아들 잘 키워 건강하고 똑똑하게 키울 거예요.
거●	몇 달 후	면허증을 딸 거예요, 공부를 열심히 해야겠어요
	1년 후	공부한 다음에 시험을 봐야겠어요, 한국말로 많이 얘기 해야겠어요
	5년 후	한국요리식당 차려보고 싶어요.
	죽기 전	돈을 잘 벌어야겠어요, 제주도에 꼭 가야겠어요, 중국 명산에 가야겠어요.
●춘●	몇 달 후	빨리 한국문화에 적응하여 당당하게 살고 싶다
	1년 후	남편 같이 외국여행 하고 싶다
	5년 후	아들, 남편 같이 행복한 가정 가지고 싶다, 내가 하고 싶은 가게 차리고 싶다
	죽기 전	남편이 항상 건강하고 오래오래 살았으면
●●	몇 달 후	남편과 아들이랑 여행, 동대문에 가야겠어요
	1년 후	돈 많이 벌면 우리 부모님에게 드리겠어요
	5년 후	우리 부모님 같이 살고 싶어요.
	죽기 전	우리 아들 결혼하고, 손자도 보고 남편이랑 오래오래 살고 싶다
푸●	몇 달 후	남편, 아들, 딸 건강하면 좋겠어요
	1년 후	한국말 배우면 좋겠어요
	5년 후	
	죽기 전	

꿈에 대한 표현에는 막연한 희망을 표현한(-고 싶다, 좋겠다) 예와 결심이나 의지의 표현인 '-야겠어요'가 있었다. 꿈의 내용에서는 가족 건강이나 동거, 건강, 여행에 관련된 꿈, 일자리에 대한 꿈, 한국말에 대한 꿈, 돈을 잘 벌고 싶어하는 꿈 등이 있다.

이러한 꿈 표현들이 어떻게 실현되었는지를 1년 후 전화 인터뷰를 통해 확인하였다.

먼저 전화 인터뷰를 통하여, 근황을 확인하여 보았다. 이들은 한국어 공부를 지속하거나 한국인 친구를 많이 사귀어서 말할 기회를 많이 갖고 있었다. 또한 국적을 취득하고, 회사에 취업 한 사람도 있었고, 취업을 준비 중에 있는 사람도 있었다. 프로그램에 참여했던 구성원들끼리 계속적으로 연락하면서 좋은 관계를 유지하고 있었다. 프로그램에서 자신들이 언어로 표현한 삶을 살아가고 있는 모습이었다.

번호	한글성명	전화 인터뷰(1년 후)
1	허●●	아이와 한국어 공부를 계속하고 있음. 둘째 아이 임신, 아이와 함께 글 쓰고 그림 그리면서 행복하게 지내고 있음. 일부 구성원들과 좋은 관계 유지. 국적 취득.
2	걸●	회사에 취직. 한국친구를 많이 사귀었음. 한국어 능력이 많이 향상되었음. 구성원들과 좋은 관계 유지. 국적 취득.
3	유●	한국어 공부를 지속하고 있음. 구성원들과 좋은 관계 유지. 국적 취득.
4	김●지	구성원들에게 연락을 계속적으로 취하고, 회사에 계속 다니고 있음. 국적 취득.
5	보티투엣●●	회사에 취업. 국적 취득. 구성원과 좋은 관계 유지.
6	●●탄●●	연락처가 없음.
7	●●●히●●	취업 준비 중, 한국인 친구를 많이 사귀었음. 국적 취득.
8	●●●튀●	회사에 취업. 국적 취득. 구성원과 좋은 관계 유지.
9	●●휘	회사 취업, 구성원 중 일부와 연락을 취하고 있음.
10	●라●	앞치마 공장 취업. 한국어 실력이 많이 늘었음. 구성원들과 좋은 관계를 유지하고 있음.

11	김●숙	국적 취득. 의료보험 혜택 등을 받고 있는 것에 만족해 함.
12	●●튀●	국적 취득을 못함. 둘째 아이 출산. 한국어 교육 지속적으로 함.
13	노●●	공장 취업, 학원 강사로 취업하기 위해 준비 중임. 한국친구를 사귀었음. 국적 취득.
14	●●숙	국적 취득은 할 수 있지만 중국 연금 문제로 취소. 구성원들과 연락을 하며 좋은 관계 유지.

인터뷰를 통해 확인한 치유의 글쓰기 프로그램 「찾아가는 다문화학교」의 효과를 정리해 보았다.

첫째 그림과 글쓰기, 말하기를 통해 재미있으면서, 자기의 마음을 살필 수 있는 시간이어서 매우 행복했다.

둘째 문화적응 스트레스가 많이 해소되고, 문화적응에 대한 의지를 갖게 했다.

셋째 영화나 글, 다른 사람들의 이야기를 들으며, 자신의 생활을 생각해 보는 기회를 가질 수 있었다.

넷째 이야기를 들으며 서로를 이해하고 친해질 수 있었다이다. 「찾아가는 다문화학교」 프로그램에서 진행된 글쓰기, 말하기, 그림그리기 등 다양한 매체를 활용한 자기 표현은 이민과 결혼 생활에서 오는 부정적 감정과 문화적응 스트레스를 정화시키고, 치유적인 효과를 볼 수 있게 하였다. 또한 글쓰기와 말하기, 그림 등을 통한 자기표현은 내 문제를 객관화시키고, 타인의 삶의 아픔을 위로하고 격려하는 소통의 기회를 제공하였다. 집단 활동을 통해 비슷한 상황에 있는 구성원들 간의 공감대를 형성할 수 있었고, 이는 1년 후까지도 좋은 관계를 유지하도록 하였다.

4. 나가며

「찾아가는 다문화학교」는 말하기, 글쓰기, 미술치료, 의사소통 통합 프로그램이다. 「찾아가는 다문화학교」는 한국어, 한국문화, 다문화에 대한 이해를 통해 외국인으로서 한국에서 건강하고 행복하게 살아갈 수 있도록 돕는 인문치료 프로그램이다. 「찾아가는 다문화학교」 프로그램의 치료 목적은 자기와의 내적소통을 통한 건강한 소통관계 형성이다. 이를 위하여 「찾아가는 다문화학교」 프로그램의 치료 목적은 네 가지 원리 안에서 운영되었다. 첫째 공감을 전제로 한 안전한 소통 환경의 원리이다. 둘째 지금-여기의 과정 중심 원리이다. 셋째 참여자의 자발성 원리이다. 넷째 글쓰기와 말하기 보완의 원리이다.

각 회기 주제는 세계 여러 나라 인사하기, 자기 고향 소개하기, 나의 명절, 은유로 말하기, 영화 보고 이야기 나누기, 나의 감정 알아차리기, 문화적응 스트레스 날려 보내기, 내가 원하거나 필요한 것 20가지, 나에게 보내는 편지, 클러스터링, 미래의 꿈 나누기이다.

「찾아가는 다문화학교」 프로그램에서 진행된 글쓰기, 말하기, 그림그리기 등 다양한 매체를 활용한 자기표현은 이민과 결혼 생활에서 오는 부정적 감정과 문화적응 스트레스를 정화함으로써 카타르시스를 경험하고 치유적인 효과를 볼 수 있게 하였다. 또한 글쓰기와 말하기, 그림 등을 통한 자기표현은 내 문제를 객관화시키고, 서로의 삶의 아픔을 위로하고 격려하는 소통의 기회를 제공하였다. 집단 활동을 통해 비슷한 상황에 있는 구성원들 간의 공감대를 형성할 수 있었고, 이는 1년 후까지도 좋은 관계를 유지하도록 하였다.

프로그램 진행 후 사전, 사후에 여성결혼이민자들의 삶의 변화에 대한 추이가 필요하지만, 여성결혼이민자들의 삶을 통제하기가 불가능하기 때문에 객관적으로 입증하기 어려운 점이 있다.

참고문헌

김이선·김민정·한건수, 『여성 결혼이민자의 문화적 갈등 경험과 소통 증진을 위한 정책과제』. 한국여성개발원, 2006.

김희경, 「다문화가정 여성결혼이민자의 스트레스 유형분석」, 『女性硏究』 Vol.78. 한국여성정책연구원, 2010, pp.119-158.

로제마리 마이어 델 올리보. 박여명 역, 『나를 일깨우는 글쓰기』, 시아, 2010.

빌코외 2, Berko · Wolvin · Wolvin, 이찬규 역, 『언어 커뮤니케이션』, 한국문화사, 2003.

박은미·이곤수, 「다문화사회와 지역사회적응-여성결혼이민자의 사례」, 『한국행정논집』, Vol. 21. No.2. 2009, pp. 407-431.

셰퍼드 코미나스·임옥희 역, 『치유의 글쓰기』, 홍익출판사, 2008.

양옥경·김연수, 「서울거주 여성결혼이민자의 우울에 영향을 미치는 요인 연구」, 『정신보건과 사회사업』 Vol. 26, 한국정신보건 사회복지학회, 2007, pp.79-110.

원진숙, 「삶을 주제로 한 자기 표현적 쓰기 경험이 이주 여성의 자아 정체성 형성에 미치는 영향에 관한 한국어 쓰기 교육 사례 연구」, 『작문연구』 제11집, 한국작문학회, 2010, pp.137-164.

이경우·김경희, 『커뮤니케이션과 대인관계』, 보고사, 2006.

임은희, 「여성결혼이민자의 정신건강 문제에 관한 시론적 연구」, 『한영논총12』, 한영신학대학교, 2008.

정경운, 「여성결혼이민자의 문화적응과 언어 문제」, 『외국어로서의 한국어교육』Vol. 34, 연세대 언어연구교육원 한국어학당원, 2009, pp.89-111.

정기선·한지은, 「국제결혼이민자의 적응과 정신건강」, 『한국인구학』 제32권, 한국인구학회, 2009, pp.87-114.

정기철, 「글쓰기 능력 향상을 위한 자기표현 글쓰기-'내 슬픔에 대해 글쓰기'를 중심으로」, 『한국언어문학』 제74집, 2010, pp.529-558.
정성미a, 「비탄의 기록에 나타난 언어의 특징-인문치료 소통모델 기초연구」, 『한국어문교육연구회 학술대회 발표집』, 2010.
정성미b, 「인문치료에서 바라본 다문화 소통」, 『인문치료 제2회 국제학술대회 발표집』, 강원대학교 인문한국인문치료사업단, 2010.
정성미c, 「한국어교육에서 여성결혼이민자를 위한 글쓰기치료적 접근」, 『어문논집』 제45집, 중앙어문학회, 2010, pp.193-212.
정현숙, 「우리는 왜 문화간 커뮤니케이션을 알아야 하나」, 『한국인과 문화간 커뮤니케이션』, 커뮤니케이션북스, 2007, pp.31-44.
제임스 페니케이커, 김종한·박광배 역, 『털어놓기와 건강』, 학지사, 2008.
제임스 페니케이커, 이봉희 역, 『글쓰기치료』, 학지사, 2007.
채연숙, 『글쓰기치료-이론과 실제』, 경북대학교출판부, 2010.
출입국·외국인정책본부, 『통계월보』 12월호, 2010.
캐서린 아담스, 강은주·이봉희 역, 『저널치료』, 학지사, 2006.
Pennebaker, J. W. & A. Graybeal(2001).「Patterns of natural language use: Disclosure, personality, and social integration」. Current Directions in Psychological Science,10, pp.90-93.

※ 이 글은 필자의 논문 「여성결혼이민자의 치유의 글쓰기」(『다문화콘텐츠연구』 10집, 2011)를 수정·보완한 것이다.

미혼모의 긍정성 향상을 위한 인문치료

최 병 욱

1. 들어가며

미혼모들은 대체로 청소년기에 임신과 출산을 경험하기 때문에 의학적·사회적·교육적으로 심각한 위기에 놓여 있어 여러 영역의 전문가들의 도움이 필요한 상황에 있다. 또한 예상치 못했던 임신과 출산으로 미혼모들의 정신적 스트레스가 높아지고 이러한 점들은 삶을 부정적으로 인식할 수 있다. 실제로 그들이 처한 현실적 상황으로 인해 일반 사람들과 비교해 보면 우울증 증세를 보이는 경우도 많으며, 불안한 미래에 대한 걱정으로 인해 정서적 안정이 필요한 경우가 많다. 특히 아이를 직접 양육하는 양육 미혼모의 경우에는 아이 양육을 혼자 감당해야 하는 경제적 부담과 정신적 스트레스가 크게 작용하여 더욱 그러하다. 이와 더불어 공동생활을 하는 시설 미혼모들은 새로운 공동체에 대한 적응도 쉽지 않은 경우가 많아 지자체의 경제적 지원에도 불구하고 미혼모 시설에서 자의반 타의반 퇴소하는 경우도 종종 있다.

따라서 필자는 그들의 삶에 대한 긍정성뿐만 아니라 같은 처지에 있는 다른 미혼모들과 어떻게 공동생활을 잘 하고 함께 서로 위로하고 살아갈 것인가에 대한 프로그램에 대해 고민하였다. 미혼모들이 현재 생활하고 있는 공동체에 대해서도 생각하였고, 그들이 겪어야 했던 가족 간의 갈등, 사랑의 아픔, 그리고 그들이 현실을 인정하며 앞으로 어떻게 살아가야 하는지에 대한 고민과 꿈에 대해서도 생각하였다. 이러한 필자의 고민과 해당 시설 사회복지사와의 협의 과정에서 프로그램을 만들었다.

이 글은 이러한 양육 미혼모 인문치료 프로그램의 임상사례의 결과로써 양육 미혼모들이 자신의 삶에 대해 진지하게 성찰해 보고 행복한 미래를 위해 삶을 보다 긍정적으로 살아가기 위한 목적으로 실시한 인문치료 프로그램 활동을 바탕으로 하였다.

2. 인문치료의 필요성

2013년 5월 현재, 미혼모자 시설(미혼임산부가 입소하여 출산, 양육의 서비스를 제공받는 곳)은 전국에 33곳이 있으며, 미혼모자 공동생활가정(양육 미혼모자가 생활하며 양육과 자립기반을 준비하는 곳)은 24곳이 있다. 필자가 상담했던 곳은 미혼모자공동생활가정이었다. 서울시에 소재해 있는 모재단의 미혼모자공동생활가정에서는 미혼모들을 위해 제반 경제적 지원뿐만 아니라 재사회화에 필요한 자격증 획득, 계속 학업을 지원하고 있다. 주로 생활지원사업(숙식보호제공, 양육물품으로 분유, 기저귀, 피복, 공공요금,

의료비 등을 지원), 자립기술훈련(안정적인 자립생활에 필요한 실제교육 실시. 건강, 안전, 요리, 세탁, 청소), 상담사업(개별상담, 집단상담, 가족상담), 교육사업(부모교육, 학력취득지도 교육), 직업교육지원사업(피부미용, 미용, 컴퓨터, 간호조무사, 회계, 요리 등) 등을 시행하고 있다. 그러나 생활지원이나 자립기술훈련과 같은 외적 지원 사업 이외에 미혼모들을 위한 내적 지원 활동은 거의 없다.

물론 정서적 안정을 위한 가족 봄나들이, 도서관 나들이, 문화활동(영화 관람, 미술관 관람, 뮤지컬 관람), 원예치료 등이 있지만, 보다 근본적인 내적 지원이 필요하다. 미혼모 스스로 자신에 대하여 진솔하게 느끼고 고민하는 것을 돕는 내적이고도 정신적인 차원의 프로그램으로의 확대는 본격적으로 현실화되지 못하고 있는 실정이다. 미혼모들이 가족과 사회로부터 부정적 시선으로 위축되어있는 자아존중감과 소외감, 아기의 양육으로부터 오는 우울감, 이로 인한 삶의 부정적 인식 등에 대한 근본적인 치유 프로그램이 필요하다.

미혼모는 자신의 문제, 미혼부와의 문제, 가족을 포함한 주변 환경과의 관계에서 심각한 문제를 안고 있다. 그러나 미혼모 시설이나 해당 기관은 당면문제만을 해결해주고 있는 상황이다. 이들의 아픈 마음을 치유해주고 삶에 대한 긍정성을 향상시켜 사회에 나가 건강한 인간으로 살아갈 수 있도록 돕기 위한 다양한 인문학 프로그램의 개발과 연구가 필요하다. 이것이 바로 인문정신을 근간으로 하는 인문학적 프락시스나 인문학적 치료가 개입해야 하는 이유이다.

인문치료는 인문학적 정신과 방법으로 마음의 건강과 행복한 삶을 위해 인문학 각 분야 및 연계 학문들의 치료적 내용과 기능을 학제적으로 새롭게 통합하여 사람들의 정신적·정서적·신체적 문제들을 예방하고 치유하는 학문이자 실천적 활동이다. 한마디로 말하면, 인문학적 가치와 방법을 통해 현대인들의 마음의 병을 치유하는 행위이다. 인문치료는 인문학적 가치와 방법을 사용하는 치료적 활동을 통해 인간의 삶의 궁극 목적인 행복에 도달하도록 돕고자 한다.

결국 인문치료의 목적은 인문학적 앎의 실천을 통해 행복추구의 필수 조건인 건강한 마음을 유지·회복·촉진하는 데에 있다. 인문학을 통해 스스로 인간다운 삶이 무엇인지 검토해보고 자기 자신의 마음을 스스로 치유하는 방법을 찾는 것이 가장 중요하다. 이는 자신을 구할 수 있는 가장 본질적인 존재는 바로 자기 자신이기 때문이다.

인문치료는 인문학적 가치를 실현하여 마음의 문제를 치료하는 데 필요한 인문학 관련 학문들, 즉 문학·사학·철학·미학을 비롯하여 예술·심리·상담·교육 등 관련 분야의 성과를 바탕으로 이루어진다. 이때 이것은 넓게 본 인문학의 고유한 방법을 통해 이루어진다. 즉 철학적 사고, 문학적 상상력, 비유적 표현, 읽기, 쓰기, 말하기, 듣기, 정서적 교감 등 인간의 직접적인 능력을 인간중심적으로 총체적으로 활용하는 문학적, 사학적, 철학적, 언어적, 예술적 방법을 통하여 치료한다.

미혼모 인문치료 프로그램은 위와 같은 다양한 인문학적 기법들을 활용하고자 하였다. 『논어』를 통해 인문학의 즐거움을 알고, 만다라 미술과 갑골문 퍼포먼스를 통해 공동체와 사랑에 대해 느껴보고자 했다. 역사 속의 여성들의 모습을 통해 스스로에 대해 성찰해 보는 시간을 마련하고자 했다. 또한, 미혼모 관련 영화를 통해 사람에 대한 사랑과 삶에 대한 긍정성, 그리고 새로운 공동체에서의 함께하기에 대해서도 생각해보고 얘기해 보고자 했다. 중도 장애인의 삶을 통해 시련과 극복, 그리고 희망에 대해 생각해 보고, 내가 가진 나만의 장점에 대해서 글을 쓰는 시간을 갖고자 했다.

『장화홍련전』이나 『상사뱀설화』와 같은 고전 문학 속의 인물들을 통해 내 자신을 다시 한 번 들여다보고, 상처 입은 관계의 치유에 대해서도 고민하는 시간을 가져보고자 했다. 실화를 바탕으로 한 영화를 보면서 주변의 모든 것에 대한 고마움, 그리고 살아가는 동안에 포기하지 말고 희망을 가지고 이겨내자는 메시지를 공유하고자 하였다. 미래일기 쓰기와 미래의 집 그리기 작업을 통해 작은 꿈, 긍정적 희망에 대한 소박한 미래를 담아 보고자하였다. 이러한 인문치료 프로그램을 통해 양육 미혼모들이 두렵게 펼쳐질 새로운 사회에 대한 자신감과 삶에 대한 긍정적 힘을 가질 수 있는 시간을 마련해 보고자 하였다.

3. 연구방법

1) 연구대상

인문치료 프로그램의 대상은 서울시에 소재한 모재단 산하 미혼모자공동생활가정에 입소한 양육 미혼모들이다. 이곳에 거주할 수 있는 미혼모는 2세 미만의 영·유아를 양육하는 미혼모로 의료 및 숙식보호를 필요로 하는 여성이 대상이며, 자립의지가 확고하고 전염병 및 정신질환이 없는 양육모로 한정하고 있다. 보통 입소기간은 2년 이내로 한정하고 있다. 양육 미혼모의 현실적 어려움 때문에 경제적 지원을 받으려고 이곳에 입소하려는 미혼모는 증가하고 있다. 그러나 입소기간을 정해두고는 있지만, 실제로 공동생활의 불편함이나 어려움 때문에 대부분 20대 초반의 젊은 그녀들이 2년의 기한을 모두 채우고 나가는 경우가 매우 적다.

2011년 5월 현재, 이곳에 입소한 양육 미혼모는 모두 10명이었다. 이중 1명은 프로그램 기간 중 미용사 취업 실습으로 인해 참가하지 못하고 9명이 인문치료 프로그램에 참여하였다. 대상자는 19세 청소년 미혼모부터 30대 미혼모에 이르기까지 연령별로 다양했으나, 대부분 20대 초반의 연령대였다. 아래는 인문치료 프로그램에 참여한 9명 미혼모의 기본적인 정보를 정리한 것이다.

〈표 1〉 인문치료 프로그램 참여자

참여자 (나이)	학력	자녀	가족과의 관계	특징
A(20)	고졸	여아	엄마와 연락	성격 밝은 편. 미용 학교 졸업에 대한 욕구 강함
B(30)	고졸	남아	부모 안 계심. 할머니, 고모와 연락	소극적 성격. 배타적이며, 의사소통 어려움
C(22)	고중퇴	여아	부모 계심(공무원). 연락 소원	목표의식 없음
D(22)	고중퇴	여아	엄마 집 주말마다 방문	불만표출이 강한 동시에 성격은 매우 유쾌하고 친화력 좋음
E(21)	고중퇴	남아	아버지와 연락. 경제적 어려움	감정기복이 심하고 눈치를 많이 봄
F(19)	고중퇴	남쌍아	부모 별거. 모두 연락하며 경제적 도움 받음	친화력 좋음
G(23)	고졸	남아	아버지, 오빠와 연락. 간혹 왕래	타인에 대한 불신 높음. 시설 생활을 오래했지만, 이기적인 면이 강함
H(29)	대중퇴	여아	친어머니 재혼. 엄마와 긴밀한 관계	인력자원이 넓음. 적극적 성격. 다만, 예전 누렸던 생활에 대한 그리움 강함
I(32)	고중퇴	여아	아버지, 중학교 때 사망. 어머니, 오빠와 연락 두절	사회성 좋음. 경제적 곤란으로 학업, 직업 선택에 어려움 많음

2) 사전검사도구

필자는 사전 검사도구로서 회복탄력성 지수(KRQ-53)를 사용하였다. 회복탄력성은 원래 제자리로 되돌아오는 힘을 일컫는 말로 회복력 혹은 높이 되튀어 오르는 탄력성을 뜻한다. 심리학에서는 주로 시련이나 고난을 이겨내는 긍정적인 힘을 의미하는 말로 쓰인다. KRQ-53은 레이비치(K. Reivich)와 샤테(A. Shatte)의 책에 소개된 56개의 문항을 한국의 정서에 맞게 수정 보완하고 학생과 성인 2,000명 이상의 표본을 대상으로 조사를 반복하여 엄밀한 통계 분석 기법을 사용한 한국형 회복탄력성 지수이다. 회복탄력성을 구성하는 세 가지 요소는 자기조절능력, 대인관계능력, 그리고 긍정성이다. 이 세 가지 요소 중 가장 중요한 것은 바로 긍정성이다. 긍정성을 강화하면 자기조절능력과 대인관계능력을 동시에 높일 수 있다. 필자는 인문치료 프로그램 활동 전에 미혼모들에게 회복탄력성 지수를 사전 조사하였다. 참여자 9명의 사전 검사 점수는 아래와 같다.

〈표 2〉 양육 미혼모의 회복탄력성 사전 검사

참여자	자기조절능력 (90)	대인관계능력 (90)	긍정성 (85)	회복탄력성 (265)
A	51	68	59	178
B	59	66	57	182
C	56	59	49	164
D	65	62	61	188
E	58	60	65	183
F	58	58	60	176
G	64	43	42	149
H	51	56	55	162
I	68	69	66	203
참여자 평균	58.9	60.1	57.1	176.1
한국인 평균	63.5	67.8	63.4	194.7

미혼모들의 회복탄력성 지수는 예상대로 한국인 평균치보다 현저히 낮았다. 특히 G의 경우 긍정지수가 가장 낮았을 뿐만 아니라

회복탄력성 지수 역시 한국인 평균에 비해 크게 차이가 있었다. 해당 시설에서 제공한 정보에 의하면, G는 현실에 대한 부정적 인식이 매우 강하며, 이기적인 성격을 가지고 있었다. 또한 C와 H 역시 긍정성 지수가 한국인 평균에 비해 매우 낮았다. C는 부모가 공무원이어서 큰 걱정거리 없이 생활하다가 미혼모가 되어 부모와의 관계도 소원해지고 목표 의식 없이 시설에서 생활하고 있는 상황이었다. H는 대학을 중퇴하여 다른 입소자들에 비해 인력자원이 넓을 뿐만 아니라 정보력도 좋고 적극적인 성격을 지녔지만, 예전 누렸던 생활에 대한 그리움이 강했다. 이러한 이유로 다른 참여자들에 비해 그녀들은 긍정성 지수가 낮게 나왔던 것으로 보인다. 일부 긍정지수가 높게 나온 경우도 있지만, 전체 회복탄력성 지수는 한국인 평균보다 상당히 낮았다. I의 경우는 한국인 평균보다 높은 회복탄력성 지수가 나왔다. I는 이미 사회생활의 경험도 많아 사회성이 좋으며, 양육에 대한 의지가 매우 높았다. 다만, 미혼부와의 관계가 소원해지고 경제적 어려움 때문에 시설에 입소한 상태였다.

〈표 3〉 M대학 3-4학년 여자 대학생 회복탄력성 검사

참여자 (14명)	자기조절능력 (90)	대인관계능력 (90)	긍정성 (85)	회복탄력성 (265)
여대생 평균	60	64	67	191

미혼모들의 회복탄력성 지수와 직접적인 비교를 위해 같은 시기 서울에 소재한 M대학 여대생들을 대상으로 조사하였다. 여대생들

의 회복탄력성 지수가 한국인 평균과 전체적으로 비슷하게 나왔지만, 특이할 만한 것은 긍정성 부분에서는 미혼모보다는 현저히 높게 나왔다는 것이다. 그것은 현재의 생활에서 드러나는 삶 그 자체에 대한 느낌으로 보였다.

4. 프로그램의 과정과 결과

1) 회기별 인문치료 프로그램

이 프로그램은 서울시에 소재한 미혼모자공동생활가정 내의 프로그램실에서 2011년 5월 14일부터 2011년 7월 2일까지 회기마다 2시간, 주 1회로 총 8회 실시하였다. 필자는 미혼모들이 현재의 자신을 인정하고 미혼모자공동생활가정이라는 새로운 공동체의 삶을 긍정적으로 받아들이고, 다른 미혼모들과 관계를 개선하며, 미래의 독립된 삶을 적극적으로 개척해 나가고 밝은 꿈을 꿀 수 있도록 하는 미혼모 인문치료 프로그램을 만들었다. 회기별 프로그램의 주제는 다음과 같다.

〈표 4〉 미혼모를 위한 인문치료 프로그램

단계	회기	주제	회기별 목표 및 내용
도입	1	행복한 인문학	- 목표 : 인문학을 통해 삶의 행복 깨닫기 - 내용 : 라포 형성 및 행복한 인문학 알기
전개	2	역사 속의 여성, 그리고 나	- 목표 : 역사 속의 여성을 보면서 나를 다시 인식한다

			- 내용 : 역사드라마 속에서의 여성 인물들의 모습을 현대적으로 해석하여 함께 이야기하기
	3	삶의 긍정과 사람에 대한 희망	- 목표 : 삶에 대한 긍정, 그리고 희망, 새로운 가족 찾기 - 내용 : 영화 〈노블리〉 보고 함께 이야기하기
	4	시련과 극복, 그리고 희망	- 목표 : 시련과 극복, 그리고 희망 갖기 - 내용 : 시련 속에서 희망을 찾아간 사람들, 그리고 그 이야기
	5	마음속의 병을 찾아 치유하기	- 목표 : 고전 문학을 통한 자기 내면의 치유 - 내용 : 고전 속의 인물들을 통해 나의 감춰진 내면을 끄집어내어 잘못된 부분을 치유한다.
	6	상처 입은 관계의 치유	- 목표 : 고전 문학을 통한 상처 입은 관계의 치유 - 내용 : 고전 속의 인물들을 통해 상처 입은 관계의 회복을 꾀한다.
	7	모든 것에 대한 고마움	- 목표 : 주변의 모든 것에 대한 고마움 알기 - 내용 : 영화 〈127시간〉 보고 함께 이야기하기
종결	8	작은 꿈, 긍정적 희망 갖기	- 목표 : 나의 꿈, 나의 미래 기억하기 - 내용 : 멋지고 아름다운 나의 삶에 대해 미래 일기쓰기와 미래의 집 그리기

1회기 : '행복한 인문학 알기'

1회기에서 필자는 우선 간단히 인문학에 대한 정의와 우리의 삶에 인문학이 어떤 의미가 있는지에 대해 설명하였다. 인문학은 인간에 초점을 두지만, 인간은 개인만을 의미하지 않는다. 우리는 사회적 관계 속에서 나와 너를 확인한다. 우리는 모두 서로 다른 무늬, 즉 인문(人文)을 가진 사람들이다. 비슷한 사람은 있지만 똑같은 사람은 없는 것처럼, 우리의 생각과 마음이 만들어 내는 무늬 역시 비슷할 수 있겠지만 같지는 않다. 이렇게 모든 사람은 다른 무늬를 가지고 있는데, 이러한 '다름'과 '차이'를 인정하는 것이 인문학의 출발점이다. 서로의 외모가 다르다는 것은 어디서든 금세 확인할 수 있기 때문에 이를 설명하기 쉽다. 그러나 우리의 마음과 생각이 다르다는 것은 당장 눈에 보이지 않기 때문에 설명하기가 쉽지 않다. 이때 만다라를 실시하면 효과적이다. 미혼모들은 만다라 미술작업을 통해 나와 너의 존재에 대해서 확인하고, 함께 살아가기에 대해 고민하였다.

또한 이들은 현재 양육 미혼모이다. 힘든 상황에서도 자신이 아이를 낳아 키우겠다고 나선 것이다. 쉽지 않은 결정을 한 그들에게 옛 갑골문자를 통해 용기를 주고자 했다. 영유아는 보호를 받으며 양육되는 것이 당연하나 여러 가지 개인적·경제적 상황에서 버려질 가능성도 있는 존재이다. 옛 사람들도 그런 의미에서 보호한다는 의미의 '보(保)'자가 어른이 어린아이를 안고 있는 모습에서 따왔다. '효'가 노인을 등에 업은 모습이라면 '보'는 자신의 아이를 소중히 여기는 모습에서 나온 것이다. 참여자들은 갑골문 '보'의 퍼포먼스를 통해 옛 사람들이 이렇게 글자를 만든 것에 신기해 했고, 스스로 아이를 양육하는 보호자로서 중요한 의미가 있다고 얘기했다.

한편, 인문학 하기가 어렵고 힘든 것이 아닌 결국 자신을 즐겁게 하고, 타인과의 행복한 소통을 위한 것이라는 것을 이야기 해 주기 위해 논어의 '학이(學而)'편을 인용했다. 배움과 친구, 그리고 상대에 대한 존중을 공자가 강조하고 있는 데 모두 기쁨〔說〕과 즐거움〔樂〕, 화내지 않음〔不慍〕같은 긍정적 정서이다. 기쁨, 즐거움과 같은 긍정적 감정이 인문학 공부의 진정한 목적임을 2,500년 전의 공자도 강조하고 있는 것이다. 그리고 긍정성 향상을 위해 미혼모들에게 감사 일기를 매일 쓰게 하였다. 세상에는 감사해야 할 일들이 엄청 많음에도 불구하고 우리들은 그 사실을 잘 모르고 산다. 긍정의 힘을 끌어올리기 위해서는 지금 여기에서 내가 사소한 일이라도 감사해야 할 일이 무엇인가에 대해 적어도 하루 3번 정도 생각하게끔 하였다. 그리고 그것을 매일 일기에 쓰게 하였다. 감사 일기는 8회기 동안 매일 진행되었고, 매주 프로그램 전에 각자 발표하게 하였다.

2회기: '역사 속의 여성, 그리고 나'

국가의 기억이 역사라면, 나의 역사는 나의 기억이다. 긍정성 향상을 위해 나의 행복했던 과거를 기억하여 글쓰기를 하였다. 거의 모든 미혼모들이 과거 행복했던 기억 중의 하나가 바로 지금 자신의 아이를 만났을 때라고 얘기했다.

A: 우리 딸을 처음 봤을 때 최고로 행복했어요. B: 우리 찬욱이가 태어난 것과 찬욱이를 위한 삶이 된 것에 의해 삶의 의미를 되찾은 것. C: 하진이가 태어난 날 행복했고, 최고의 날이었어요. 하진이가 커가면서 웃고, 울고 했던 모습이 제일 즐거운 추억입니다. 사랑한다 나의 딸. D: 친구들이랑 놀러 다닐 때도 행복했지만, 우리 딸 초음파 볼 때, 때어났을 때의 기억이 정말 생생하고 행복했었습니다. E: 내 아기를 가족들한테 처음 소개하고 가족으로 인정받던 날, 갈 곳이 없다가 중간의 집 입소 확정 받았을 때가 가장

행복했던 기억입니다. F: 나에게 행복했던 최고의 순간은 저의 분신과도 같은 쌍둥이가 이쁘게 세상에 나왔다는 것입니다. 또한 건강하게 잘 자라주고 있는 지금이 어느 순간 어느 무엇보다 행복합니다. H: 하윤이가 첫 울음 터뜨린 그 순간부터 지금까지 모든 순간이 행복하고 좋은 추억입니다. I: 세상에 태어나서 소중한 나의 딸을 만난 것이 나의 좋은 추억이자 기억입니다.

그리고 이렇게 행복했던 과거를 되살려 이를 현재까지 끌어올리고 더 나은 미래를 위해 현재 내가 해야 할 일은 무엇인가에 대해 서로 얘기하였다. 역사 속 이야기에서는 조선 시대에 실존했던 여성들을 대상으로 삼았다. 최근 드라마에 등장했던 대장금, 동이, 김만덕에 대해 이야기 하였다. 이들 모두는 어려운 환경 속에서 좌절하지 않고 자신의 미래를 개척한 여성들이다. 미혼모들은 이들의 이야기를 듣고, 함께 공감하며 서로 이야기하였다. 특히 제주 여성 김만덕은 어려서 부모를 잃고 기녀의 집에 의탁할 정도로 어려운 삶을 살았지만, 거상이 되어 빈민을 구제하는 활동을 펼친 인물이다. 그녀의 베품의 삶에 대해 얘기하고, 앞으로 미혼모 자신들도 베푸는 삶에 대해 생각해보는 시간을 가졌다.

3회기: '삶의 긍정과 사람에 대한 희망'

프로그램 3회기에서는 영화 〈노블리〉를 통해 삶의 긍정을 깨닫고, 주위에 대한 고마움과 새로운 가족 찾기에 대해 함께 이야기하였다. 필자는 영화를 두 부분으로 나누어 함께 보면서 프로그램을 진행하였다.

 # 장면1 (00:00-08:10, 14:55-16:50, 19:35-32:57): 남자친구가 노블리를 월마트에 버리고 도망. 월마트에서의 생활, 월마트에서 아이를 낳음. 많은 사람들의 도움을 받는다.

영화 속 이야기는 실화를 바탕으로 한 것이 아니며, 영화 속 배경 역시 한국도 아니고 미국이다. 〈노블리〉는 미혼모 자신에 대한 인식뿐만 아니라 주변의 인식 역시 한국과는 현저히 다른 미국을 배경으로 하고 있다. 그럼에도 불구하고 영화 〈노블리〉를 프로그램에 택한 이유는 주인공 노블리가 어떠한 역경 속에서도 긍정하는 삶을 살며, 자신을 사랑하는 사람이기 때문이었다. 배경이 다르고 허구적 인물의 이야기이지만, 미혼모들은 자신의 이야기인양 영화를 보았다.

첫 장면을 보고 나서 미혼모들에게 아이 낳을 때 주위의 도움을 받았던 때를 생각하면서 고마움의 글을 쓰는 시간을 주었다. 몇몇 미혼모들의 이야기를 정리하면 다음과 같다.

〈표 5〉 미혼모들의 고마움에 대한 이야기

참여자	〈노블리〉 영화 장면을 본 후 누군가에게 고마움의 편지 쓰기
B	내 자신에게 고마움의 글을 쓴다. 내 안에 나 아닌 또 다른 생명이 존재한다는 걸 알았을 때 아주 많이 두려웠었어. 세상에 여자 혼자 아이를 낳는다는 건 힘들고 견디기 힘든 고통이 될 거란 걸 알고 있었으니까. 하지만 세상 사람들의 따가운 시선을 받으며 살아갈 앞으로의 시간들이 너무나 힘들 걸 알면서 우리 찬욱이를 내 삶의 이유로 선택했다는 것에 대해서 너한테 참 고맙다.
F	임신사실을 확실하게 알고 나서 맨 처음으로 미혼모 시설에서 도움을 받았는데, 그곳에서 마음의 안정을 찾고 태교하고 당당해짐을 배울 수 있었어요. 무엇보다 감사한 것은 저와 제 아이들을 평범한

	엄마와 아이들로 받아주셨던 것에 감사합니다. 그곳에서 아이를 낳고 한 달간 아이들을 기르기까지 멀리서나마 도움을 주었던 우리 언니와 아빠께 감사합니다. 그리고 쌍둥이라는 이유로 여러 중간의 집에서 원하지 않는다고 해서 막막했는데 지금의 미혼모자공동생활가정에서 받아주시고 지금까지 도움주신 것에도 감사드립니다. 또 이곳에서 함께 생활하고 있는 언니들~ 정말 고마워요.
H	우선 기가 막힌 상황에서도 출산한 딸을 위해서 먼 길을 한 걸음에 달려와 출산 간호를 해주었던 우리 엄마. 엄마는 늘 나에게 엄격하고 무섭고 깐깐한 엄마였지만 생각해보면 그래도 늘 내 편이었어. 고맙고 감사하고, 또 너무 죄송해요. 그리고 모유 수유할 때 3일 동안 먹은 게 없어 젖도 나오지 않는 걸 알고는 쌀이며 라면이며 먹으라고 가져다주고, 기저귀 사라고 조심스럽게 몇 만원씩 쥐어주던 정희 언니… 사는 동안 잊지 않고 무던해지지 않고 늘 감사하고 또 감사하며 살겠습니다.
I	정말 하루하루가 힘들고 절망스러울 때 따뜻하게 손을 내밀어 주시고 보듬어주신 분이 있으세요. 감사합니다. 혼자 몸이었다면 아무래도 상관이 없었을 텐데. 너무나도 소중하고 사랑스러운 딸이 있기에 염치없지만 그 손을 잡았어요. 차후라도 이 고마움 절대 잊지 않고 보답할게요! 그리고 너무나도 고맙고 사랑스러운 저의 딸~ 세상을 밝은 눈으로 긍정적으로 다시 바라보며 살아갈 수 있게 내 인생의 전환점이 되어 준 사랑스러운 나의 딸에게 너무나도 고맙게 생각해요.

예상치 못했던 아이를 임신하고 출산하는 일들을 떠오르면서 그녀들은 모두 울음바다가 되고 말았다. 가족 혹은 주위 사람들에게 고마움을 전하게 되는 시간이 되었다.

장면 2 (01:20:00-01:27:57): 렉시의 상처를 위로하는 노블리의 모습. 렉시는 영화 속에서 노블리를 도와주는 이웃 언니이자 아이 넷을 키우고 있는 억척 싱글맘이다. 프로그램 중에 함께 보았던 영화의 장면은 그녀가 새로 사귀게 되었던 남자에게 상처를 입고 크

게 낙담하는 것에 노블리가 렉시의 상처를 위로하고 있는 모습이다. 이 장면을 보면 싱글맘들의 우정과 연대감을 확인할 수 있다. 미혼모들은 현재 누구와 소통하고 있는가. 누구와 우정을 쌓고 있는가? 그것에 대한 고마움의 편지 쓰기를 진행하였다. 서로 같은 처지에 가장 아픈 상처를 위로해 줄 수 있는 그녀들이지만, 공동생활에서 본의 아니게 서로를 질시하기도 하고 헐뜯기도 한다. 결국 이러한 이유들로 인해 그녀들이 사회적 안전망인 공동생활가정에서 자의적 혹은 타의적으로 퇴소하기도 한다. 자신과 아이들을 위해 서로 함께 이해하고 보듬어 주어야 할 그녀들이 한 순간의 감정을 참지 못해 잘못된 결과를 초래하기도 한다. 2년간의 이곳 생활에서 그녀들의 새로운 가족은 바로 현재의 이 공동체라고 할 수 있다. 영화 〈노블리〉 의 두 번째 장면을 통해 새로운 공동체와 가족에 대해 다시 한 번 생각해보고, 각자 고마움의 편지를 쓰는 작업을 병행하였다.

〈'혼자가 아닌 나'를 합창하고 있는 모습〉

또한 이 영화를 보고 참된 가족의 모습에 대해 생각해 보았다. 어쩌면 가족의 구성에서 중요한 것은 혈연이 아니라 정서적 유대가 더 강하게 작용한다. 그녀들은 모두 같은 처지에서 같은 고민과 아픔을 공유하고 있다. 프로그램 말미에 서영은의 〈혼자가 아닌 나〉 노래를 서로 손을 잡고 함께 합창하면서 서로간의 유대를 확인하는 자리를 가졌다.

4회기: '시련과 극복, 그리고 희망 갖기'

프로그램 4회기에서는 시련 속에서 희망을 찾아간 사람들, 그리고 그 이야기를 함께 함으로써 인생에서 긍정적 마인드가 얼마나 자신을 변화시키는가에 대해 생각하는 시간을 가졌다. 한국의 스티븐 호킹으로 알려진 서울대 이상묵 교수, 최초의 장애인 수도자 윤석인 수녀, 최초의 시각장애인 초등교사 송광우 선생 등에 대한 이야기를 하였다. 프로그램 활동에서는 남에게 없는 내가 가진 장점은 무엇인가에 대해 함께 글을 쓰고 이야기했다.

A는 성격이 쾌활하고 밝은 것이 자신의 장점이라고 했으며, B는 남의 아픈 얘기를 잘 들어주는 것이 남에게 없는 자신의 장점이라고 했다. C는 누구보다도 큰 키가 자신의 장점이며, D는 남들보다 어려보이는 얼굴과 세상 어디에도 없는 자신의 딸을 남에게는 없는 자신만의 것이라며 환하게 웃었다. E는 갑자기 생각이 나지 않는다며 얘기를 하지 못했고, F는 세상에 단 둘 뿐인 자신의 쌍둥이 아들과 긍정적인 마인드가 자신의 강점이라고 했다. 또한 못 배운 것이 남에게 없고 나에게 있는 것이지만, 이것 역시 이겨낼 것이라

고 했다. G는 긍정성 지수가 가장 낮은 참여자여서 2회기의 행복했던 과거의 기억에서도 얘기하지 않았고, 이번에도 '제게는 남에게 없는 게 없네요'라는 글로 답했다. H는 항상 씩씩한 자신이 강점이라고 했으며, I는 손재주가 좋은 것이 자신의 장점이라고 했다. 이러한 자신의 장점을 살려 프로그램 말미에서는 아래와 같이 서로의 꿈과 희망에 대해 이야기하였다. 또한, 윤석인 수녀의 자서전적 에세이 〈누워있는 피카소〉를 읽고 다음 회기에 독후감을 제출하도록 했다.

〈표 6〉 미혼모들의 소박한 꿈과 희망

A	우리 딸 놀이방 보내기, 미용학원 졸업장 받기, 피부 자격증 따기, 외국인과 대화가 통할 정도의 언어 실력 쌓기
B	어린이집 선생님 되기, 잠시 접어 두었던 글 솜씨로 아동 문학을 쓰는 것, 엄마께 행복한 내 모습을 선물하는 것, 찬욱이와 여행가는 것.
C	메이크업 배우면서 자격증 따고 돈 벌어서 방 잡고 내 아이와 행복하게 살기
D	그래픽 공부를 해서 그래픽 디자이너가 되어 평범하게 지후와 행복하게 살고 싶다. 검정고시 합격!
E	검정고시 합격해서 나의 적성에 맞는 직업 훈련하기. 내 아기와 여행하기. 대학교 가서 공부하며 캠퍼스 라이프 즐기기. 2011년 8월 검정고시 합격!
F	검정고시 열심히 준비해서 고등학교 졸업하기, 내가 좋아하는 분야를 조금 더 공부해서 자격증도 따고 하고 싶은 것을 찾아 열심히 해 보기. 정말 소박한 꿈은 우리 아들이 건강하고 밝게 살아갔으면 좋겠다.
G	내 꿈은 간호조무사와 사회복지사
H	바리스타 자격증을 따서 돈을 모은 후 조그마한 커피숍을 차리는 것.
I	헤어 디자이너가 되어 힘들고 어려운 노인, 아이들 봉사활동을 하는 것.

참여자들은 서로의 소박한 꿈과 희망을 얘기하고 차근차근 자신의 미래를 위해 노력할 것을 다짐하며, 인순이의 〈거위의 꿈〉을 함께 합창하며 끝냈다. 인순이 역시 70-80년대 보수적인 한국사회에서 혼혈이라는 아픔을 이겨내고 한국 가요계에 큰 획을 그은 가수로 미혼모들이 그녀의 노래를 함께 부름으로써 현재의 상황을 잘 이겨내고 보다 나은 미래를 위해 꿈을 꾸고자 하는 마음으로 이 노래를 함께 불렀다.

5회기: 마음속의 병을 찾아 치유하기

5회기에서는 우리 고전문학 속의 인물들을 통해 나의 감춰진 내면을 끄집어내어 잘못된 부분을 치유하고자 하였다. 고전 인물들을 통해 심층에서 '나'의 삶을 움직이고 있는 서사 곧 '자기서사'를 발견하고 거기 깃든 병리적 요소를 풀어냄으로써 정신적 삶을 더욱 건강하고 아름다운 것으로 바꾸어 나갈 수 있도록 하는 것이 이번 회기의 목적이었다. 필자는 참여자들이 이미 알고 있는 우리 고전 텍스트를 선택했다. 특히 『장화홍련전』은 이미 잘 알려진 익숙한 고전이면서도 최근 영화와 드라마로 새로이 각색되어질 만큼 우리의 마음 속 '무서운 귀신'에 대해 곰곰이 생각해 볼 수 있는 텍스트이다.

우리가 흔히 청소년 시절에 못된 일을 하거나, 사고를 쳤을 때, 혹은 현재 참여자들과 같이 미혼모가 되었을 때, 부모나 지인들이 하는 말이 "참 착한 아이였는데, 왜?"라는 것이다. 장화와 홍련의 일이 단지 소설 속의 일은 아니다. 나 자신을 찬찬히 돌아보기만

해도 귀신의 마음이 끊임없이 넘놀고 있음을 본다. 마음속에 풀지 못한 원한이나 미움, 분노, 실망, 오해, 강박, 질투, 편견 등을 쌓아 두는 일은 귀신을 키우는 일이라고 할 수 있다. 잠깐이라도 스쳐갈 일이라면 모르겠으나 몸과 마음에 깃들어 나 자신의 일부가 되어 귀신처럼 된다면 그것이 자신을 내내 시달리게 하며 삶을 힘겹게 이끌어갈 수밖에 없다. 참여자들은 『장화홍련전』이라는 고전의 거울을 통해 내 안의 귀신은 무엇인가에 대해 다음과 같이 고민하고 얘기하였다.

A는 "민희를 봐주는 사람들에게 괜히 의심을 하게 된다. 민희가 울 때면 욕과 폭력을 쓰면서 없어져버렸으면 하는 생각이 든다"고 했다. B는 "너무 많은 가슴 속 상처 때문에 상대방에게 맘에 없는 말을 많이 한다"고 했으며, C는 "가끔은 내 존재 자체가 귀신이라는 생각이 든다. 욱하는 성질에 아이를 때리고 울게 놔두는 무서운 엄마. 내가 나를 잘 몰라 가끔 무섭다"고 하였다. D는 "지후를 때리거나 엄마한테 막대할 때 내 안에 또 다른 내가 있나하는 두려움이 있다. 또한 미혼모에 대한 편견이 있는 사람들에 대한 분노. 애기 아빠를 쥐어 패고 반 죽여 놓고 싶은 분노!"가 마음속의 귀신이 아닌가라고 하였다. 그리고 E는 마음속의 귀신을 꺼내놓기 힘들었던지 머리를 들지 못하고 울고 있었다. F는 "내 마음 속의 귀신은 쓰레기 같은 애기 아빠가 얼른 없어져 버렸으면 하는 마음"이라고 했고, G는 "공부를 잘하는 사람에 대한 질투와 나보다 더 좋은 환경에서 사는 사람들에 대한 질투와 시기가 마음속의 귀신"이라고 했다. H는 "친아빠에 대한 원망과 한, 애기 아빠에 대한 분노와 실망,

정상적인 가정에서 행복하고 따뜻하게 아이를 키우는 가정에 대한 부러움, 예전 잘 나갈 때의 생각을 버리지 못하고 계속 그렇게 살고 싶은 욕심"이라고 했으며, I는 "마음속의 화를 억누르지 못하고 내 딸을 무식하다 할 정도로 때리고 있을 때 내 마음 속에 귀신이나 악마가 있다는 생각이 든다"고 하였다.

참여자들은 아이를 통해 행복을 찾기도 하지만, 마음속의 분노를 아이 혹은 아이 아빠에게 향하고 있었다. 미혼모들은 『장화홍련전』을 통해 마음속에 가졌던 원망이 얼마나 무서운 결과를 낳는 것에 대해 고민하는 시간을 가졌다.

6회기: '상처 입은 관계의 치유'

이번 회기는 고전문학 속의 인물들을 통해 상처 입은 관계를 치유하는 것이 목적이었다. 5회기 프로그램을 통해 미혼부와의 관계가 내 마음의 병이 되는 경우가 많았다. 고전 텍스트 『상사뱀설화』를 통해 사랑의 집착이 낳은 원한이 어떠한 결과로 나타나는 가를 함께 생각해 보고자 하였다. 집착과 원한은 독을 품고 도사리고 있는 뱀의 모습이다. 우리 모두가 사랑에 집착하고 그것으로 인해 원한이라는 독을 품고 스스로를 옭아매고 있지는 않은가?

『상사뱀설화』에는 사랑에 아파하고 괴로워하는 우리의 모습이 그대로 담겨 있다. 이 이야기에는 누군가를 죽도록 사랑하는 마음에 뱀이 되어버린 바보와 그 뱀에 휘감겨 헤어 나올 수 없어 죽어버린 바보가 등장한다. 어느 총각이 우연히 한 처녀를 본 순간 사랑에 빠지고, 그녀와 함께 할 수 없다는 슬픔에 죽게 된다. 그리고 뱀이 되어 처녀를 찾아가 그 몸에 붙어버린다. 처녀의 집에서는 어떤 방법을 써도 뱀이 떨어지지 않자, 바위 위에서 상사풀이 굿을 벌인다. 그래도 상사뱀이 떨어지지 않으니 가족들은 그 둘을 바위 밑으로 밀어버린다. 그러자 처녀도 뱀으로 변해 함께 물 밑으로 자취를 감춰버린다.

이성에 대한 사랑은 원초적인 욕망과 가까운 거리에 있다. 그렇기 때문에 이성에 대한 사랑은 욕망에 의해 쉽게 흔들리고 질투와 집착, 소유욕, 원한, 죄책감, 부담으로 변질되곤 한다. 무서운 것으로 변한 사랑은 우리의 마음을 할퀴고 찢어내기도 하는데, 버림받는 사람도, 버리는 사람도 이 상처로부터 치유되기 어렵다. 프로그램 참여자들은 대부분 현재 미혼부와 헤어졌거나 혹은 연락을 가끔 하더라도 관계가 좋은 경우는 없었다. 미혼부에 대한 원망은 자신에게 좌절감을 안기고, 이 좌절감은 분노를 유발하며, 무능한 자신에게 상처를 낸다. 그런 다음 그 분노가 타인에게 향하는데, 미혼모에게 그 분노의 대상은 흔히 아이에게 가는 경우가 많다. 그것은 5회기에서 이미 확인할 수 있었다.

우리는 사랑하고 있을 때 가장 상처받기 쉽다. 실연의 상처는 곧잘 미워하는 마음으로 변한다. 나를 선택해주지 않고, 나의 마음을 몰라주니 야속하기 그지없다. 이러한 미움이 걷잡을 수 없이 커지면 상대도 나와 같은 고통을 겪어야 한다는 복수의 마음으로 이어진다. 왜 복수하고 싶어질까. 어쩌면 못난 마음 안에는 너도 나처럼 아파보면 나를 조금이나마 생각해주지 않을까. 나를 돌아봐주지 않을까 하는 미련이 있을지도 모른다. 상황이 이렇게 되면 우리 자신에게 상사뱀이 아닌지 스스로 물어봐야 한다.

A는 "뱀에게 감긴 주인공은 항상 그 뱀에게 사랑받고 있겠지만 행복해보이기 보다는 슬퍼보였고, 불행해 보였다. 사랑을 주는 건 참 좋은 것이다. 하지만 사랑을 받는 사람이 행복해하지 않으면 사랑도 독이 될 수밖에 없는 거 같다"고 하였고, D는 "나도 한 때는 집착하는 남자들 때문에 힘들 때가 있었다. 집착은 가장 무서운 병일지도 모른다. 사랑에 대한 집착은 사람을 죽인다. 나도 상대방에 대한 집착은 버려야겠다"고 했다. G는 "상사뱀을 보면서 정말 사랑하는 사람인데 그 사람 곁에서 뱀의 모습으로 그 사람을 고통스럽게 하는 모습이 안타까웠다. 조금만 다르게 생각했더라면 어땠을까하는 생각이 든다. 남에게 상처를 주지도, 받지도 않도록 생각을 긍정적이고 밝아지도록 노력해야겠다"고 했다.

사랑의 상처도 사랑의 한 과정이다. 상처를 받는 일도, 상처를 주는 일도 사랑에 뒤따르는 일이다. 미혼모들에게 지금 상처를 받고 있다면, 자신이 상사뱀이 되고 있는 것은 아닌지 혹은 상사뱀에 감기게 되는 것은 아닌지 고민해 보도록 했다.

7회기: '모든 것에 대한 고마움'

〈127시간〉은 아론 랠스턴의 실화를 바탕으로 한 영화로 등반 도중에 조난당해서 구사일생으로 살아나온 내용이다. 그는 항상 혼자서의 등반은 있어왔지만, 이때만큼은 생각하지 못한 사고를 당한다. 암벽 사이에서, 떨어진 돌덩어리와 암벽 사이에 오른손이 짓눌려 빠지질 않는 상황에 처하게 된다. 이후 127시간 동안 아론은 지나온 순간들과 가족의 모습들을 생각하며 결국 자신의 팔을 자르고 그곳을 탈출한다. 이 영화를 통해 평소 우리가 고마움을 느끼지 못했던 자연, 동물, 가족, 친구 등 주변의 모든 것에 대해 감사하는 마음을 느끼고자 하였다. 필자는 영화를 크게 네 장면으로 나누어 그 내용을 설명하면서 함께 감상하였다.

장면 1 (00:00-06:50, 14:00-22:00) : 혼자 계곡 등반을 하다가 돌과 함께 계곡 밑으로 떨어짐 → 가져온 칼로 돌을 찍기 시작

장면 2 (29:00-39:20) : 계곡 안쪽으로 아주 짧은 시간 비추는 아침 햇살에 대한 고마움 → 어린 시절에 대한 기억 (아버지와의 행복한 추억)

장면 3 (43:50-47:55, 55:14-01:00-40) : 모든 것에 대한 고마움 → 자신의 팔 잘라내기 시도 → 가족들과의 행복한 시간 추억 → 죽음에 대비하여 자신의 캠코더에 가족, 친구들에 대한 감사 인사

장면 4 (01:06:20-01:13:30, 01:17:35-01:28:35) : 혼자만 행동했던 과거의 이기적 자신 후회 → 현재 자신의 모습은 결국 자신의 선택으로 이렇게 되었다는 자책감 → 새로운 나를 찾기 위해 결국 최종적으로 팔 절단 → 계곡 탈출에 성공, 이후 새로운 삶 시작.

이 영화를 통해 우리 모두는 살아있는 동안에 포기하지 말고 희망을 가지고 이겨내자는 생각을 서로 공유했다. 7회기 프로그램은 필자가 소속되어 있는 대학 캠퍼스에서 진행했다. 미혼모 중에는 현재 검정고시를 준비하고 대학을 꿈꾸는 이들도 있어 세미나실에서 영화 프로그램도 진행하고 함께 자유롭게 얘기하는 시간을 가지게 되었다. 참여자들은 영화를 보고 난 후 왜 그동안 너무 원망

만하고 살았는가에 대한 후회도 있었으며, 또 자신이 처한 상황이 비록 남들과는 다르지만 하루하루 모든 것에 대한 고마움을 느낄 것이며 긍정의 힘을 얻게 되었다고 얘기하기도 하였다. 우리 모두 살아있는 동안에는 포기하지 말고 희망을 가지고 이겨내자고 함께 다짐하였다.

8회기: '작은 꿈, 긍정적 희망 갖기'

마지막 프로그램은 '작은 꿈, 긍정적 희망 갖기'라는 주제로 각자가 느꼈던 인문치료 프로그램과 그 과정에서의 삶의 변화에 대해 얘기하고, 5년 그리고 10년 후 어느 날 자신의 미래일기에 대해 발표하였다. 미래 일기와 함께 미래의 집도 그려보았다. 미래일기는 현재 자신이 바라는 바를 인지하고 삶의 방향을 살필 수 있는 일기이다. 참여자들은 아이의 양육, 직장, 새로운 가족의 탄생, 건강, 아이에 대한 바람을 표현하였다. 다음은 프로그램에 참여했던 미혼모들이 썼던 글들을 정리한 것이다.

〈미래 일기를 발표하고 있는 모습〉

〈미래의 집을 그리고 있는 모습〉

〈표 7〉 인문치료를 하고 난 느낌과 미래 일기

참여자	인문치료를 하고 난 느낌	미래 일기
A	프로그램을 하기 전 미혼모라는 내 자신이 창피하고 두렵고 숨기고만 싶었다. 하지만 지금 나는 한 생명을 탄생시켰고, 그 아이를 위해 열심히 살아가고 노력하고 있는 내가 기특하고 대단하다고 느낀다.	2016년 6월 29일 오늘 나는 압구정 피부샵에서 손님들의 피부건강을 지키고 있다. … 일을 마치고 집에 가서 아이와 함께 식사를 한다. 나는 민희를 위해 하루를 시작하고 사랑하는 딸 민희 곁에서 하루를 마친다.
B	100%는 아니지만 전에는 50%였던 긍정적 삶이라면 지금은 80%의 긍정적인 생각으로 세상을 바라보게 되었다.	지금으로부터 5년 후 난 어린이집 선생님이 되어 아이들에게 꿈과 희망을 심어준다. 10년 후 난 드디어 꿈꾸던 어린이집 원장님이 되고 더불어 동화도 쓴다.
C	사람마다 차이가 있지만 베푸는 마음, 감사한 마음을 더욱 많이 알게 되었다. 인문치료로 인해 성격도 더 밝아졌고 많이 변해서 나도 놀랐다.	5년 후, 행복씨앗 적금을 타고 딸과 남편이랑 셋이서 행복하게 살고 있다. 10년 후 조그마한 미용실을 차려 행복하게 가족이랑 살고 있다.
D	인문학을 통해 나의 삶에 변화가 있다면 인내심이 생긴 것 같다. 지루하게 생각했던 인문학, 좋은 인생 수업을 받았다	지후와 우리 가족과 함께 미국으로 이민을 갔고, 지후는 미국의 대학에 들어갔다. 나는 외국인 남편과 결혼하여 가족 모두가 행복하게 살았다.
E	신기했던 건 나 자신의 마음, 생각 속에 들어가는 것이 너무나 무서워 외면하며 밝은척했다는 것을 깨달았고 조금만 내 마음을 다독여 주니 꿈이란 것이 생겨서 나 자신을 좀 더 소중히 생각하게 되었다.	2016년 7월 10일, 오늘은 드디어 나의 첫 전셋집에 이사를 와서 첫날밤을 보낸다. 비록 큰집도 비싼 집도 아니지만 준이와 나는 행복해서 너무 좋다. 10년 후 드디어 나는 연극무대에 진출했다. 내일 첫 연습이 있다. 잘 할 수 있을 거라 믿는다. 파이팅!
F	인문학 공부를 하면서 변한 게 있다면 내가 나의 존재를 더 긍정적으로 받아들였다는 것이라고 하	2016년 6월 30일, 출근을 했다. 내 직업은 호텔조리사다. 어렸을 때부터 해 보고 싶었던 건데 정말 뿌듯

	면 될 것 같다. "긍정의 힘은 강하고, 살면서 정말 큰 도움이 되는 것이구나" "나도 그렇게 살 수 있을거야"하는 생각도 들게 되었다.	하고 좋다. 2021년 6월 30일, 우리 애들이 초등학교에 들어간 지 3년이 되어간다. 여기저기서의 도움이 없었다면 지금의 나, 또 우리 쌍둥이마저 없었을지 모른다. 엄마는 너희들을 항상 사랑해!
G	사실은 인문학 공부 덕인지 많이 긍정적일 수 있게 되었다. 아직은 내가 긍정적이다 라고 말은 못하지만 요즘은 많이 긍정적이 되었고 마음도 많이 편해졌다. 그래서 이 마음이 깨지지 않았으면 해서 불안하기도 하지만 난 앞으로도 더 성숙해질 거고 더 많은 사람들과 만나게 될 만큼 내 마음과 생각이 더 단단해 질 수 있을 거라 믿고 싶다.	1년 후 나는 간호조무사로 일을 하며 성현이와 알콩달콩 살고 있다. 5년 후 임대아파트에서 풍요롭진 않지만 일상을 통해 가족에게 느끼는 순수함을 가지면서 한참 행복한 추억을 쌓고 있다. 10년 후, 성현이는 초등학교를 졸업하고 나는 학점은행으로 전문대학학력취득을 목표로 살고 있다. 나의 내일도 계속해서 행복한 날이 올 거라 믿는다.
H	'나'에 대해 많이 알게 된 시간이었던 것 같다. 내가 무슨 생각을 하고 사는지 내가 무엇을 하고자 하는지 아무 생각 없이 그냥 닥치는 대로 하루하루를 보내던 내게 내 마음 속에 나도 모르고 지나치던 나쁜 생각, 좋은 생각을 돌아보고 생각할 시간을 가지게 해준 시간이었던 것 같다. 무심코 지나치던 작은 것에도 한 번 더 보고 한 번 더 생각하고 감사하는 마음을 가지게 된 것은 내 나름대로의 큰 변화인 듯하다.	2016년 5월 5일 목요일, 드디어 왔다. 캐나다 벤쿠버에. 지난 5년 시간이 어떻게 흘러갔는지 모를 정도로 나는 정신없이 그리고 부지런하게 열심히 살았다. 나의 바리스타 실력과 네일 아티스트 실력을 마음껏 뽐낼 기회가 왔다. 2021년 8월 2일 월요일, 오늘은 우리 윤이 11번째 생일이다. 벌서 11년이라는 시간이 흘렀구나, 윤~ 사랑하는 내 딸 생일 축하해. 오늘은 예전에 함께 했던 미혼모 시설 식구들이 놀러온다. 정말 행복하다.
I	긍정적인 생활자세가 나도 모르게 생긴 것 같고, 스트레스를 아이에 대해 풀지 않으려고 노력하고 있다.	10년 후, 나는 평범한 헤어디자이너가 되었다. 나의 기술을 사회에 환원하기 위해 어르신들을 찾아가 봉사하고 있는 나를 발견한다.

2) 사후 검사

필자는 본 연구를 위한 사전도구로 회복탄력성 지수를 사용하였다. 회복탄력성을 구성하는 세 가지 요소는 자기조절능력, 대인관계능력, 그리고 긍정성이다. 앞서 살펴보았듯이 이 세 가지 요소 중 가장 중요한 것은 바로 긍정성이다. 긍정성을 강화하면 자기조절능력과 대인관계능력을 동시에 높일 수 있다. 필자가 주목한 것은 바로 미혼모들의 긍정성 지수를 살펴보는 것이다. 미혼모들의 긍정성 향상을 위한 인문치료 프로그램을 마치고 실시한 회복탄력성 사후 검사는 아래와 같다.

〈표 8〉 미혼모의 회복탄력성 사후 검사

참여자	자기조절능력(90)	대인관계능력(90)	긍정성(85)	회복탄력성(265)
A	50	65	64	179
B	60	68	61	189
C	55	69	60	184
D	63	75	73	211
E	59	61	67	187
F	56	56	64	176
G	57	39	54	150
H	55	68	65	188
I(32)	68	69	67	204
평균	58.1	63.3	63.9	185.3
한국인평균	63.5	67.8	63.4	194.7

미혼모들의 회복탄력성 사전 지수는 앞서 살펴본 대로 한국인 평균치보다 현저히 낮았으며(176.1), 긍정성 역시 한국인 평균보다 낮았다(57.1). 사후 검사 결과 전체적인 회복탄력성 지수는 185.3

으로 9.2점 상승하여 한국인 평균에 많이 근접하였다. 그런데 상당히 흥미로운 결과는 긍정성 지수의 상승이 전체적인 회복탄력성 지수를 끌어올렸다는 점이다. 사전 긍정성 검사 지수는 57.1이었으나 사후 검사 결과 63.9로 6.8점 상승하였다. 긍정성 지수가 한국인 평균을 상회하는 결과가 나타났다.

특히 사람과 사회에 대한 불신감이 강한 G의 경우 42점에 불과한 긍정지수가 12점 높아졌다. 물론 전체적인 회복탄력성 지수는 이전과 비슷한 수준이지만, 자기조절능력을 낮추는 대신 긍정성을 택한 것으로 보인다. G는 프로그램 중반까지는 프로그램 자체에 대해서도 매우 부정적인 인식이 있었고, 그것은 인문치료 활동에서도 드러났다. 그러나 프로그램이 점차 진행되면서 필자 역시도 그녀의 행동에서 많은 긍정적 변화를 찾을 수 있었다. 프로그램 시작 전에 제일 먼저 준비하는 모습도 보이고, 점차 밝은 모습을 볼 수 있었다. G가 프로그램 마지막에 남긴 글에서도 그런 변화를 엿볼 수 있었다. 인문치료 프로그램 이후 그녀는 "인문학 프로그램으로 많이 긍정적일 수 있게 되었다. 아직은 내가 긍정적이다 라고 말은 못하지만 요즘은 많이 긍정적이 되었고 마음도 많이 편해졌다. 그래서 이 마음이 깨지지 않았으면 해서 불안하기도 하지만 난 앞으로도 더 성숙해질 거고 더 많은 사람들과 만나게 될 만큼 내 마음과 생각이 더 단단해 질 수 있을 거라 믿고 싶다"([표7] 참조)고 하였다.

D의 경우에는 성격이 매우 유쾌하고 친화력 좋았던 터라 인문치료 프로그램 동안 적극적으로 참여한 결과 상당히 긍정지수가 높

아졌고, 더불어 회복탄력성 지수가 23점 상승하였다. C와 H 역시 다른 참여자에 비해 상당히 낮았던 긍정지수가 높아졌다. C의 경우 49점 이었던 긍정지수가 프로그램 이후 검사 결과 60점으로 11점 상승하였다. 그녀는 "사람마다 차이가 있지만 베푸는 마음, 감사한 마음을 더욱 많이 알게 된 것 같고 인문학을 알게 되어 재미있고 즐거웠다. 인문치료로 인해 성격도 더 밝아졌고 많이 변해서 나도 놀랐다"고 하였다.

H의 경우에는 대학을 다녔던 경험이 있어 프로그램 활동에 가장 적응이 빨랐다. 사전 검사에서는 예상 외로 긍정성이 낮았지만, 프로그램 이후 10점 상승했고, 전체적인 회복탄력성 역시 26점 상승했다. 그녀는 프로그램에 대해 "'나'에 대해 많이 알게 된 시간이었던 것 같다. 내가 무슨 생각을 하고 사는지 내가 무엇을 하고자 하는지 아무 생각 없이 그냥 닥치는 대로 하루하루를 보내던 내게 내 마음 속에 나도 모르고 지나치던 나쁜 생각, 좋은 생각을 돌아보고 생각할 시간을 가지게 해준 시간이었던 것 같다. 무심코 지나치던 작은 것에도 한 번 더 보고 한 번 더 생각하고 감사하는 마음을 가지게 된 것은 내 나름대로의 큰 변화인 듯하다"([표7] 참조)고 하였다.

결론적으로 긍정성 지수는 9명의 참여자 모두 상승하여 문학, 역사, 그리고 다양한 사례 및 영화를 통해 듣고, 생각하고, 쓰고, 말하는 통합적 인문치료가 미혼모의 삶의 긍정성 향상에 유의미한 결과를 나타난 것으로 밝혀졌다. 양육 미혼모들은 철학적 사유를 통해 자신의 삶에 대해 진지하게 성찰해 보고, 역사를 통해 자신과 사회에 대해 생각하고, 문학을 통해 나의 삶을 움직이고 있는 자기 서사를 발견하여 이를 치유할 수 있었다. 이러한 인문치료 프로그램이 미혼모들의 행복한 미래를 위해 삶을 보다 긍정적으로 살아가기 위한 조그마한 도움이 되었다고 생각한다.

5. 나오며

동서고금을 막론하고 새로운 생명의 탄생은 주변의 기대와 설렘 속에 갖가지 축복의 언사가 이어지게 마련이다. 그러나 이러한 축복도 가부장제의 규범을 따르지 않은 미혼모들에게는 전혀 해당되지 않는 이야기이다. 미혼모들의 경우 생명의 탄생에 대한 축복은 커녕 가족규범의 일탈자라는 세간의 비난 앞에 눈물로 아이를 입양시키거나 홀로 아이를 부양하며 평생 숨죽여 살아가는 선택만이 주어졌던 것이다.

그동안 우리 사회는 이들에게 따가운 시선을 보내며 사회적 낙인을 씌웠다. 이러한 사회적 편견과 생활고, 가족과 친구의 단절까지 삼중고를 떠안고 아이를 택한 엄마를 우리 사회는 '단죄'하려 들었다. 그럼에도 불구하고 최근 양육을 희망하는 미혼모가 증가하고 있으며, 더불어 미혼 엄마들에 대한 사회적 시선도 조금씩 변하고 있다. 기성의 질서를 이탈한 규칙위반자로 이들을 비난하기보다는, 어렵고 복잡한 상황에서도 자신에게 찾아온 생명을 온전히 지키고 키워내는 의지적인 모성, 혹은 남과는 다른 삶을 선택한 당당한 여성으로 인식하는 사람들이 조금씩 늘어나고 있다.

이 글은 사회적 편견에도 불구하고 '미혼모'라는 이름으로 자신의 아이를 기르고 있는 양육 미혼모를 위한 삶의 긍정성 향상에 대한 인문치료 사례이다. 인문치료 프로그램을 통해 미혼모들은 기쁨〔說〕과 즐거움〔樂〕, 화내지 않음 〔不慍〕 같은 긍정적 감정이 인문학 공부의 진정한 목적임을 『논어』를 통해 알았고, 만다라 그리기와 갑골문 퍼포먼스를 통해 공동체에서 함께 살아가기와 부모, 자식 간의 사랑을 느꼈다. 어려운 환경 속에서도 자신감을 가지고 난관을 헤쳐 나갔던 역사 속 여성들의 이야기를 통해 함께 공감하고, 나와 사회에 대해서도 성찰해 보았다. 또한, 힘든 환경에서도 자신의 일에 대한 열정과 꿈을 가지고 열심히 살아가는 미혼모의 이야기를 그린 영화 〈노블리〉를 통해 가족과 이웃에 대한 고마움, 싱글맘들의 우정과 연대감을 확인했다. 그리고 미혼모자공동생활가정과 같은 새로운 공동체와 가족에 대해서도 생각해 보면서 참된 가족이란 혈연이 아니라 정서적 유대가 더 강하게 작용하고 있음을 확인하였다. 중도 장애인의 삶을 통해 인생에서 긍정적 마인드가 얼마나 자신을 변화시키는가에 대해 확인하고 서로 자신만이 가진 장점을 얘기해보았다.

고전 문학 속의 인물들을 통해 나의 감춰진 내면을 끄집어내어 거기에 깃든 병리적 요소를 풀어냄으로써 정신적 삶을 더욱 건강하고 아름다운 것으로 바꾸어 나갈 수 있도록 하는 시간을 가졌다. 실화를 바탕으로 한 영화 〈127시간〉을 보면서 주변의 모든 것에 대한 고마움, 그리고 살아가는 동안에 포기하지 말고 희망을 가지고 이겨내자는 메시지를 공유하고자 하였다. 5년, 그리고 10년 후의 미래일기 쓰기와 미래의 집 그리기 작업을 통해 작은 꿈, 긍정적 희망에 대한 소박한 미래를 담고자 하였다. 이러한 인문치료 프로그램 활동을 통해 양육 미혼모들이 두렵게 펼쳐질 새로운 사회에 대한 자신감을 가지고 삶에 대해 보다 긍정적 힘을 가질 수 있는 시간이 되었다.

참고문헌

강원대학교 인문과학연구소 편, 『인문치료의 이론과 원리』, 춘천: 도서출판 산책, 2011.

고정욱 글·윤석인 그림, 『누워있는 피카소』, 서울: 작은씨앗, 2006.

구세군 두리홈 엮음, 『너도 꽃, 이제 피는 거야』, 서울: 행간, 2011.

김경희, 「문학치료를 통한 청소년 미혼모의 자아개념 향상」, 석사학위논문, 경북대학교 대학원, 2008.

김선희·최병욱, 「출소자를 위한 상호통섭적 인문치료의 이론적 접근」, 『인문과학연구』 32집(2012), pp.403-430.

김주환, 『회복탄력성』, 서울: 위즈덤하우스, 2011.

김호연·유강하, 『인문학, 아이들의 꿈집을 만들다 : 관계와 소통』, 서울: 아침이슬, 2010.

대한사회복지회 엮음, 『10대 미혼모들의 이야기 : 별을 보내다』, 서울: 리즈 앤 북, 2009.

물푸레 복지재단 엮음, 『나는 미혼모다』, 서울: 연두, 2011.

송광수, 「미혼모의 현황과 미혼모 복지정책의 개선 방안」, 석사학위논문, 가야대학교 대학원, 2012.

신동흔 등, 『프로이트, 심청을 만나다』, 서울: 웅진 지식하우스, 2010.

얼 쇼리스, 고병헌 외 역, 『희망의 인문학』, 서울: 이매진, 2006.

윤석인 지음·그림, 『동행: 기적을 그리는 호박수녀』, 서울: 가라뫼, 2009.

이승복 등, 『나는 멋지고 아름답다 : 장애를 이겨낸 24인의 아름다운 이야기』, 서울: 부키, 2010.

※ 이 글은 필자의 논문 「인문치료를 통한 양육 미혼모의 삶의 긍정성 향상」(『인문과학연구논총』 第34권 1호(통권35호), 명지대학교 인문과학연구소, 2013)을 수정·보완한 것이다.

찾 / 아 / 보 / 기

ㄱ

ㄴ

ㄷ

인문치료 사례 연구

저 자 : 김익진, 유강하, 유건상, 윤일수, 이민용,
이영의, 정성미, 최병욱

펴낸이 : 신승호(辛承昊)

펴낸곳 : 강원대학교 출판부
200-701 춘천시 강원대학길1(효자2동 192-1)
☎ (033) 250-7171 / FAX 259-5716

등 록 : 춘천시 제28호

발행일 : 2013년 5 월 22 일 초판

ISBN 978-89-7157-334-1 정가 12,000원